**Computer Shop
Band 2**

Ian Stewart/Robin Jones

Maschinencode
und besseres BASIC

Aus dem Englischen von Tony Westermayr

Birkhäuser Verlag
Basel · Boston · Stuttgart

Die Originalausgabe erschien 1982 unter dem Titel:
"Machine Code and better Basic"
bei Shiva Publishing Ltd., Nantwich, England
© 1982 Ian Stewart und Robin Jones

Professor Ian Stewart
Mathematics Institute
University of Warwick
Coventry CA4, 7AL
England, U.K.

Professor Robin Jones
Computer Unit
South Kent College of Technology
Ashford, Kent
England, U.K.

CIP-Kurztitelaufnahme der Deutschen Bibliothek

Stewart, Ian:
Maschinencode und besseres BASIC / Ian Stewart ;
Robin Jones. Aus d. Engl. von Tony Westermayr. –
Basel ; Boston ; Stuttgart : Birkhäuser, 1983.
 (Computer Shop ; Bd. 2)
 ISBN 3-7643-1492-3
 Einheitssacht.: Machinecode and better Basic ⟨dt.⟩
NE: GT

© 1983 der deutschsprachigen Ausgabe: Birkhäuser Verlag, Basel
Umschlaggestaltung: Konrad Bruckmann
Printed in Germany
ISBN 3-7643-1492-3

Inhalt

Erwach! Nun lädt des Morgens launisch Hand
die neue Software in den Modus Tag gewandt.
Kehr aus der trägen Subroutin' der Nacht zurück:
Der strahlend helle Code erfaßt das Land.

Als junger Mensch noch war ich häufig Gast
in Datenlochersälen, wo viel Streit und Hast;
doch ewig, wie es schien, war mir beschieden doch
zu jenem Interface hinauszugeh'n, das mich erfaßt.

Ach, mein Computerrechnen, heißt es überall,
verleih' dem Text erst seinen Sinn? 's' ist nicht der Fall.
Mag auch der Mensch Symbole zu erfinden suchen,
der Spruch des Großen Editors trifft mit Donnerhall.

Der User programmiert, dieweil das Laufwerk summt,
drückt wild die irren Tasten, daß der Kopf ihm brummt.
Doch plötzlich ist das Werk von Jahren hingerafft,
weil Zufallsrauschen die Diskette hat verdummt.

So mancher seufzt nach Ruhm und Ehren allezeit
der and're sucht der Zukunft Zeiger weit und breit.
Ergreif den Output, denk nicht an die Speicher,
mißachte du magnet'scher Trommel Klanggeläut.

Ein User-Handbuch, unterm Label-Baum die schöne Ruh,
ein Krügchen Bier, belegte Brote noch – und du!
Was kümmern dann mich noch die Megabytes?
Das kleinste Bit von dir, es flüstert Lieb' mir zu.

Der laufend' Cursor schreibt, und sieh! schon zieht er hin.
Und all dein Witz und Frommheit bringt dir nicht Gewinn.
Nicht eine halbe Zeile er zurücke geht und löscht,
selbst deine Trän' verleiht der Syntax keinen Sinn.

Doch warte! sagst du: Was des Cursors Taste gibt,
heißt rückwärts laufen, löschen, ändern, wie beliebt?
So ist es nicht! 's kommt Sauberkeit nur ins Display;
im Speicher lauert grimmig, was du eingetippt.

Der eine peeked das ROM der Zeiten künft'ges Sein,
ein and'rer will im RAM des Lebens Zeilenfinder sein.
Vergeblich jeder strebt nach fehlerlosem Code;
das Poke für's letzte Byte, das schreibt der Tod.

VORWORT

In gewisser Beziehung ist das ein Folgeband unseres Buches ZX81 Computer Shop Band 1. Wir hätten ihm beinahe einen ganz ähnlichen Titel gegeben, aber der sah dann doch nicht so gut aus. Dieser Band dient vor allem zwei Zielen: Die zusätzliche Leistung eines auf 16K erweiterten Speichers nutzbar zu machen und in die Freuden der Maschinensprache des Mikroprozessors Z80 einzuführen.

Die Grundsätze guten Programmierens sind vom Typ des Computers unabhängig, und fast alles in diesem Buch (kleinere Veränderungen bei Systemvariablen ausgenommen) gilt für jeden Computer, der um einen Mikroprozessor Z80 oder Z80A aufgebaut ist: beispielsweise Sinclair Spectrum, MZ80B oder MZ80K von Sharp, TRS80 von Tandy, und die Research Machines 380Z. Jeder, der ein solches Gerät besitzt, kann das Material, das er hier findet, problemlos seinem Computer anpassen, aber der Genauigkeit halber haben wir auf den ZX81 abgestellt. Dafür gibt es einen ganz überwältigenden Grund.

Während wir das schreiben, sind eine Million ZX81 in Gebrauch! Dieses ''Computer-Moped'' hat die Computertechnik auf eine ganz verblüffende Weise in den privaten Haushalt gebracht: Menschen, die im Traum nie daran gedacht hätten, einen Computer auch nur zu benützen, *besitzen* jetzt sogar einen – und verwenden ihn dazu, ihren Kindern etwas beizubringen, die Haushaltsfinanzen im Gleichgewicht zu halten, die Mehrwertsteuer zu berechnen, Spiele zu treiben und elektrische Eisenbahnen oder Kopiergeräte damit zu steuern.

Dieses Buch ist für diejenigen gedacht, die sich mit den Grundlagen schon auskennen und nun nach kräftigerer Kost verlangen.

Eines, was Sie auf jeden Fall tun können, ist, kompliziertere BASIC-Programme schreiben – dazu sind höhere Programmsprachen wie BASIC schließlich erfunden worden. Damit Sie fehlerfreie Programme zustandebringen, die verstanden und abgeändert werden können, ohne daß man im Irrenhaus landet, müssen Sie einen gut durchstrukturierten Stil entwickeln. In den Kapiteln über ''Datenstrukturen'' und ''Strukturiertes Programmieren'' gehen wir darauf näher ein.

Sie können sich von BASIC auch ganz lösen. Beim ZX81 bedeutet das *Maschinencode*, also jene Sprache, die vom Mikrochip des ZX81 gesprochen wird. Oft (aber nicht immer) ist Maschinensprache schneller als BASIC. Der Haken bei der Sache ist nur der, daß Sie zum Ausgleich selbst ein bißchen mehr denken müssen. Wir sind nicht davon ausgegangen, daß Sie in diesem Stadium *lange* Programme in Maschinencode schreiben wollen, geben Ihnen aber soviel an Information, daß Sie auf diesem Weg mehrere Schritte vorwärts tun können, so daß die Bücher für weiter Fortgeschrittene (angeführt im Anhang) verständlich werden.

Ein wichtiges Merkmal der Maschinensprache ist, daß sie Ihnen viel deutlicher klarmacht, wie der Computer konkret arbeitet. Im bevorstehenden Zeitalter der Mikrotechnik wird Wissen solcher Art von ganz großer Bedeutung sein.

Wir stellen viele Programmbeispiele vor: Eine Lagerliste absuchen, Informationen in einen Stapelspeicher einspeichern und wieder entfernen, Kataloge für eine Bibliothek anlegen; es gibt einen Spiel-Baum, bei dem der Computer seine eigene Gewinnstrategie entwickelt, einen kompletten Text-Editor (Textautomaten oder Word processor), eine Simulationsstudie über Supermarkt-Kassen, die ebensogut für Krankenhausbetten zu verwenden ist, und ein Lernprogramm für das Abfragen von französischem Wortschatz.

Es gibt Maschinencode-Programme, um das Display in Schachbrettform zu zeigen (und zwar schlagartig) oder es (blitzartig) in Video-Inversion zu verwandeln, Zeilen aus Zeichen zu zeichnen, Zahlen zu addieren und zu multiplizieren, im RAM Daten zu bewegen, begrenzte Bereiche des Bildschirms so schnell abzurollen, daß das nutzvoll ist, seitwärts wegzurollen und BASIC-Zeilen neu zu numerieren.

Die Anhänge enthalten unter anderem Tabellen mit nützlichen Daten: Umwandlung von Hex- in Dezimalzahlen (einschließlich Zweierkomplement-Schreibweise für relative Sprünge); Speicherreservierung; Adressen von Systemvariablen; die Befehle des Mikroprozessors ZX80; eine Liste aller 694 ZX-Operationscodes. Dazu ein recht starkes BASIC-Programm mit dem Namen HELPA (Hex Editor, Loader und Partial Assembler = Hex-Bearbeiter, Lader und Teilassembler), das der Maschinensprache die ärgsten Schrecken nimmt; und zusätzlich ein Programm namens DOWNLOAD, mit dem Sie ein Maschinencode-Programm in ein vom Band geladenes Programm einbauen und damit über den ZX81 Programme von einem Band zum anderen überspielen können.

Wenn Sie wollen, können Sie den Großteil davon einfach eingeben und mit RUN laufen lassen, ohne sich groß Gedanken darüber zu machen, warum das läuft. Aber in Wirklichkeit erhoffen wir etwas anderes: Sie sollen nämlich auch die *Erklärungen* durcharbeiten. Auf diese Weise lernen Sie, eigene Programme zu schreiben und dem 16K-RAM einige der großartigen Dinge zu entlocken, zu denen er imstande ist.

Schließlich wollen Sie dem ZX81 ja wohl zeigen, wer Herr im Hause ist.

Bisher haben wir von uns als "wir" gesprochen – aber wie im ersten Band ZX81 Computer Shop mußten wir feststellen, daß das später nicht immer ideal ist. Von nun an werden wir deshalb die Einzahl "ich" verwenden. Wo "wir" steht, meinen wir also "ich und der Leser". Das mag manchmal albern klingen, aber in Wahrheit ist es viel informativer.

DATENSTRUKTUREN

Zum Programmieren gehört weit mehr, als bloß die Besonderheiten einer Programmiersprache zu kennen. Als erstes benötigen wir eine klare Vorstellung von der Prozedur oder dem *Algorithmus*, wie man das auch nennt, womit ein bestimmtes Problem gelöst werden soll. Wir müssen Mittel und Wege finden, diesen Algorithmus in so kleine Teile aufzuspalten, daß sie für eine Codierung in BASIC oder der sonst verwendeten Sprache geeignet sind. Auf dieses Thema kommen wir noch zurück. Im Augenblick geht es mir um ein noch tiefergreifendes Problem für die Programmkonstruktion, nämlich das der Organisation oder Strukturierung der Daten, die das Programm verarbeiten soll. Wir sind ja in der Tat schon daran gewöhnt, Daten, die wir von Hand verarbeiten wollen, einer Strukturierung zu unterwerfen, auch wenn wir dergleichen gar nicht mit einem so pompösen Namen belegen würden. Denken Sie etwa an einen Bankauszug:

Datum	Bezeichn.	Soll	Haben	Betrag
4. 7.	Übertrag	–	–	6ØØ,–
5. 7.	Scheck	1ØØ,–	–	5ØØ,–
9. 7.	Bar	5Ø,–	–	450,–
1. 8.	Vergütung	–	1ØØØ,–	145Ø,–

Man sieht, daß die hier genannten Daten auf eine ganz konventionelle Weise strukturiert sind. Jede Datenart – Soll, Haben und so weiter – erscheint nur in einer einzigen Spalte. Man kann sogar eine gewisse Organisation erkennen: Wir wissen, ohne daß man uns das sagen müßte, daß die erste Ziffer des Datums der Tag ist, die zweite der Monat. (Diese unterstellte Struktur kann allerdings zu Schwierigkeiten führen – die Amerikaner lesen solche Datumsangaben nämlich anders herum!) Natürlich mußte zunächst jemand die Entscheidung fällen, daß das eine geeignete Art und Weise ist, Bankauszüge abzufassen, und der Betreffende hat sich gewiß die Frage vorgelegt: "Wie leicht wird es sein, aus dieser Struktur nützliche Informationen zu gewinnen?" Wir dagegen sind nicht daran interessiert, aus einer Datenstruktur direkt Information zu holen, sondern wollen den Computer dazu veranlassen, daß er diese Information für uns beschafft. Uns stellt sich also stets die Frage: "Wie leicht wird es sein, Programme zu schreiben, die aus einer bestimmten Datenstruktur nützliche Information gewinnen?"

Nach meiner Meinung wird deutlich, wie wichtig es ist, die Daten zu organisieren, bevor man an das Programmieren geht.

Wir wollen uns in diesem Buch eine Reihe häufig vorkommender Datenstrukturen ansehen und ein paar Anwendungsmethoden beschreiben. Die Liste ist nicht vollständig, und in manchen Fällen kann es nützlich sein, eine ganz neue Struktur zu entwickeln. Lassen Sie sich also davon nicht einfach deshalb abbringen, weil eine Struktur, die geeignet erscheint, hier nicht aufgeführt ist!

Manchmal verwende ich in diesem Abschnitt "unzulässige" Namen für Variable – so gibt es eine Tabelle, die KARTE heißt, und einen String (so wird eine "Kette" in der Fachsprache genannt) mit dem Namen MNAME$. Manche

BASIC-Versionen lassen das zu, die beim ZX81 verwendete jedoch nicht. Wenn Sie die Programme eingeben, ersetzen Sie diese unzulässigen Namen durch ihre Anfangsbuchstaben (es sei denn, sie sind im Programm schon verwendet worden, dann bleibt es Ihnen überlassen.) Das Ziel des Ganzen soll sein, die Erklärung der Programme in ihrer Deutlichkeit dadurch zu verbessern, daß man einen eingebauten Hinweis auf die Bedeutung der Variablen liefert. Ich verweise am Anfang ein paarmal darauf, wenn das der Fall ist.

1 ARRAYS ALS VARIABLE

Arrays sind in BASIC direkt verfügbar und leicht anzuwenden, beispielsweise, um Listen von wirtschaftlichen Daten aufzustellen. Man kann sie aber auch anderweitig nutzen – sogar für die Analyse von Wetterkarten.

In Sprachen sind manche Strukturen schon eingebaut, andere muß man ihnen selbst geben. BASIC besitzt nur eine einzige feste Datenstruktur, die im Englischen "array" heißt. Im Deutschen kann das wiedergegeben werden durch "Feld" oder "Tabelle" oder "Matrix". Immer handelt es sich um Variable. Wir verwenden, wenn Variablenmengen gemeint sind, den Ausdruck "Array".

Überlegen wir uns noch einmal, wie wir uns die Organisation des Computerspeichers vorstellen. Wir können sie betrachten als eine Reihe von Zellen:

R3	7
ZCOUNT	40
ABLE	1.8
P$	ABC
FRED	−15
LETTER$	PQR5
JIM	0

Jede Zelle kann eine Zahl oder einen Zeichenstring aufnehmen, jede erhält einen Namen, etwa in der Art wie oben.

Das ist in vielen Fällen sehr praktisch, aber nicht in allen. Nehmen wir einmal an, wir wollten 200 Zahlen eingeben und gleichzeitig alle ihre Werte festhalten. Es hat keinen Zweck, hier zu schreiben:

```
10   FOR P=1 TO 200
20   INPUT X
30   NEXT P
```

weil mit jeder Schleife in X ein neuer Wert eingegeben wird, der den alten löscht. Am Ende wird nur der letzte Wert der Sequenz im Speicher sein.

11

Wir könnten schreiben:

```
1Ø    INPUT X1

2Ø    INPUT X2

3Ø    INPUT X3

4Ø    INPUT X4

.......................

2ØØØ   INPUT X2ØØ
```

aber das wäre eine Qual, außerdem wird damit innerhalb des Programms viel Speicherplatz besetzt.

Ein Array bietet einen Ausweg aus der Klemme. BASIC gestattet uns, einen ganzen Speicherblock mit nur einem einzigen Namen zu belegen:

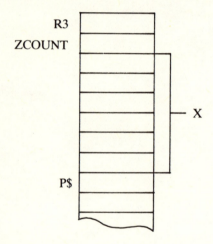

Der oben dargestellte Speicherblock wird *Array* X genannt. (Es kann jeden zulässigen BASIC-Namen erhalten.)

Ein Array kann jede beliebige Zahl von Speicherzellen enthalten, aber wir müssen dem Interpreter zu Beginn des Programms sagen, wie viele Zellen er ihm zuteilen soll. Das geschieht mit einer DIM-Anweisung (DIM für Dimensionieren). Im obigen Fall hat X 6 Zellen, also könnten wir schreiben:

```
1Ø    DIM X(6)
```

Wir müssen trotzdem in der Lage sein, uns auf einzelne Zellen oder *Elemente* innerhalb von X zu beziehen. BASIC läßt zu, daß wir von X(1), dem ersten Element von X, sprechen, von X2 als dem zweiten, von X(3) als dem dritten, und so weiter.

Um auf unser Anfangsproblem zurückzukommen, könnten wir jetzt schreiben:

```
1Ø   DIM X(2ØØ)
2Ø   INPUT X(1)
3Ø   INPUT X(2)
4Ø   INPUT X(3)
```

etc.

"Moment!" höre ich Sie schon sagen. "Das ist ja nicht besser als vorher, sogar noch schlimmer, weil jetzt auch noch mengenweise Klammern dazugekommen sind."

Freilich, stimmt. Der Trick bei der Sache ist aber der: Wenn wir X1, X2, X3 etc. schreiben, sind 1, 2 und 3 Bestandteil der Variablennamen und nicht veränderbar, aber wenn wir, zum Beispiel, X(P) schreiben, sieht der Computer das als X(1), wenn P=1, X(2), wenn P=2, und so weiter. Der Wert in Klammern (indizierte Variable genannt) kann also verändert werden.

In diesem Fall wollen wir die indizierte Variable dadurch verändern, daß wir sie bei 1 beginnen lassen und so lange 1 hinzutun, bis sie 2ØØ erreicht hat, das klare Stichwort für eine FOR-Schleife.

```
1Ø   DIM X(2ØØ)
2Ø   FOR P=1 TO 2ØØ
3Ø   INPUT X(P)
4Ø   NEXT P
```

Warum sollten wir 2ØØ Zahlen auf einmal speichern wollen? Das einfachste Programm, das ich kenne, wo das unübersehbar notwendig ist, soll die eingegebenen Zahlen in umgekehrter Reihenfolge anzeigen:

```
1Ø   DIM X(2ØØ)
2Ø   FOR P=1 TO 2ØØ
3Ø   INPUT X(P)
4Ø   NEXT P
5Ø   FOR P=2ØØ TO STEP −1
6Ø   PRINT X(P)
7Ø   NEXT P
```

Offenkundig können wir nichts anzeigen, bis die letzte Zahl gelesen worden ist, und müssen uns alle vorherigen Zahlen merken, weil sie der Reihe nach angezeigt werden sollen. Ein praktischeres Beispiel ist der Sortierer in "Sinclair ZX81", Reihe Computer Shop auf Seite 77.

RABATTE BERECHNEN

Hier ein Beispiel ganz anderer Art.

Angenommen, wir haben ein Großhandelsunternehmen und teilen unsere Kunden in folgende Gruppen ein, von denen jede einen anderen, in Klammern angegeben Rabatt erhält:

1	Privat	(Ø%)
2	Gemeindebehörden	(4.Ø%)
3	Schulen	(6.5%)
4	Staatliche Behörden	(7.Ø%)
5	Handel	(9.Ø%)
6	Handel – Sonderkonditionen	(12.Ø%)

Wir brauchen nun ein Programm, das den Kundennamen, seine Gruppe (1–6), die Anzahl der Waren, die er kauft, und den Einzelhandelspreis pro Stück annimmt und seine Rechnung aufgeschlüsselt ausdruckt.

Da die Berechnungen von der Kundengruppe abhängen, dürfen wir erwarten, daß wir eine Folge von IF-Befehlen brauchen, etwa in dieser Art:

IF TYP=1 THEN . . .

IF TYP=2 THEN . . .

IF TYP=3 THEN . . .

Das wäre mühsam, wenn auch nicht unvorstellbar. Nur: Wie sieht das bei 3ØØ verschiedenen Kategorien aus . . .?

Stellen wir ein Array mit dem Namen RP (Rabattprozente) in der folgenden Form auf:

RP

RP(1)	Ø
RP(2)	4
RP(3)	6.5
RP(4)	7
RP(5)	9
RP(6)	12

Nun können Sie beim ZX81 für jedes Array nicht mehr verwenden als einen Buchstaben, aber wie oben schon erwähnt, will ich das der Klarheit wegen trotzdem tun. Wenn Sie ein Programm schreiben wollen, nehmen Sie statt RP nur R oder einen anderen passenden Buchstaben.

Wenn nun TYP=1, ist der Rabattwert, der uns interessiert, in RP(1), wenn TYP=2, dann in RP(2). Mit anderen Worten: Der Wert, den wir suchen, ist stets in RP(TYP)!

Der Code für die Eingabe der Daten und die Bewertung des Rabatts sähe demnach so aus:

```
80   INPUT N$
82   INPUT TYP
84   INPUT ZAHL
86   INPUT WERT
90   LET TOTAL=ZAHL*WERT
100  LET RABATT=TOTAL*RP(TYP)/100
```

Nirgends ein IF!

Beachten Sie, daß wir TYP dazu benützen, um auf den richtigen Wert im Array zu zeigen. Eine Variable, die so verwendet wird, nennen wir einen *Zeiger*.

Wie können wir die Tabelle überhaupt aufbauen? Am einfachsten geht das mit einer Reihe von Zuweisungsanweisungen dieser Art:

```
5    DIM RP(6)
10   LET RP(1)=0
15   LET RP(2)=4
20   LET RP(3)=6.5
25   LET RP(4)=7
30   LET RP(5)=9
35   LET RP(6)=12
```

Das geht zwar bei kleinen Arrays, wird bei großen aber sehr mühsam. Eine andere Möglichkeit ist die, eine Eingabe-Schleife zu verwenden:

```
5    DIM RP(6)
10   FOR P=1 TO 6
20   INPUT RP(P)
30   NEXT P
```

aber wir wollen das natürlich nicht jedesmal machen müssen, wenn das Programm gefahren wird, auch wenn wir es ab und zu einmal tun, falls die Rabatte sich ändern. Wir könnten also haben:

```
1    PRINT "NEUE RABATTE? (J/N)"
2    INPUT A$
3    IF A$="N" THEN GOTO 80
```

so daß das Programm, wenn die Rabatte nicht verändert werden, die Eingabe-routine überspringt. Wenn Sie das Programm sichern, werden auch die Array-werte sichergestellt, so daß das bei aufeinanderfolgenden Durchläufen immer wieder klappt, vorausgesetzt, Sie geben GOTO 1 ein und nicht RUN (RUN löscht nämlich alle Variablenwerte).

ARRAYS IN ZWEI DIMENSIONEN

Was ich bis jetzt beschrieben habe, nennt man ein *eindimensionales Array* oder einen *Vektor*. Es gibt auch *zweidimensionale* Arrays. Wir bestimmen ein solches Array wie bisher durch eine DIM-Anweisung. Zum Beispiel:

1∅   DIM A(3,7)

Das bezeichnet ein Array, das so aussieht:

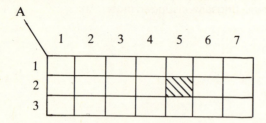

Anders ausgedrückt: Ich habe für den Computer ein Array mit 7 Spalten und 3 Reihen angegeben. Nichts schreibt aber vor, wonach bei der DIM-Anweisung die Zahl der Spalten vor jener der Reihen stehen muß. Es kommt darauf an, wie man sich das Array vorstellt. Mit anderen Worten: Ich hätte dasselbe Array ebensogut bestimmen können durch:

1∅   DIM A(7,3)

vorausgesetzt, ich nenne bei jeder künftigen Bezugnahme auf das Array stets zuerst die Spalten- und dann erst die Reihennummer.
Die goldene Regel: Wenn Sie sich für eine bestimmte Anordnung ent-schieden haben, dann bleiben Sie dabei. Sie laufen dann keine so große Gefahr, Fehler zu begehen. In diesem Buch verwende ich stets die wohl gängigste Methode: zuerst die Reihen-, dann die Spaltennummer. Das ist deshalb prak-tisch, weil eindimensionale Arrays gewöhnlich als Einzelspalten dargestellt werden.
Wollen wir uns nun auf eine ganz bestimmte Zelle in Array A beziehen, können wir das tun, indem wir Reihe und Spalte angeben, die sich an dieser Zelle schneiden. Wenn wir demnach die schraffierte Zelle im Schaubild auf 24 setzen möchten, könnten wir schreiben:

5∅   LET A(2,5)=24

16

Schön, das ist der Grundgedanke.

Ihn wollen wir jetzt praktisch anwenden.

Stellen Sie sich vor, Sie wären Geograph und wollten die jährliche Niederschlagsmenge in einem bestimmten Gebiet festhalten. Dort gibt es eine Reihe von Wetterwarten. Wir könnten uns also eine Karte ähnlich wie Abbildung 1.1 denken, wo das fragliche Gebiet schraffiert ist und jeder Stern für eine Wetterwarte steht.

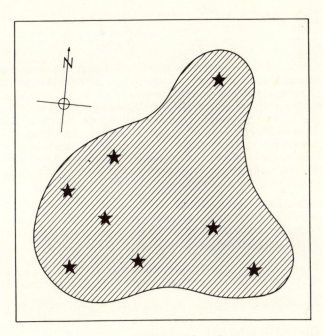

Abbildung 1.1

Offenkundig ist die Karte zweidimensional, und wir können sie mühelos als entsprechendes zweidimensionales Array dadurch darstellen, daß wir jedem Punkt auf der Karte einen numerischen Code zuweisen. Es gibt nur drei Arten von Punkten:

1   Punkte innerhalb des Gebiets, die keine Wetterwarten sind.
2   Wetterwarten.
3   Punkte außerhalb des Gebiets.

An den Wetterwarten kennen wir die Niederschlagsmenge, so daß die entsprechende Position im Array just diesen Wert (in mm) enthalten kann. Nun brauchen wir zwei Werte, die mit dem Niederschlagswert nicht verwechselt werden können, damit sich Punkte innerhalb und außerhalb des Gebietes bestimmen lassen. Da es negativen Niederschlag nicht gibt, könnten wir für einen Punkt

17

außerhalb des Gebietes −2 und für einen im Inneren −1 nehmen. Ein der Karte entsprechendes Array sähe demnach so aus:

−2	−2	−2	−2	−2	−2	−2	−2
−2	−2	−2	−2	−2	461	−2	−2
−2	−2	−2	−2	−1	−1	−2	−2
−2	−2	4Ø1	−1	−1	−1	−2	−2
−2	4ØØ	−1	−1	−1	−1	−2	−2
−2	−1	44Ø	−1	−1	48Ø	−2	−2
−2	42Ø	−1	424	−1	−1	484	−2
−2	−2	−2	−2	−2	−2	−2	−2

Das Ergebnis sieht natürlich lange nicht so elegant aus wie das Original, sondern viel eher wie eine amtliche Wetterprognose. Kein Wunder: Die kommt ganz ähnlich zustande. Außerdem können wir Erscheinungsform und Genauigkeit jederzeit dadurch verbessern, daß wir das Array vergrößern.

Gut. Es ist uns gelungen, eine Darstellung der Karte im Computer zu speichern. Und weiter? Was spricht gegen einen ganz normalen Atlas? Nichts, außer daß ein normaler Atlas es dem Benutzer selbst überläßt, sich zu holen, was er an Information braucht. Da unsere Darstellung sich nun im Computerspeicher befindet, können wir Programme für die Beantwortung aller möglichen Fragen zu dieser Karte schreiben:

Wie viele Wetterwarten gibt es?
Welcher Prozentsatz davon weist Regenfälle von mehr als 41Ø mm auf?
Wie hoch ist die größte Niederschlagsmenge, und wo fiel sie?
Welchen Flächenumfang hat das Gebiet?

Bei einer Karte entsprechender Größe wäre es sehr mühsam, das auf dem Papier zu beantworten. Sehen wir uns einmal an, wie einfach es wäre, die Programme zu schreiben.

Wir wollen davon ausgehen, daß das Array bestimmt wurde durch:

1Ø   DIM KARTE(5Ø,5Ø)

und die Werte schon eingegeben sind. (Beim ZX81 müßten Sie KARTE übrigens durch K oder Ähnliches ersetzen, damit die Syntax stimmt.) Wir wollen nun wissen, wieviele Wetterwarten es gibt.

Das ginge, grob umrissen, so:

* Eine Zelle untersuchen.
* Wenn sie einen nicht negativen Wert enthält, ist es eine Wetterwarte, also zählen.
* Das Verfahren bei allen Zellen wiederholen.

Bei einer bestimmten Zelle irgendwo in KARTE, deren Spaltenwert C und Reihenwert R ist, brauchen wir als IF-Befehl:

1Ø3Ø   IF KARTE(R,C) > =Ø THEN LET ZWW=ZWW+1

[ZWW = Zahl der Wetterwarten]

Um uns mit allen Spalten von 1 bis 5∅ in einer Reihe R zu befassen, brauchen wir eine FOR-Schleife:

```
1∅2∅   FOR C=1 TO 5∅
1∅3∅   IF KARTE (R,C) > =∅ THEN LET ZWW=ZWW+1
1∅4∅   NEXT C
```

und für alle Reihen von 1 bis 5∅ brauchen wir eine FOR-Schleife um diese herum:

```
1∅1∅   FOR R=1 TO 5∅
1∅2∅   FOR C=1 TO 5∅
1∅3∅   IF KARTE (R,C) > =∅ THEN LET ZWW=ZWW+1
1∅4∅   NEXT C
1∅5∅   NEXT R
```

Wenn Sie ZX81 Computer Shop Band 1 gelesen haben, werden Sie sich vermutlich an diese Art "verschachtelter" Schleifenkonstruktion erinnern (ich hatte damit eine rechteckige ausgefüllte Grafik gezeichnet.)
Jetzt müssen wir uns nur noch vergewissern, daß ZWW Null enthält; wir beginnen mit:

```
1∅∅∅   LET ZWW=∅
```

und lassen das Ergebnis am Ende anzeigen:

```
PRINT "ANZ. WARTEN="; ZWW
```

Die drei anderen Probleme, die ich aufgeführt habe, sind ganz ähnlich. Sie benötigen alle dasselbe Paar FOR-Schleifen. IF-Befehle und das, was zu tun ist, wenn sie wahr sind, verändert sich natürlich. Vielleicht haben Sie Lust, es damit einmal zu versuchen.

ARRAYS IN DREI DIMENSIONEN.

Nehmen wir an, unser Geograph möchte noch mehr Rohdaten verwenden. Er kennt jetzt die Niederschlagsmengen für jeden Monat bei jeder Wetterwarte.
Wir brauchen also zwölf zweidimensionale Arrays wie KARTE, um diese Daten darzustellen. Jedes Array entspricht einer Atlasseite. Können wir nicht die Arrays so miteinander verbinden, wie die Atlasseiten in einem Buch gebunden sind? Das geht tatsächlich. Am Ende haben wir ein dreidimensionales Array, das wir definieren könnten durch:

```
1∅   DIM KARTE(5∅,5∅,12)
```

(Wie gesagt, in einem richtigen Programm müßte KARTE durch ein K oder einen anderen Buchstaben ersetzt werden.) Der dritte Wert in Klammern betrifft die Zahl der Monate.

Wir können exakt dieselben Fragen stellen wie vorher; die einzige Veränderung im Programm wird sein, daß wir noch eine äußere Schleife brauchen, um den Wert des Monats zu verändern.

Die neue Schleife könnte lauten:

FOR MONAT=1 TO 12

....

NEXT MONAT

und der IF-Befehl sieht so aus:

IF KARTE(R,C,Monat)= ...THEN ...

(Manche Fragen, etwa "Wie viele Warten gibt es?", verändern sich nicht durch Zeitablauf, und wenn Sie das mit diesem Programm versuchen, erhalten Sie eben zwölfmal so viele Wetterwarten, als es wirklich gibt.)

Wie wäre es mit einem Programm, das uns die Niederschlagsmenge für eine bestimmte Warte in einem bestimmten Monat mitteilt? Der Code könnte so aussehen:

```
2000   PRINT "GIB EIN KARTENPUNKT WARTE (R,C)"

2010   INPUT R

2020   INPUT C

2030   PRINT "GIB EIN 3 BUCHSTABEN MONAT"

2040   INPUT M$

2050   IF M$="JAN" THEN LET MONAT=1

2060   IF M$="FEB" THEN LET MONAT=2

2070   IF M$="MAR" THEN LET MONAT=3
```

....

und so weiter

....

```
2160   IF M$="DEZ" THEN LET MONAT=12

2170   PRINT "VERLANGTER WERT IST:"; KARTE (R,C,MONAT);
       "MM"
```

Wieder jede Menge IF-Befehle! Wie kann der Codeteil zwischen den Zeilen 2050 und 2160 verbessert werden?

Stellen wir ein Array von Monatsnamen auf (ähnlich, wie wir es vorhin bei den Rabatten gemacht haben). Wir nennen es MNAME$, obwohl Sie beim ZX81 als Namen einen Einzelbuchstaben nehmen müssen, etwa N$.

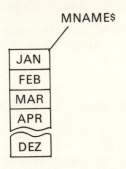

und ersetzen wir die einschlägigen Zeilen durch:

2Ø5Ø   FOR MONAT=1 TO 12

2Ø6Ø   IF MNAME$(MONAT)=M$ THEN GOTO 217Ø

2Ø7Ø   NEXT MONAT

Kapiert? Die Zeichenkette MNAME$ wird abgesucht nach einer Entsprechung zum eingegebenen Monat (M$). Wird sie gefunden, ist der Wert des Zeigers MONAT die numerische Entsprechung. Ein guter Grundsatz:

Wenn Sie eben einen Codeteil mit vielen gleichartigen IF-Befehlen hintereinander geschrieben haben, gibt es wohl auch einen einfacheren Weg.

ARRAYS IN HÖHEREN DIMENSIONEN

Vielleicht ist Ihnen aufgefallen, daß ich es sorgfältig vermieden habe, die Behauptung aufzustellen, "ein dreidimensionales Array sieht aus wie ein Würfel". Selbstverständlich kann man sich das so vorstellen, aber umso schwerer fällt es dann, sich vor Augen zu führen, wie ein vierdimensionales Array beschaffen sein mag (ja, die gibt es auch!), weil man es nicht beschreiben kann. Vierdimensionale Körper vermögen wir uns nicht vorzustellen. Das bedeutet aber nicht, daß die Sache selbst keinen Sinn hätte.

Auf die Gefahr hin, den Geographen zu Tode zu reiten, wollen wir zu unserem Landkartenproblem zurückkehren und davon ausgehen, er liefere uns jetzt die Monatswerte für ein ganzes Jahrzehnt! Wir besitzen also jetzt zehn 3D-Arrays. Warum es nicht ein 4D-Array nennen, so wie wir vorher die 12 2D-Arrays ein 3D-Array genannt haben? Nun beziehen wir uns auf eine bestimmte Zelle im Array als:

GROSSKARTE (R,C,MONAT,JAHR)

und brauchen, um die verlangten Daten zu erhalten, nur noch die entsprechenden Werte für R, C, MONAT und JAHR beizusteuern.

Im Prinzip kann uns nichts daran hindern, Arrays mit fünf, sechs, sieben oder noch mehr Dimensionen aufzustellen. Jedes zusätzliche Array wird dazu benützt, ein anderes Merkmal zu speichern, etwa Bevölkerungszahl, Sterberate, Temperatur und so weiter.

In der Praxis ergeben sich Grenzen durch den verfügbaren Speicherplatz. Bei einem ZX81 mit 16K haben wir den Speicherplatz schon bei 3D verbraucht. Das läßt sich leicht nachrechnen:

Wir hatten eine Tabelle von $5\emptyset \times 5\emptyset \times 12 = 3\emptyset\ \emptyset\emptyset\emptyset$.

Jede Zelle besetzt 5 Bytes, also brauchen wir $15\emptyset\ \emptyset\emptyset\emptyset$ Bytes. Ein 16K-Speicher hat $16 \times 1\emptyset24 = 16\ 384$ Bytes. Hoppla!

Selbstverständlich können wir die Karte jederzeit verkleinern, damit sie hineinpaßt; $16\times16\times12$ geht gerade (aber vielleicht schon nicht mehr, wenn auch noch das Programm gespeichert ist!) Diese Verfeinerungen sind also eigentlich nur für größere Geräte geeignet, obschon es Anlässe geben kann, wo ein 4D-Array von $7\times7\times7\times7$ (das größtmögliche bei 16K) von Nutzen ist.

2 SUCHVORGÄNGE

Wie findet man bei einer Liste von Daten genau die Stelle, die man braucht? Sie könnten ja die ganze Liste durchgehen . . . aber vielleicht gibt es bessere Methoden.

Naheliegend ist eines: Zu den nützlichsten Dingen, die wir mit einem Array anstellen können, gehört, es nach einer ganz bestimmten Einzelinformation abzusuchen; in unseren Beispielen haben wir das sogar schon mehrmals gemacht. Bei jeder dieser Gelegenheiten haben wir etwas vorgeführt, das *lineare Suche* genannt wird, und zwar deshalb, weil der Reihe nach jedes Arrayelement untersucht wird, bis die Zielzelle erreicht ist. Bei kleinen Arrays mag das ja noch angehen, aber bei großen kann es enorm zeitraubend werden.

Es gibt eine Alternative: Man nennt sie bisektionelle oder diminierende Suche. Das geht schneller, stets vorausgesetzt, die Daten in einem Array sind in einer bekannten Ordnung abgelegt. Nehmen wir ein Beispiel. Sie erinnern sich an meinen Großhändler mit seinem Rabattsystem? Er möchte ein System zur Kontrolle des Warenlagers einführen. Jede Ware, mit der er handelt, erhält eine Geschäftsnummer, und für jede Ware werden Lagermenge und Stückpreis festgehalten.

Wir würden also ein Array in folgender Form aufstellen:

Lager

Waren-Nr.	Lagerbestand in Stück	Preis
1384	58	31.72
1791	246	2.6Ø
2114	15	254.ØØ
2164	24ʼ86	Ø.53
8561	1418	Ø.16

Beachten Sie, daß die Geschäftsnummern in ansteigender Reihenfolge aufgeführt sind. Anders funktioniert das nicht.

Neben anderen Programmen brauchen wir eines, bei dem der Lagerverwalter eine Warennummer eingibt und das System so reagiert, daß es den derzeitigen Lagerbestand ebenso angibt wie den Einzelpreis.

Eine bisektionelle Suche geht folgendermaßen vor: Als erstes wird die mittlere Reihe des Arrays geprüft. Gibt es also 1ØØ Reihen, dann sehen wir die 5Ø. (Da es bei gerader Reihenzahl keine genaue Mitte gibt, geht das, wenn Ihnen das lieber ist, auch bei der 51.) Ist die Geschäftsnummer, die wir suchen, höher als die dort vorgefundene, kann sie nicht in der unteren Hälfte des Arrays liegen. Wir lassen diese beiseite und konzentrieren uns auf die obere Hälfte. Nun wiederholen wir das Verfahren beim Rest des Arrays. Eine Resthälfte scheidet also aus, und der Fortgang der Suche muß schließlich zu einer einzigen Reihe führen.

Klingt langatmig? Na gut, ein Beispiel. Angenommen, ein Array enthält 1000 Einzelposten. Wegen der Tücke des Objekts ist der gesuchte stets der letzte, den man sich ansieht, demnach erfordert eine lineare Suche das Durchgehen aller 1000 Posten. Eine bisektionelle Suche nimmt heraus:

500 Posten beim 1. Durchgang

250 Posten beim 2. Durchgang

125 Posten beim 3. Durchgang

62 Posten beim 4. Durchgang

31 Posten beim 5. Durchgang

15 Posten beim 6. Durchgang

7 Posten beim 7. Durchgang

3 Posten beim 8. Durchgang

1 Posten beim 9. Durchgang

Das bedeutet, daß wir das Ziel beim 10. Versuch erreichen müssen, und sei das Objekt noch so tückisch!

Das folgende Schaubild macht das noch deutlicher:

Ziel 7:

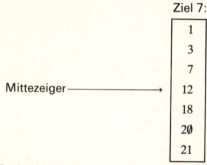

12 > 7, also bleibt die untere Arrayhälfte außer Betracht.

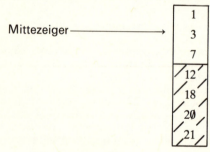

3 > 7, also geht uns die obere Arrayhälfte nichts an.

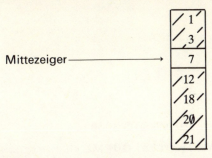

Mittezeiger

Getroffen!
   Schreiben wir ein Programm, um das auch beim Array LAGER zu erreichen. (Wieder verwenden wir um der Deutlichkeit willen einen unzulässigen Namen; ersetzen Sie ihn im Programm durch L.) Wir brauchen drei Zeiger: einen für den Oberbereich, mit dem wir uns befassen (OB), einen für unten (UB), und dazu den Mittezeiger (MZ), der schlicht (UB+OB)/2 ist. Bei einem Array von 1000 Reihen beginnen wir also mit:

      2500   LET UB=1

      2510   LET OB=1000

      2520   LET MZ=INT((UB+OB)/2)

INT ist unbedingt erforderlich, weil MZ sonst einen Dezimalteil enthalten könnte (etwa: 1001/2=500.5), was ja keinen Sinn ergibt.
   Nun müssen wir die erforderliche Warennummer (vorausgesetzt, sie ist in WN schon eingegeben) mit der Warennummer in LAGER vergleichen, die MZ anzeigt:

      2530   IF LAGER(MZ,1)=WN THEN GOTO 3000

(Nicht vergessen, daß Waren-Einzelnummern alle in Spalte 1 stehen.)
   Sobald wir also Zeile 3000 erreichen, zeigt MZ auf die gewünschte Reihe, und wir können schreiben:

      3000   PRINT "LAGERBEST."; LAGER(MZ,2)

      3010   PRINT "PREISE"; LAGER(MZ,3)

Ist die Bedingung aber nicht erfüllt, müssen wir wissen, ob der vom Mittezeiger angezeigte Wert größer ist als der Zielwert. Wenn das der Fall ist, kappen wir die obere Arrayhälfte:

      2540   IF LAGER(MZ,1) > WN THEN LET OB=MZ−1

Andererseits könnte der von MZ angezeigte Wert kleiner sein als der Zielwert:

      2550   IF LAGER(MZ,1) < WN THEN LET UB=MZ+1

25

Nun müssen wir den neuen Mittezeiger so berechnen:

```
2560   GOTO 2520
```

Nehmen wir alles zusammen, dann ergibt sich:

```
2500   LET UB=1
2510   LET OB=1000
2520   LET MZ=INT((UB+OB)/2)
2530   IF LAGER(MZ,1)=WN THEN GOTO 3000
2540   IF LAGER(MZ,1)>WN THEN LET OB=MZ-1
2550   IF LAGER(MZ,1)<WN THEN LET UB=MZ+1
2560   GOTO 2520
3000   PRINT "LAGERBEST."; LAGER(MZ,2)
3010   PRINT "PREIS"; LAGER(MZ,3)
```

Natürlich können Sie viele Verfeinerungen anbringen. Was geschieht beispielsweise, wenn Sie eine nicht vorhandene Warennummer eingeben? Denken Sie einmal darüber nach.

3 STAPELSPEICHER

"Zuletzt rein, zuerst raus" ist die Regel bei einem Stapelspeicher, ob beim Turm von Hanoi oder bei einem Programm in Maschinensprache. Hier sehen Sie, wie man einen Stapelspeicher richtig aufbaut.

Wie ich schon sagte, sind Arrayvariable die einzigen Datenstrukturen in BASIC. Befassen wir uns also zunächst mit einer Struktur, die im Sinn eines Arrays mit dem Namen Stapelspeicher sehr leicht zu realisieren ist.

Der Name "Stapel" erklärt schon recht gut, was vorgeht. Man kann dort nur aufeinanderstapeln und auch nur von oben wieder etwas herunterholen.

Zum Beispiel könnten wir anfangen mit:

```
4
2
7
```

Fügen wir 9 und 12 (in dieser Reihenfolge) dem Stapel hinzu, so erhalten wir:

```
12
9
4
2
7
```

Wenn wir vom Stapel eine Zahl herunternehmen, haben wir:

```
9
4
2
7
```

Was wir hier haben, besitzt offenkundig viel Ähnlichkeit mit einem eindimensionalen Array, allerdings mit der zusätzlichen Einschränkung, daß Zugang nur an einer bestimmten Stelle (an der Stapeloberseite) erfolgen kann. Bedauerlicherweise verschiebt sich die Oberseite des Stapels, je nachdem, wie viele Posten sich im Stapel befinden. Wir brauchen also einen Zeiger, um zu bestimmen, wo die Oberseite des Stapels ist. Wir definieren ihn so, daß er zur ersten freien Stelle auf dem Stapel zeigt.

Das vorige Beispiel sieht dann so aus:

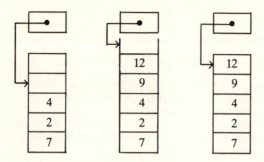

Wie Sie sehen, braucht die 12, wenn sie vom Stapel genommen wird, nicht aus dem Array zu verschwinden, weil der Zeiger uns sagt, was als Oberseite gelten soll.

STAPELROUTINEN

Schön. Versuchen wir BASIC-Routinen zu schreiben, um einen Stapel zu implementieren. Welche Routinen sind da zunächst einmal erforderlich? Es sind drei:

1   Zuerst den Stapel errichten. Wir nennen das "Initialisieren".
2   Einen Wert in den Stapel laden. Der technische Ausdruck dafür ist PUSH, das heißt "Informationen einspeichern".
3   Einen Wert vom Stapel abnehmen. Das heißt POP und bedeutet "Informationen entnehmen".

Die Initialisierungs-Routine kann gleich an den Anfang des Programms gesetzt werden:

    1Ø DIM STAPEL(2Ø)

    2Ø LET SZ=2Ø

Bei einem Stapel, der im Höchstfall 2Ø Werte enthält, genügt das bereits! Wenn wir den Stapelzeiger (SZ) auf 2Ø setzen, erfahren wir, daß der Stapel leer ist, weil er STAPEL(2Ø) als die erste freie Stelle anzeigt.

Die beiden anderen Routinen werden im Verlauf des Hauptprogramms ständig gebraucht, müssen also Unterprogramme werden. Das Einspeichern geht so:

    5Ø1Ø LET STAPEL(SZ)=V

    5Ø2Ø LET SZ=SZ−1

    5Ø3Ø RETURN

(wobei unterstellt wird, daß V den Wert enthält, der eingespeichert werden soll). Damit wird der Wert dort in das Array eingegeben, worauf SZ zeigt. Da es die erste freie Stelle ist, ist das in Ordnung. Der Stapelzeiger wird dann zur nächsten freien Stelle geführt. Eine wird abgezogen, der inneren Vorstellung wegen, die ich vom Stapel habe:

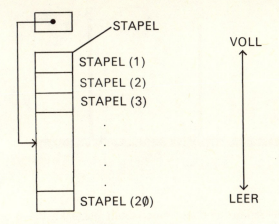

(Nichts kann Sie hindern, sich das anders herum vorzustellen, wenn Ihnen das lieber ist, vorausgesetzt, versteht sich, Sie bleiben konsequent dabei.)

Dieses Schaubild verweist übrigens auf etwas, womit wir uns noch nicht befaßt haben: Was geschieht, wenn das Array voll ist? Tritt das ein, so enthält SZ Ø, und der Versuch, Zeile 5Ø1Ø auszuführen, löst eine Fehlermeldung aus (Meldecode 3). Wir brauchen also eine Zeile 5ØØØ, die diese Bedingung prüft:

     5ØØØ IF SZ=Ø THEN GOTO 5Ø4Ø

und:

     5Ø4Ø PRINT "STAPEL VOLL"

     5Ø5Ø STOP

Das Entnehmen geht ähnlich:

     6ØØØ IF SZ=2Ø THEN GOTO 6Ø4Ø

     6Ø1Ø LET SZ=SZ+1

     6Ø2Ø LET V=STAPEL(SZ)

     6Ø3Ø RETURN

     6Ø4Ø PRINT "STAPEL LEER"

     6Ø5Ø STOP

BEISPIEL: DER TURM VON HANOI

Die Kniffelaufgabe "Der Turm von Hanoi" liefert ein einfaches Beispiel für die Anwendung von Stapelspeichern. Im Original sieht das Rätsel so aus:

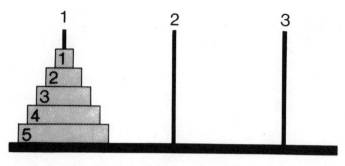

Abbildung 3.1

Fünf Scheiben mit Mittellöchern sind auf einen Stab gesteckt, die größte Scheibe liegt unten, die kleinste oben, so, wie es Abbildung 3.1 zeigt. Von diesem Stapel (oder einem anderen, der später entsteht) ist eine Scheibe abzunehmen und auf eine der beiden anderen Stäbe zu stecken.

Unübersehbar haben wir drei Stapel. Eine Erschwerung kommt aber noch hinzu: Niemals darf eine größere Scheibe auf einer kleineren sitzen. Das Ziel besteht darin, den ganzen Turm auf einen der anderen Stäbe zu versetzen.

Unser Problem demnach: Dafür zu sorgen, daß ein Spieler Züge machen kann, den Stand laufend anzuzeigen, auf unzulässige Züge zu achten.

Da drei Stapel vorhanden sind, ergeben sich ein paar Veränderungen. Ein Zeiger Z soll auf den derzeitigen Stapel weisen, also wird aus Zeile 1Ø

    1Ø   DIM STAPEL(2Ø,3)

Ferner brauchen wir drei getrennte Stapelzeiger, die wir in ein Array mit der Bezeichnung SZ stellen wollen:

    15   DIM SZ(3)
    2Ø   LET SZ(1)=2Ø
    21   LET SZ(2)=2Ø
    22   LET SZ(3)=2Ø

(2Ø verwenden wir hier übrigens nur deshalb, weil das vorher schon da war; ein kleinerer Stapel wäre genausogut.) Alle Verweisungen in PUSH und POP auf STAPEL(SZ) werden dadurch zu Verweisungen auf STAPEL(SZ(Z),Z). So lautet etwa Zeile 5Ø1Ø:

    5Ø1Ø   LET STAPEL(SZ(Z),Z)=V

und aus 5020 wird:

```
5020   LET SZ(Z)=SZ(Z)-1
```

Bevor wir PUSH oder POP aufrufen, müssen wir dafür sorgen, daß Z an den richtigen Stapel gesetzt wird.
Also los. Als erstes muß der linke Stapel (Z=1) so aufgebaut werden, daß er die Scheiben enthält. Wir können sie an den Nummern aus Abbildung 3.1 erkennen. Demnach:

```
100   LET Z=1
110   FOR V=5 TO 1 STEP-1
120   GOSUB PUSH
130   NEXT V
```

Dann bringen wir in Erfahrung, von welchem Stapel der Spieler eine Scheibe abnehmen möchte:

```
140   PRINT "WELCHER STAPEL KLEINER?"
150   INPUT SK
```

und nehmen von diesem Stapel ab

```
160   LET Z=SK
170   GOSUB POP
```

Bei dieser Stufe befindet sich der verlangte Wert in V. Wir brauchen nicht zu prüfen, ob der Stapel eine Scheibe enthält, die entfernt werden kann, weil POP ohnehin auf einen leeren Stapel prüft! Fragen Sie jetzt, wohin die Scheibe kommen soll:

```
180   PRINT "WELCHER STAPEL GROESSER?"
190   INPUT SG
```

Nun wird geprüft, ob der Schritt zulässig ist. Das erfordert einiges Nachdenken, also wollen wir den Tag der Abrechnung noch verschieben und einfach eine Subroutine definieren, aus der ein Rücksprung nur stattfindet, wenn der Schritt zulässig ist:

```
200   GOSUB ZULAESSIGKEIT
```

Wird 210 also erreicht, dann war der Schritt zulässig, wir können in Stapel SG einspeichern und anschließend das ganze bewegende Spiel wiederholen . . .

```
210   LET Z=SG
220   GOSUB PUSH
230   GOTO 140
```

Jetzt geht es nur noch darum, sich mit ZULAESSIGKEIT zu befassen. Wir brauchen die Bestätigung, daß der Wert oben auf Stapel SG größer ist als der Wert in V. Von diesem Stapel ist also abzunehmen – womit der Wert in V überschrieben wird! Deshalb stellen wir zuerst V sicher:

```
300   REM ZULAESSIGKEIT
310   LET VS=V
320   LET Z=SG
330   GOSUB POP
340   IF V > VS THEN 370
350   PRINT "UNZULAESSIG"
360   STOP
370   GOSUB PUSH
380   LET V=VS
390   RETURN
```

Beachten Sie Zeilen 370 und 380: Nachdem wir den Wert vom Stapel abgenommen haben, um ihn zu prüfen, dürfen wir nicht vergessen, ihn wieder einzuspeichern, um den alten Zustand wiederherzustellen. Außerdem müssen wir, weil wir V vorübergehend zu VS hinübergeschoben haben, den Originalwert wiederherstellen, weil das PUSH in Zeile 220 sonst das Falsche einspeichert!

Und jetzt muß ich Ihnen sagen, daß das Ganze nicht läuft. Der Grund: Wir haben den Sonderfall nicht berücksichtigt, daß ein Stapel leer sein kann, wenn etwas hinzugefügt wird. Unter diesen Umständen kommt das Programm nie über Zeile 330 hinaus, die POP verlangt. Es wird einwenden, das ginge nicht, weil der Speicher leer sei. Das Einfachste wäre, zu Anfang in allen drei Stapeln unten "6" einzugeben, damit jeder Wert im Bereich 1–5 dort aufgestapelt werden kann. Ich überlasse Ihnen das zur Einübung (oder auch die Alternative: prüfen, ob der Stapel leer ist, und sofort PUSH).

Ich überlasse es auch Ihnen, die Stapel im Verlauf des Spiels *anzuzeigen*. Das kann, wenn Sie wollen, so einfacher Art sein, daß Sie nur die internen Werte anzeigen lassen, oder, was schon mehr Befriedigung verschafft, jede Scheibe zu plotten, wobei Sie mit dem inneren Wert 1–5 die Zeilenlänge der verwendeten Grafikzeichen definieren.

Eine letzte Bemerkung: Ich habe hier einen neuen Brauch übernommen, mit Namen versehene *Subroutinen* (GOSUB, PUSH) zuzulassen. Das soll offensichtlich die Lesbarkeit verbessern; aber als Programmbefehl ist das durchaus erlaubt, vorausgesetzt, die Variable (hier PUSH) erhält den Wert der Anfangszeile des Unterprogramms. So läßt beispielsweise

```
1   LET ZULAESSIGKEIT=300
```

zu, daß GOSUB ZULAESSIGKEIT richtig als GOSUB 300 interpretiert wird. Dergleichen kann aber auch Arbeit ersparen, wenn Sie beschließen, die Adressen der Unterprogramme zu ändern.

4 WARTESCHLANGEN

Wie man Information zeitweise speichert und sie in der Reihenfolge, in der sie eintrifft, verarbeitet.

Auch der Ausdruck "Warteschlangen" beschreibt recht genau, was dabei vorgeht. An einem Ende werden der Warteschlange Werte angefügt, am anderen aber weggenommen. Wir brauchen jetzt also zwei Zeiger, einen für den Kopf der Warteschlange, den anderen für das Ende, etwa so:

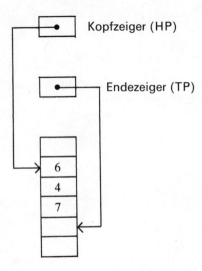

Kopfzeiger (HP)

Endezeiger (TP)

6
4
7

Eine Warteschlange zu implementieren, hat viel Ähnlichkeit mit der Implementierung eines Stapels. Hier tritt aber ein zusätzliches Problem auf. Es hängt mit der Prüfung der Warteschlange darauf zusammen, ob sie voll ist. Ein Beispiel: Fügen wir der oben gezeigten Warteschlange zwei Werte an, so daß der Endezeiger jetzt außerhalb der Tabelle steht. Wenn wir nicht gründlich überlegt haben, könnten wir uns von dieser Information zu dem Schluß verleiten lassen, daß die Warteschlange voll sei. Das ist natürlich nicht der Fall, weil über dem Kopf ein freier Platz ist; wenn wir von der Warteschlange Werte wegnehmen, vergrößert sich dort der verfügbare Platz, obwohl der Endezeiger sich nicht bewegt hat und es der Kopfzeiger ist, mit dem wir prüfen, ob die Warteschlange voll ist.

Denken wir also neu über das Problem nach. Erstens: Wenn der Endezeiger der Warteschlange unten aus dem Array herausfällt, wollen wir, daß er am Kopf wieder auftaucht, damit wir den verfügbaren Arrayplatz nutzen können. Mit anderen Worten: Das Array wird kreisförmig, und die beiden Zeiger jagen hintereinander her. Dann bleibt immer noch die Frage, woran wir erkennen sollen, wann die Warteschlange voll und wann sie leer ist. Nehmen wir ein einfaches Beispiel:

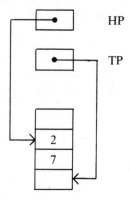

Wenn wir von dieser Warteschlange zwei Werte wegnehmen, müssen wir zwei zum Kopfzeiger hinzufügen, dann ist die Warteschlange leer:

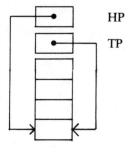

(Der Deutlichkeit halber habe ich 2 und 7 aus dem Array herausgenommen, obwohl sie, wie schon beim Stapel, eigentlich drinbleiben.)

Es gibt also eine einfache, hübsche Regel, um zu erkennen, wann die Warteschlange leer ist: Kopf- und Endezeiger sind gleich.

Füllen wir nun die ursprüngliche Warteschlange dadurch, daß wir zwei Werte (etwa 9 und 4) anfügen. Der Endezeiger geht also an den Beginn des Arrays zurück und wird dann um 1 erhöht:

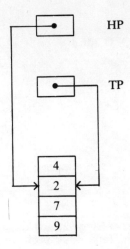

Hoppla! Kopf- und Endezeiger weisen wieder auf dieselbe Stelle, also besagt unsere Regel eigentlich nur, daß die Warteschlange entweder voll oder leer ist, was ja nicht viel nützt . . .

Macht nichts! Das läßt sich leicht beheben. Was wir bisher gemacht haben, ist so ähnlich, als knipse man einen Schnappschuß von einem Autorennen und wolle dann von dem Betrachter wissen, welcher Wagen in Führung sei. Das kann er eben nicht beurteilen, weil er nicht weiß, wie viele Runden jedes Fahrzeug schon gefahren ist. Wir befinden uns in einer ähnlichen Lage. Die Zeiger könnten Kopf an Kopf liegen (leer), oder der Endezeiger könnte dabei sein, den Kopfzeiger zu überrunden (voll). Wir brauchen also nicht genau zu wissen, wie viele Runden jeder Zeiger hinter sich hat, sondern müssen nur den Abstand zwischen ihnen kennen. Der kann nur $\emptyset$ oder 1 betragen, weil das Array überlaufen würde, wenn man mehr zuließe.

WARTESCHLANGEN-PROGRAMME

Nachdem wir dieses Problem bewältigt haben, ist der Rest der Programmierung ganz ähnlich wie beim Stapel. Erneut brauchen wir drei Routinen mit den Namen INITIALISIEREN, ENQUEUE (in eine Warteschlange einreihen) und DEQUEUE (aus einer Warteschlange entfernen). Wie vorher kann INITIALISIEREN am Programmanfang stehen:

    1$\emptyset$ DIM WARTESCHLANGE(2$\emptyset$)

    2$\emptyset$ LET HP=1

    3$\emptyset$ LET TP=1

    4$\emptyset$ LET RUNDE=$\emptyset$

die Routine ENQUEUE lautet:

```
2000   IF HP=TP AND RUNDE=1 THEN GOTO 2060
2010   LET WARTESCHLANGE(TP)=V
2020   LET TP=TP+1
2030   IF TP>20 THEN LET RUNDE=RUNDE+1
2040   IF TP>20 THEN LET TP=1
2050   RETURN
2060   PRINT "WARTESCHLANGE VOLL"
2070   STOP
```

Ein paar Dinge zum Merken:
Wie beim Stapel gehe ich von einem Array mit der Länge 20 aus, der in die Warteschlange einzureihende Wert soll in V liegen. Zeile 2000 prüft, ob die Warteschlange voll ist. Die Zeilen 2030 und 2040 befassen sich mit dem Problem, eine Runde zu vollenden. Da dazu zwei Vorgänge nötig sind, können wir entweder, wie ich das getan habe, dieselbe Frage zweimal stellen, oder durch

```
2030   IF TP>20 THEN GOSUB 2080
```

die zwei Vorgänge in 2080 und 2090 ausführen und mit 2100 wieder einen Rücksprung machen.
Von der Logik her sind sie gleich, aber wenn Sie zu viele GOSUB und GOTO in Ihren Code aufnehmen, sieht das aus wie schlecht gestrickt und wird sehr schwer lesbar.
DEQUEUE sieht so aus:

```
3000   IF HP=TP AND RUNDE=0 THEN GOTO 3060
3010   LET V=WARTESCHLANGE(HP)
3020   LET HP=HP+1
3030   IF HP>20 THEN LET RUNDE=RUNDE-1
3040   IF HP>20 THEN LET HP=1
3050   RETURN
3060   PRINT "WARTESCHLANGE LEER"
3070   STOP
```

Sehen Sie die Ähnlichkeit der beiden Subroutinen? Sie sind gewissermaßen spiegelverkehrt symmetrisch. Bei den PUSH- und POP-Routinen war das genauso. Das ist bei Programmen, die in irgendeiner Beziehung Gegensätzliches leisten, sehr häufig. Der Programmierer mit Gespür für Probleme wird sorgenvoll blicken, falls eine solche Symmetrie nicht sichtbar wird. Das ist keine feste, unverrückbare Regel, sondern nur ein Gefühl, das sich mit der Erfahrung einstellt, nichtsdestoweniger aber sehr nützlich sein kann.

EINE FUSSBALL-WARTESCHLANGE

Hier ein Beispiel dafür, wie man eine Warteschlange anwenden kann.

Der Vide-Printer von BBC, mit dem die Fußballergebnisse im Sportprogramm übertragen werden, ist im Grunde nichts anderes als eine Fernschreibmaschine (in der Schweiz, in Österreich und Deutschland wird das mit Tafeln gemacht). Oft sieht das auch genauso aus – so, als tippe einer mit einem Finger herum. Nehmen wir an, man würde stattdessen ein Zeichen, das der Schreiber eingibt, nicht direkt senden, sondern in eine Warteschlange aufnehmen. Die ganze Warteschlange wird erst dann aufgelöst, wenn der Operator auf "Rücksprung" drückt. Auf diese Weise käme "ARSENAL" als ein Wort auf den Schirm, statt Buchstabe für Buchstabe als A-R-S... zu erscheinen.

Hier der notwendige Code:

```
10    LET LEER=0
20    LET HP=1
30    LET TP=1
40    LET RUNDE=0
110   LET V$=INKEY$
120   IF V$="" THEN GOTO 110
130   IF V$=CHR$ 118 THEN GOTO 160
140   GOSUB ENQUEUE
150   GOTO 110
160   FOR I = 1 TO 20
170   GOSUB DEQUEUE
180   IF LEER=1 THEN GOTO 210
190   PRINT V$;
200   NEXT I
210   PRINT
220   LET LEER=0
230   GOTO 110
```

Für ENQUEUE und DEQUEUE sind kleine Veränderungen erforderlich, weil wir es mit Buchstaben und nicht mit Zahlen zu tun haben. Insbesondere wird aus V V$, und so weiter, und die Arrays werden zu Buchstabenarrays. Wenn die Schlange abgesucht wird, wollen wir ja nicht, daß auf dem Bildschirm "SCHLANGE LEER" erscheint – man stelle sich die Überraschung des Fernsehzuschauers vor, wenn er erfährt, daß dieser doch wenig bekannte Fußballverein gegen Hamburg gespielt hat. Aus diesem Grund ersetzen wir Zeile 3060 bei DEQUEUE durch

```
3060   LET LEER=1
```

Nun prüfen wir LEER beim Rücksprung nur noch darauf, ob die Schlange schon leer ist; wenn das zutrifft, fangen wir mit dem nächsten Wort an.

Wir benützen LEER hier als *Flagge* oder Kennzeichen (das heißt, wir setzen es auf den Wert 1, um darzutun, daß etwas Interessantes stattgefunden hat. Um später in Erfahrung zu bringen, ob das wirklich der Fall war, sehen wir uns einfach die Flagge an. Wenn sie bei Ø steht, ist es also gar nicht eingetreten. Bei den späteren Kapiteln über Maschinencode werden Flaggen noch wichtig.

Zunächst erhalten Sie angezeigt etwa

KAISERSLAUTERN

2

HAMBURG

3

weil durch Zeile 2Ø bei jedem Absuchen der Warteschlange NEWLINE ausgelöst wird. (Wenn Sie beim Tastendrücken zu langsam sind, erhalten Sie HHHAAAMMMMBBBBUUUURRRGGG mit automatischer Wiederholung!) Da Sie außerdem zu INKEY$ nicht SPACE eingeben können – das würde als BREAK gelesen werden – erhalten Sie auch

VFB

STUTTGART

4

HERTHA

BSC

BERLIN

1

Versuchen Sie, diese Fehler zu beheben, damit

VFB STUTTGART 4   HERTHA BSC BERLIN 1

herauskommt. Ein anderes Beispiel für die Verwendung von Warteschlangen finden Sie in Kapitel 9.

5 VERBUNDENE LISTEN

Das Prinzip der Schatzjagd für leicht veränderbare Listings.

Den Strukturen, die wir uns bisher angesehen haben, war allen etwas gemeinsam: Weiß man, wo sich ein bestimmtes Element befindet, so weiß man auch, wo das nächste sein muß, weil es immer in einer benachbarten Speicherzelle ist. Nehmen wir aber einmal an, wir ließen zu, daß zusammengehörige Daten überall im Speicher verstreut sind. (Zerbrechen wir uns jetzt nicht den Kopf darüber, warum wir das tun sollten.) Wir würden eine gültige Methode dafür brauchen, einen Wert dann zu finden, wenn wir wissen, wo sich der vorherige befindet. Das Schaubild unten stellt das abstrakt dar.

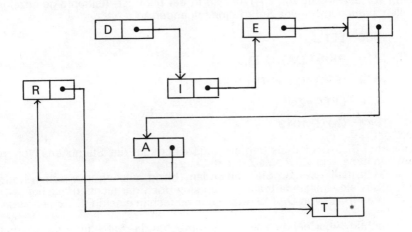

Die Symbole D, E, R, I, A, T und "Space" (Leerstelle) sind ohne erkennbares Schema angeordnet, bis man bedenkt, daß jedes mit einem Zeiger in Verbindung steht; vorausgesetzt, Sie fangen in der obersten Zeile bei D an und folgen den Zeigern bis zum Stern, den ich als Begrenzer mit der Bedeutung "Ende der Liste" verwende, erhalten Sie die Meldung "DIE ART". Das Prinzip der Schatzsuche, nicht? Man findet etwas und erhält dadurch einen Hinweis auf das, was folgen soll.

Wie implementieren wir nun die Struktur? Nun: Jedes Element hat zwei Bestandteile, Daten und einen Zeiger. Warum also nicht zwei zueinander passende eindimensionale Arrays nehmen, die folgendermaßen aufgebaut sind:

DATA$ ZGR

	DATA$		ZGR
1	D		2
2	I		3
3	E		4
4	□		5
5	A		6
6	R		7
7	T		Ø

Wenn wir den Inhalt von DATA$ also in der richtigen Reihenfolge anzeigen wollen, brauchen wir eine Subroutine folgender Art:

```
1ØØØ  LET Z=1
1Ø1Ø  PRINT DATA$(Z);
1Ø2Ø  IF ZGR(Z)=Ø THEN RETURN
1Ø3Ø  LET Z=ZGR(Z)
1Ø4Ø  GOTO 1Ø1Ø
```

(Beachten Sie, daß ich als Begrenzungszeiger statt des Sternchens Null genommen habe, weil ZGR eine Zahlentabelle ist.)

"Halt mal!" werden Sie einwenden (hitzig, wie ich inzwischen hoffen darf). "Soviele Umstände braucht man sich doch gar nicht zu machen. Man könnte den Inhalt von DATA$ doch auch einfach in einer FOR-Schleife von 1 bis 7 anzeigen."

Richtig. Aber nehmen wir an, ich möchte die Mitteilung verändern zu "DIE ECHTE ART". Wenn ich das auf direkte Weise mache, müßte ich die Buchstaben A R T im Array nach unten schieben, um Platz für ECHTE zu erhalten. Mit der verbundenen Liste dagegen brauche ich ECHTE nur an das Ende des Arrays zu setzen und einen der bisherigen Zeiger (5) so zu verändern:

```
   DATAS              ZGR

 1   │  D  │         │  2  │
 2   │  I  │         │  3  │
 3   │  E  │         │  4  │
 4   │  □  │         │  8  │ ←———— Veränderung
 5   │  A  │         │  6  │
 6   │  R  │         │  7  │
 7   │  T  │         │  Ø  │
 8   │  E  │         │  9  │
 9   │  C  │         │ 10  │
10   │  H  │         │ 11  │
11   │  T  │         │ 12  │
12   │  E  │         │ 13  │
13   │  □  │         │  5  │
```

Nun gut, es wäre kein großes Problem gewesen, drei Buchstaben im Array um fünf Plätze nach unten zu verschieben, aber wie, wenn das die ersten Wörter eines hundert Seiten langen Aufsatzes gewesen wären?

Was wir eben gemacht haben, ist Textbearbeitung, die Hauptaufgabe der sogenannten "Textbearbeitungs"-Programme, des "word processings". Ich habe eben die fundamentale Datenstruktur vorgestellt, auf der die meisten Word processors beruhen. Ich möchte dieses Beispiel jetzt nicht weiterführen, weil sich die Fallstudie Word processor in Kapitel 8 eingehend damit befaßt.

EIN BIBLIOTHEKS-KATALOG

Die verbundene Liste ist aber eine so nützliche Struktur, daß es lohnt, sich noch eine andere Art der Anwendung anzusehen. Unterstellen wir, ein Bibliothekar möchte ein Autorenregister führen, damit er, falls ein Abonnent sich erkundigt: "Haben Sie noch andere Bücher von Heinrich Maria Anfang?", sofort antworten kann, auch wenn er kein Anhänger von Anfang sein sollte.

Wir könnten zunächst auf den Gedanken kommen, ein einfaches Array dieser Art einzurichten:

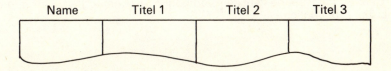

```
  Name          Titel 1        Titel 2        Titel 3
```

Der Nachteil dabei: Die Zahl der Bücher, die für jeden Verfasser aufgenommen werden kann, ist festgelegt, und manche Autoren in der Bücherei sind vielleicht mit nur einem Band vertreten, so daß viel Speicherplatz vergeudet wird, während andere mehr Bücher geschrieben haben mögen, als wir unterbringen können.

Wenn wir so organisieren, daß jeder Verfasser seine eigene verbundene Bücherliste hat, läßt sich das Problem lösen. Wir brauchen ein Verfasserarray mit dazugehörigem Zeigerarray, um auf die ersten Einträge in den Bücherlisten so hinzuweisen:

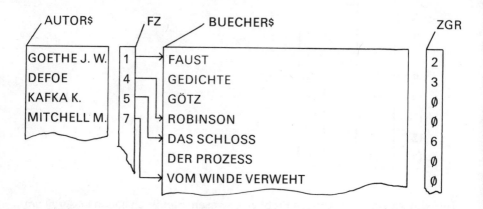

Um alle Bücher eines bestimmten Verfassers aufzuführen, brauchen wir nur den Namen des Autors mit dem dazugehörigen ersten Zeiger zusammenzuführen:

```
500   PRINT "EINGABE AUTOR"
510   INPUT A$
520   FOR Z = 1 TO 200              (wenn es 200 Autoren sind)
530   IF A$=AUTOR$(Z) THEN GOTO 570
540   NEXT Z
550   PRINT "AUTOR NICHT VORHANDEN"
560   RETURN
```

Sobald wir Zeile 570 erreichen, zeigt Z auf den gesuchten Autor und gleichzeitig zur entsprechenden Stelle im FZ-Array. Damit sagt uns FZ(Z), wo wir bei BUECHER$ mit dem Suchen anfangen müssen.

Der Rest der Routine sieht dem vorherigen Anzeigeprogramm für verbundene Listen sehr ähnlich:

```
570   LET Z=FZ(Z)
580   PRINT BUECHER$
590   IF ZGR(Z)=∅ THEN RETURN
600   LET Z=ZGR(Z)
610   GOTO 580
```

Bei alledem wird davon ausgegangen, daß die Arrays AUTOR$, FZ, BUECHER$ und ZGR bereits richtig aufgebaut worden sind. Unser Bibliothekar wird uns nicht danken, wenn er über die innere Struktur seiner Daten auf eine derart primitive Weise informiert sein muß, wie wir uns das eben zurechtgelegt haben. Wir brauchen also noch eine weitere Routine, damit er die Daten auf natürlichere Weise eingeben kann und die benötigten Verbindungen automatisch hergestellt werden. Denken Sie einmal über diese Dinge nach. Das ist nämlich in der Tat sehr interessant. Nur um ein paar Fingerzeige zu geben, will ich mich mit einem ähnlichen Programm befassen, das dazu dienen soll, in das schon vorhandene Autorenregister ein neues Buch einzufügen.

Halten wir uns an ein konkretes Beispiel: Wir wollen Franz Kafkas "AMERIKA" in die Bücherei aufnehmen. Zunächst suchen wir das Array BUECHER$ nach dem ersten unbenützten Element ab und fügen "AMERIKA" ein, wobei wir uns merken, wo es steht (in unserem Beispiel Element 8). Gleichzeitig können wir das dazugehörige Element von ZGR auf ∅ setzen, weil das neue Buch jetzt die letzte Eintragung für diesen Autor ist. Abgesehen davon, muß nur noch der alte Null-Begrenzer durch 8 ersetzt werden, damit "AMERIKA" in der Anzeigeroutine nach "DER PROZESS" angezeigt wird. Natürlich hat es keinen Sinn, nur das ZGR-Array nach einer Null abzusuchen, weil wir dasjenige brauchen, das Kafkas Romane abschließt. Wir müssen also in AUTOR$ nach KAFKA F. suchen, finden im entsprechenden TP-Element 5, suchen unter ZGR(5), finden 6, suchen unter ZGR(6), finden ∅ und ersetzen sie durch 8.

Das Programm:

```
1500   PRINT "EINGABE AUTOR"
1510   INPUT A$
1520   PRINT "NEUEN TITEL EINGEGEBEN"
1530   INPUT NT$
1540   FOR Z = 1 TO 1000      (Wenn BUECHER$ 1000 Elemente groß)
1550   IF BUECHER$(Z)=""THENGOTO1570 ⎤  Suche nach
1560   NEXT Z                          ⎦  1. Nulleingabe
1570   LET BUECHER$(Z)=NT$             ⎤
1580   LET ZGR(Z)=∅                    ⎦  neuen Titel einfügen
1590   FOR I = 1 TO 200                ⎤
1600   IF A$=AUTOR$(I) THEN GOTO 1620  ⎬  Suche nach Autor
1610   NEXT I                          ⎦
```

```
1620  IF ZGR(I)=0 THEN GOTO 1650  ┐
1630  LET E=ZGR(I)                 ├  Suche nach Abschlußnull
1640  GOTO 1620                    ┘
1650  LET ZGR(I)=Z                 ┐
                                   ├  durch Z ersetzen
1660  RETURN                       ┘
```

MENÜS

Wir haben es hier mit den Grundlagen eines wirklich nützlichen Datenretrieval zu tun ("retrieval" heißt soviel wie Wiedergewinnung). Ganz klar, daß noch viele Routinen nötig wären (zum Beispiel haben wir im Augenblick noch keinen Weg gefunden, einen Eintrag zu löschen) und man sie verbinden können muß. Eine geeignete Methode dafür ist ein sogenanntes Menü. Wenn das Programm aufgerufen wird, zeigt es auf dem Bildschirm zunächst eine Liste von Optionen an, die verfügbar sind. Bei unserem Beispiel hätten wir dann etwa:

BÜCHEREI-RETRIEVAL-SYSTEM

OPTIONEN:
1. NEUE BÜCHEREI EINRICHTEN
2. EINFÜGEN
3. LÖSCHEN
4. SUCHEN
OPTION EINGEBEN(1–4):
Geben Sie eine Option ein, erhalten Sie vielleicht ein Untermenü. Wird in einem solchen Option 2 aufgerufen, so müßten Sie erhalten:

PROGRAMM EINFÜGEN

OPTIONEN:
1. EINFÜGEN AUTOR
2. NEUER TITEL
OPTION EINGEBEN (1/2):
Auf diese Weise können alle Routinen als unabhängige Unterprogramme geschrieben, die Menüs können gleich am Anfang angezeigt werden, und das richtige Unterprogramm ist erreichbar durch:

```
50   GOSUB 1000*OPT
```

wobei OPT der unterhalb des Menüs eingegebene Wert ist. Wir müssen nur dafür sorgen, daß das Programm NEUE BÜCHEREI EINRICHTEN auch bei 1000 steht, EINFÜGEN bei 2000, LÖSCHEN bei 3000, und so weiter. Das Programm EINFÜGEN sähe danach etwa so aus:

```
1020   GOSUB(1000+OPT*300)
```

Das Programm EINFÜGEN AUTOR müßte bei 1300 stehen, das Programm NEUER TITEL bei 1600.

Im Abschnitt "Strukturiertes Programmieren" findet sich mehr über das Zerlegen von Programmen in Bausteine, die leicht zu bewältigen sind.

Es gibt noch viele andere Eigenschaften, die Sie diesem Daten-Retrievalsystem in Kinderschuhen verleihen können. Wie wäre es beispielsweise mit einem Themenregister? Dazu ist ein Array THEMA$ (mit dazugehörigem EZ-Array) erforderlich, das sich genauso verhält wie das Array AUTOR$. Es ist sinnlos, die Information in BUECHER$ zu wiederholen, aber die Verbindungszeiger werden andere sein, so daß wir ein neues ZGR-Array brauchen.

Derzeit fällt es nicht leicht, festzustellen, wer ein bestimmtes Buch geschrieben hat. Warum nicht einen Bestand an Zeigern schaffen, die von BUECHER$ auf AUTOR$ zeigen, damit das bewältigt werden kann?

Und so weiter und so fort. Aber hier gebe ich weiter an Sie. Das Programmieren macht da wirklich Spaß, und am Ende kommt sogar ein wirklich nützliches Programm heraus.

Aufgaben

Ich habe in diesem Abschnitt schon mehrmals auf Probleme der Lagerverwaltung verwiesen. Es ist nicht sonderlich schwierig, eine Folge von Programmen zu schreiben, mit denen bei kleinen Unternehmen das Lager verwaltet werden kann.

Man überlegt sich zuerst einmal, welche Datenarten gebraucht werden, und wie man sie am besten strukturiert. Auf jeden Fall braucht man Elemente wie Teilenummer, Teilebeschreibung, Stückkosten, Lagerbestand, Lagerort (Regalnummer), Bestellstand, Bestellnummer, Lieferantenadresse. Die Aussichten dafür, daß als Arrays organisierte Variablenfelder dafür genügen, sind dann sehr groß, wenn nicht für manche Waren verschiedene Lieferanten in Frage kommen; in diesem Fall wären verbundene Listen zweckmäßig.

Sie würden dann solche Programme brauchen:

1   Neu ins Lager aufnehmen.
2   Aus dem Lager nehmen.
3   System befragen nach a) Lagerbestand eines Teils
                            b) Ort eines Teils
4   Neues Teil hinzufügen.
5   Teil löschen.
6   Lieferanten des Teils wechseln.
7   Preis des Teils ändern.
8   Bestellungen für Teile aufrufen, die knapp werden.
9   Finanzberichte erstellen (etwa über die Höhe der Mittel, die im Lager gebunden sind).

Wie bei allen "echten" Vorhaben kann sich das auswachsen. Vor allem muß man dafür sorgen, daß jede Routine von den anderen unabhängig ist, damit möglichst mühelos neue Programme hinzugefügt und alte überarbeitet werden können.

6 BÄUME

Die List eines alten Ahnenforschers bei Aufgaben mit Verzweigungen auf jeder Stufe.

Ein *Baum* ist eine Struktur, die aus *Knotenpunkten und Verzweigungen* besteht. Mit einer Ausnahme verfügt jeder Knotenpunkt über einen einzigen Zweig, der *hinein*führt, und kann beliebig viele, auch gar keinen, haben, die *heraus*führen. Die Ausnahme ist die Wurzel, in die keine Zweige hineinführen. Ein Knotenpunkt, aus dem keine Zweige herausführen, wird *Blatt* genannt. Demnach könnte ein Baum so aussehen:

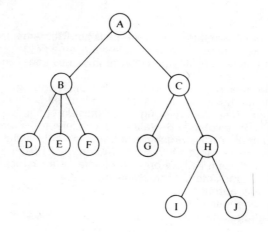

Die Kreise mit Buchstaben sind Knotenpunkte, verbunden durch gerade Zweige. "A" ist die Wurzel, "D", "E", "F", "G", "I" und "J" sind Blätter. Diese Struktur implementiert man ganz ähnlich wie verbundene Listen, nur gibt es hier eine unterschiedliche Zahl an Zeigern von jedem Knotenpunkt aus. Im obigen Fall sind es nie mehr als drei, so daß ein Array mit drei Spalten ausreicht:

DATA\$ ZGR

	DATA\$		ZGR	
1	A	2	3	4
2	B	4	5	6
3	C	7	8	Ø
4	D	Ø	Ø	Ø
5	E	Ø	Ø	Ø
6	F	Ø	Ø	Ø
7	G	Ø	Ø	Ø
8	H	9	1Ø	Ø
9	I	Ø	Ø	Ø
1Ø	J	Ø	Ø	Ø

EIN STAMMBAUM

Bei Bäumen gibt es ein paar ganz naheliegende Anwendungsmöglichkeiten, aber auch solche, die nicht gleich ins Auge fallen.

Sehen wir uns zunächst etwas Naheliegendes an – einen Familienstammbaum.

Im Grunde ist auch das ein Problem der Datenwiedergewinnung. Wir speichern den Stammbaum und wollen dann Antworten auf Fragen haben wie "Wer war die Großmutter mütterlicherseits von X?" Wir könnten uns also eine Organisation folgender Art denken:

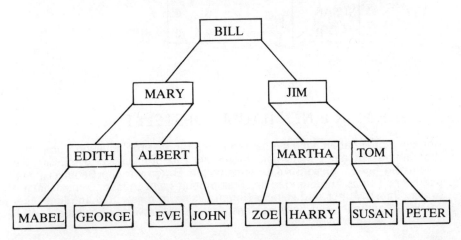

Anders ausgedrückt: Jim und Mary sind Bills Eltern. Albert und Edith sind die Eltern von Mary, und so weiter. Natürlich ist die Darstellung unvollständig, weil man beispielsweise nicht erkennen kann, ob Albert und Edith mehr als ein Kind hatten. Das ist eben nur ein Teil des Baumes, der Bill direkt betrifft. Um mehr Einzelheiten zu erfahren, würden wir Zeiger von jedem Knotenpunkt zu anderen Bäumen brauchen, welche die Nachkommen der Geschwister dieses Knotenpunkts anzeigen, was auf dieselbe Weise zu anderen Bäumen führen würde. Man verliert da rasch die Übersicht. Bleiben wir beim Einfachen.

Die innere Struktur sieht so aus:

DATA$ ZGR

		ZGR	
1	BILL	2	3
2	MARY	4	5
3	JIM	6	7
4	EDITH	8	9
5	ALBERT	10	11
6	MARTHA	12	13
7	TOM	14	15
8	MABEL	0	0
9	GEORGE	0	0
10	EVE	0	0
11	JOHN	0	0
12	ZOE	0	0
13	HARRY	0	0
14	SUSAN	0	0
15	PETER	0	0

WIE MAN EINEN BAUM AUFSTELLT

Ahnenforscher haben nach meiner Erfahrung für die Probleme von Computer-Programmierern nicht mehr Verständnis als Bibliothekare, also müssen wir einen Weg finden, diese Struktur aufzubauen. Bitten wir den Benutzer doch, den Namen eines Angehörigen des Stammbaums einzugeben, gemeinsam mit seiner (ihrer) Mutter und seinem (ihrem) Vater, in dieser Reihenfolge. Mehr verlangen wir nicht, das heißt, wir bestehen beispielsweise nicht darauf, BILL müsse als erster genannt werden.

Also haben wir:

```
1ØØ   PRINT "NAMEN EINGEBEN"

11Ø   INPUT N$(1)

12Ø   PRINT "MUTTER EINGEBEN"

13Ø   INPUT N$(2)

14Ø   PRINT "VATER EINGEBEN"

15Ø   INPUT N$(3)
```

Nun fügen wir N$(1), N$(2) und N$(3) in das Array DATA$ ein. Das kann an beliebiger Stelle geschehen, weil die Zeiger für die Verbindungen sorgen; man lädt sie deshalb am besten einfach in die ersten drei verfügbaren Stellen. Statt jedesmal, wenn das geschieht, DATA$ lesen zu müssen, um freien Platz zu finden, könnten wir einen Zeiger auf das erste freie Element gerichtet halten. Zu Beginn wird das 1 sein, also:

```
9Ø    LET ZEF=1      (Zeiger auf ersten freien Platz)
```

Aber halt mal! Wie sieht es aus, wenn ein Name schon eingegeben ist (oder sogar schon alle vorhanden sind)? Doppeleintragungen wollen wir vermeiden, also müssen wir das Array jedesmal nach jedem einzelnen Namen absuchen:

```
16Ø   FOR I=1 TO 3

17Ø   LET P(I)=Ø

18Ø   FOR R=1 TO 15

19Ø   IF DATA$(R)=N$(I) THEN LET P(I)=R

2ØØ   NEXT R

21Ø   NEXT I
```

Vielleicht zerbrechen Sie sich den Kopf darüber, warum ich mir die Mühe gemacht habe, die Namen in ein neues Array (N$) einzugeben. Können Sie erkennen, daß das die Wiederholung der Zeilen 17Ø bis 2ØØ für drei Wertbereiche erspart hat?
    Was tut die Innenschleife? Tja, wenn der Name nicht schon in DATA$ steht, bleibt P(I) bei Null. Im anderen Fall enthält P(I) die Reihe, wo der Name zu finden ist.
    Gehen wir anhand unseres Beispiels weiter. Wir geben BILL, MARY, JIM ein. Das Programm sucht diese Namen und findet sie nicht, also stehen wir bei:

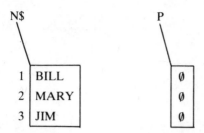

Damit können wir jetzt eine Regel aufstellen: "Wenn ein Element von P Null enthält, kann das zugehörige Element von N$ in DATA$ eingegeben werden, weil es bis dahin noch nicht vorgekommen ist."

Nun geben wir MARY, EDITH, ALBERT ein. Diesmal erscheinen N$ und P als:

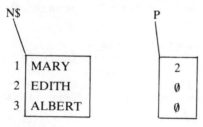

Danach müssen also nur EDITH und ALBERT aufgenommen werden. Während wir das tun, wollen wir verfolgen, wo wir sie hintun. Dazu halten wir die Reihenwerte im P-Array fest:

```
220    FOR I=1 TO 3
230    IF P(I) < > Ø THEN GOTO 27Ø
240    LET DATA$(ZEF)=N$(I)
250    LET P(I)=ZEF
260    LET ZEF=ZEF+1
270    NEXT I
```

Jetzt haben wir demnach:

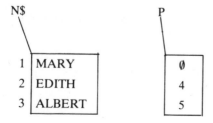

Wir erkennen: Die Zeiger in Reihe 2 sollten 4 oder 5 sein, oder allgemein gesagt, Reihe P(1) enthält die Zeiger P(2) und P(3)!
Wir brauchen nur zu schreiben:

```
280   LET ZGR(P(1),1)=P(2)
290   LET ZGR(P(1),2)=P(3)
```

Damit ist das Problem praktisch bewältigt; nun muß nur noch aufgeräumt werden. Als erstes müssen wir eine Schleife einrichten, damit alle Namen eingegeben werden können:

```
300   GOTO 100
```

und das heißt, daß wir aus der Schleife auch wieder herausmüssen:

```
115   IF N$(1)="*" THEN RETURN        (oder GOTO irgendwohin)
```

Schließlich müssen wir alle Arrays dimensionieren:

```
10   DIM DATA$(15,10)     (Wenn kein Name über 10 Buchstaben)
20   DIM ZGR(15,2)
30   DIM N$(3,10)
40   DIM P(3)
```

Eines sollten Sie noch beachten: Da Blätter keine Zeiger besitzen, die herausführen, werden die Ursprungswerte an Blättern im ZGR-Array nie verändert. Da BASIC sie beim Dimensionieren des Arrays auf Null setzt und wir mit Null "kein Zeiger" meinen, ist das ganz in Ordnung, außer, Sie wollten mitten im Programm im selben Array einen neuen Baum aufstellen. Dann müßten Sie das ZGR-Array auf Null setzen, um es in dem Zustand zu belassen, den das Programm "Stell einen Baum auf" erwartet. Es wäre ohnehin das Sicherste, dies gleich am Programmbeginn zu tun.
Wir kommen nun zu einer sehr interessanten Eigenschaft des Programms, das wir eben geschrieben haben. Wir sind stets davon ausgegangen, daß die Daten in der logischen Reihenfolge eingegeben werden – zuerst BILL, MARY und JIM, dann MARY, EDITH und ALBERT, gefolgt von JIM, MARTHA und TOM, etc., aber in Wahrheit spielt die Reihenfolge, in der die Dreiergruppen eingegeben werden, überhaupt keine Rolle. Probieren Sie es aus. Tippen Sie das Programm ein, fügen Sie am Ende eine Routine an, um auf die DATA$- und ZGR-Arrays zu zeigen, und geben Sie dann meinetwegen ein ALBERT, EVE, JOHN, dann JIM, MARTHA, TOM, dann MARTHA, ZOE, HARRY und so weiter. Die Position der Namen im DATA$-Array wird sich natürlich nach der Reihenfolge der Eingabe richten, aber verändern werden sich auch die Zeiger, damit sie auf die richtigen Namen weisen. Das ist angenehm, weil der Benutzer Erinnerungsfetzen ganz ungeordnet aus dem Gedächtnis hervorkramen und sie so eingeben kann, wie sie ihm gerade einfallen (es wird ihm da nicht anders gehen als den meisten von uns). Er braucht sich nicht vorstellen zu können, wie der Baum aussieht, mit dem wir gearbeitet haben.

Den Baum nach Einzelheiten der Abkunft einer Person abzufragen, ist leicht. Die gewünschten Namen finden Sie in DATA$. Der Zeiger in Spalte 1 von ZGR dieser Reihe weist auf die Mutter, der in Spalte 2 auf den Vater. Man kann das Verfahren bei der Suche nach Großeltern, Urgroßeltern und so weiter wiederholen. Den genauen Code abzufassen, überlasse ich Ihnen.

7 SPIEL-BÄUME

Wie Bäume häufig genutzt werden: Züge eines Spiels zu speichern. Den Weg im Baum zurückverfolgen, um zu einer Gewinnstrategie zu gelangen. Hier bringt der Computer sich selbst bei, ein Streichholzspiel zu gewinnen.

Man kann die Züge bei einem Spiel mit zwei Personen durch einen Baum darstellen. Sehen wir uns ein einfaches Beispiel an. Ich lege die Spielregeln so fest:

1   Es gibt zwei Spieler, die abwechselnd ziehen.
2   Der Ausgangspunkt des Spiels: Auf einem Tisch liegen fünf Streichhölzer.
3   Ein zulässiger Zug ist der, bei dem entweder ein Streichholz oder zwei Streichhölzer weggenommen werden.
4   Ein Spieler hat gewonnen, wenn der andere Spieler das letzte Streichholz wegnehmen muß.

Sie kennen das sicher schon. Man spielt das auch mit mehr Streichhölzern und vielfältigeren Zugmöglichkeiten. Wenn Sie schon einmal gespielt haben, werden Sie wissen, daß unsere Version stark vereinfacht ist.
    Der Baum zeigt sämtliche Möglichkeiten an, die im Spiel vorkommen können. Zwischen den aufeinanderfolgenden möglichen Spielständen werden Verbindungen gezeigt. Die Buchstaben in den Knotenpunkten dienen nur als Hinweise, die Ziffern geben aber die Zahl der Streichhölzer an, die zum jeweiligen Zeitpunkt noch vorhanden sind:

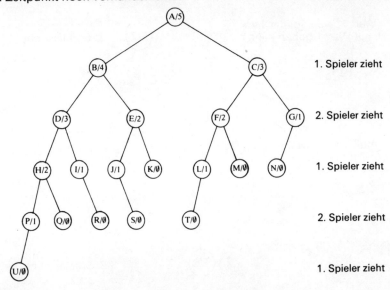

53

Sie werden merken, ich habe noch nichts darüber gesagt, ob ein Zug gut oder schlecht ist. Beispiel: Gelangt das Spiel zum Knotenpunkt E, so wird Spieler 1 gewiß nicht zwei Streichhölzer wegnehmen und damit Knotenpunkt K erreichen, weil er sonst verloren hätte! Der Zug ist aber zulässig, und der Baum befaßt sich mit allen zulässigen Zügen.

WANN IST EIN ZUG GUT?

Teilen wir nun den Knotenpunkten Werte zu, die etwas über die Qualität eines bestimmten Zuges aussagen. Bei den Blättern ist das offenkundig am leichtesten, weil wir wissen, wer gewonnen hat. Bestimmen wir einen Wert 1 mit der Bedeutung, daß Spieler 1 gewinnt, und einen Wert −1, wenn Spieler 2 gewinnt. (Ich habe −1 aus einem Gefühl für Symmetrie genommen; Sie *könnten* es auch mit Ø versuchen.)

Beispielsweise hat Knotenpunkt U den Wert −1, weil Spieler 1 das letzte Streichholz wegnimmt. In der gleichen Weise werden Q, R, S und T allesamt auf 1 gesetzt, K, M und N dagegen auf −1. In manchen Fällen kann man Werte für Knotenpunkte setzen, die keine Blätter sind. Da beispielsweise Knotenpunkt P nur zu Knotenpunkt U abzweigt, muß er denselben Wert bekommen wie Knotenpunkt U, also −1. Damit wird ausgedrückt, daß Spieler 2 mit Sicherheit gewinnt, wenn das Spiel den Knotenpunkt P erreicht.

Gehen wir nun davon aus, daß jeder Spieler bei jedem Spielstand den bestmöglichen Zug macht. Das heißt: Wenn Spieler 1 die Wahl hat, zu einem Knotenpunkt mit dem Wert 1 zu gehen, so wird er das tun; man kann also sagen, daß der Knotenpunkt, von dem er ausgeht, ebenfalls den Wert 1 hat. Ebenso wird Spieler 2 versuchen, zu einem Knotenpunkt −1 zu gelangen. Mit Hilfe dieser Regel können wir am Baum von den Blättern her "zurückgehen" und bewerten dabei jeden Knotenpunkt. Sehen Sie sich einen kleinen Ausschnitt des Baumes an:

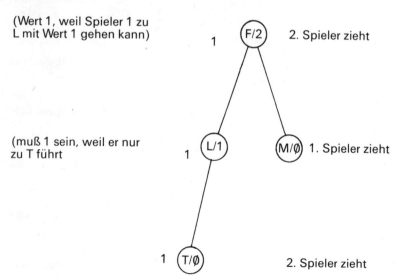

(Wert 1, weil Spieler 1 zu L mit Wert 1 gehen kann)

1   F/2   2. Spieler zieht

(muß 1 sein, weil er nur zu T führt

1   L/1   M/Ø   1. Spieler zieht

1   T/Ø   2. Spieler zieht

Wenn Sie diesen Baum bis zur Wurzel zurückverfolgen, werden Sie feststellen, daß die Wurzel 1 entspricht. Mit anderen Worten: Spieler 1 kann stets gewinnen! Das beweist nur, daß das Spiel nicht übermäßig interessant ist. Überhaupt kann kein Spiel, bei dem man sämtliche Züge vorher festzulegen vermag, sonderlich anregend sein. Man muß nämlich zu dem Schluß kommen, es sei auf ganz automatische Weise zu spielen, ohne Mutmaßungen oder Eingebungen. Andererseits ist das genau der Punkt, der einem Computer das Spiel erleichtern sollte!

EIN PROGRAMM FÜR "NIMM EIN STREICHHOLZ"

Wie müßten wir es also anstellen, ein NIMM-Spielprogramm zu schreiben? Logisch, daß wir als erstes den Baum speichern müssen:

Knotenbezeichnung	ZS Zahl der Streichhölzer	KW Knotenwert	ZGR linker Zeiger	ZGR rechter Zeiger
1 A	5	1	2	3
2 B	4	1	4	5
3 C	3	-1	6	7
4 D	3	1	8	9
5 E	2	1	10	11
6 F	2	1	12	13
7 G	1	-1	14	0
8 H	2	-1	15	16
9 I	1	1	17	0
10 J	1	1	18	0
11 K	0	-1	0	0
12 L	1	1	19	0
13 M	0	-1	0	0
14 N	0	-1	0	0
15 P	1	-1	20	0
16 Q	0	1	0	0
17 R	0	1	0	0
18 S	0	1	0	0
19 T	0	1	0	0
20 U	0	-1	0	0

Wir könnten das mit einer Reihe von Eingabebefehlen innerhalb einer Schleife aufbauen oder den Baum auf eine ähnliche Weise "wachsen" lassen, wie wir das mit dem Familienstammbaum gemacht haben. So oder so wollen wir davon ausgehen, daß er in der gezeigten Form verfügbar ist.

Von jetzt an ist es einfach. Bei jedem Schritt hat der Computer zwei mögliche Züge, gegeben durch die ZGR-Werte in der jeweiligen Reihe. Er wählt ganz einfach denjenigen, der im Array für die Werte der Knotenpunkte eine 1 hat. Wir müssen also zunächst einen Reihenzeiger zur Wurzel des Baums initialisieren, die Zahl der Streichhölzer anzeigen und dem menschlichen Spielgegner mitteilen, daß jetzt der Computer dran ist (schließlich wollen wir ja, daß der Computer gewinnt, nicht wahr?):

```
1000   LET Z=1
1010   PRINT "ES SIND □"; ZS(Z); "□HOELZER AUF DEM TISCH."
1020   PRINT "ICH BIN DRAN"
```

Beachten Sie, daß ich in Zeile 1010 ZS(Z) statt einfach "5" geschrieben habe, weil wir denselben Befehl dann beim nächstenmal wieder verwenden können.

Nun wird der Zug des Computers berechnet:

```
1030   FOR C=1 TO 2
1040   IF KW(ZGR(Z,C))=1 THEN GOTO 1060
1050   NEXT C
1060   LET R=ZGR(R,C)
1070   PRINT "ES SIND □"; ZS(R);"□HOELZER AUF DEM TISCH."
```

Die Schleife (1030–1050) sucht nach einem Zeiger in der laufenden Reihe, der auf einen ZS-Wert von 1 weist. Findet sie einen, so aktualisiert sie die laufende Reihe auf diesen Wert. Eigentlich ist eine Schleife gar nicht erforderlich, weil nur zwei Spalten, also zwei mögliche Züge, zu berücksichtigen sind. Sie trotzdem verwenden, heißt, daß diese Programmierungsform auch bei komplizierteren Spielen funktioniert, wo es Dutzende von möglichen Zügen und entsprechend viele Spalten gibt. Wir brauchen nur die "2" in Zeile 130 auf die erforderliche Spaltenzahl abzuändern. Beachten Sie auch, daß wir in KW nur die erste "1" zu finden brauchen, denn jede "1" führt ja zum Gewinn des Spiels.

Jetzt lassen wir den menschlichen Spielpartner auch mal ran:

```
1080   PRINT "JETZT SIE"
1090   PRINT "WIE VIELE HOELZER NEHMEN SIE?"
1100   INPUT WV
1110   IF WV > 0 AND WV < 3 THEN GOTO 1140
1120   PRINT "NICHT SCHWINDELN"
1130   GOTO 1090
1140   LET R=ZGR(R,WV)
```

Jetzt prüfen wir, ob wir schon gewonnen haben; wenn nicht, wird noch einmal gespielt:

115Ø   IF KW(R) > Ø THEN GOTO 1Ø1Ø

116Ø   PRINT "SCHON WIEDER GEWONNEN!"

Wenn wir großzügig sind, können wir dem Benutzer bei jedem zweiten Spiel erlauben, als erster anzufangen, indem wir die Steuerung der Abläufe "Zug des Computers" und "Zug des menschlichen Spielers" in der Reihenfolge umstellen. Dazu müßte man in das Zugprogramm Zeilen zur Prüfung einbauen, ob der menschliche Spielpartner gewonnen hat, und die beiden "Spiel"-Abläufe nicht als fortlaufenden Code, sondern als getrennte Unterprogramme behandeln. Wenn es eine Variable S gibt, mit der die Anzahl der gespielten Partien gezählt wird, und die beiden Routinen wie hier bei 1Ø2Ø und 1Ø8Ø beginnen, könnte das Aufrufprogramm etwa so aussehen:

5ØØ   LET S=Ø

51Ø   GOSUB (1Ø2Ø+12Ø*(S/2−INT(S/2)))

52Ø   GOSUB (1Ø8Ø−12Ø*(S/2−INT(S/2)))

53Ø   LET S=S+1

54Ø   GOTO 51Ø

(Nicht vergessen, daß die beiden "Spiel"-Routinen jeweils mit RETURN abschließen.)

Man kann noch verschiedene andere "kosmetische" Veränderungen vornehmen (zur Zeit wird beispielsweise noch angezeigt ES SIND 1 HÖLZER AUF DEM TISCH), aber mir geht es mehr um ein anderes Problem.

SOLL DER COMPUTER DIE ARBEIT MACHEN

Bis jetzt gingen wir davon aus, daß die Arrays auf die eine oder andere Weise von Hand aufgestellt werden müssen. Ist das wirklich so? Schließlich haben wir den Baum und damit die Arrays aus der Kenntnis der Spielregeln ohne alles andere aufgestellt. Können wir nicht dem Computer die Regeln mitteilen und ihn dazu bringen, daß er die Arraywerte in ähnlicher Weise selbst generiert?

Versuchen wir es einmal. Das ZS-Array sollte nicht schwer sein; wir beginnen einfach mit 5 in Reihe 1 und wenden die Regeln an, bei jedem Schritt 1 oder 2 davon abzuziehen. Das ZGR-Array wird diese Werte miteinander verbinden müssen, und bis jetzt sind wir − ohne das ausdrücklich zu sagen − davon ausgegangen, daß die Regel "Ein Streichholz entfernen" von der ersten Spalte (Regel 1) und die Regel "Zwei Streichhölzer entfernen" von der zweiten (Regel 2) abgewickelt wird. Dabei wollen wir bleiben. Selbstverständlich muß das KW-Array warten, bis wir den Baum aufgestellt haben, weil wir "zurückgehen" müssen, um die Werte der Knotenpunkte zu erhalten.

Wenn wir davon ausgehen, daß die Arrays schon dimensioniert sind, können wir beginnen mit:

```
 9Ø   LET R=1                     (erste Reihe)
1ØØ   LET ZS(1)=5                 (Wurzel setzen)
11Ø   LET LZ=2                    ("laufenden" Zeiger
                                  an die erste freie Reihe setzen)
12Ø   LET ZS(LZ)=ZS(R)-1          (Regel 1)
13Ø   LET ZGR(R,1)=LZ             (Zeiger für Regel 1 anbinden)
14Ø   LET LZ=LZ+1                 (1. freie Reihe aktualisieren)
15Ø   LET ZS(LZ)=ZS(R)-2          (Regel 2)
16Ø   LET ZGR(R,2)=LZ             (Zeiger für Regel 2 anbinden)
17Ø   LET LZ=LZ+1                 (1. freie Reihe aktualisieren)
18Ø   LET R=R+1                   (zum nächsten Knotenpunkt gehen)
```

Nun möchten wir natürlich zu Zeile 12Ø zurück, um uns mit dem nächsten Knotenpunkt zu befassen, müssen aber vermeiden, in eine Endlosschleife zu geraten. Wir könnten schwindeln und uns daran erinnern, daß die Arrays jeweils zwanzig Reihen umfassen, und aus der Schleife springen, wenn wir alle zwanzig durchgegangen sind, aber denken Sie daran, daß wir mit Hilfe dieses Spiels Methoden entwickeln wollen, die auch in komplizierteren Situationen anwendbar sind, wo wir vermutlich nicht wissen, wieviele Knotenpunkte der Baum umfaßt.

Tatsächlich gilt stillschweigend eine Regel, die wir noch nicht genutzt haben: Man kann kein Streichholz wegnehmen, das gar nicht da ist. Werden bei den Zeilen 12Ø und 15Ø also Streichhölzer weggenommen, so sollten wir prüfen, ob ZS(LZ) nicht negativ wird. Entsteht Null, dann bedeutet das, daß wir ein Blatt erreicht haben. Vielleicht können wir das nutzen, um aus der Schleife herauszukommen. Wenn wir einfügen:

```
115   IF ZS(R)-1<Ø THEN GOTO 18Ø

145   IF ZS(R)-2<Ø THEN GOTO 18Ø
```

verschwindet das Problem der "negativen Streichhölzer".

Befassen wir uns jetzt mit dem Verhalten der Zeiger R und LZ. LZ rennt gleich doppelt so schnell los wie R, weil er bei jeder Schleife zweimal, R aber nur einmal aktualisiert wird. Kommt er zu den ersten Blättern, wird LZ langsamer und hält schließlich bei 2Ø, weil die Tests in den Zeilen 115 und 145 Sprünge um die Zeilen "LZ aktualisieren" verursachen. Die ganze Zeit über stapft R mit einer Aktualisierung pro Schleife gleichmäßig dahin. Sobald er LZ einholt, wissen wir, daß es über diese Reihe hinaus keine Einträge nach vorn gegeben hat. Wir brauchen also nur zu prüfen, ob schon R=LZ:

```
19Ø   IF R<LZ THEN GOTO 115
```

Nun müssen wir noch die Werte für das KW-Array generieren. Offensichtlich müssen wir bei den Blättern anfangen. Um dem Knotenpunkt einen Wert zuteilen zu können, müssen wir aber erst wissen, welcher an der Reihe war.

Setzen wir noch ein weiteres Array WSZ (welcher Spieler ziehen soll), deren Werte je nachdem, ob Spieler 1 oder Spieler 2 ziehen soll, auf 1 oder 2 festgelegt werden. Hier ist es, angefügt an das Array vorher:

Knotenbezeichnung	ZS	KW	ZGR		WSZ
1 A	5	1	2	3	1
2 B	4	1	4	5	2
3 C	3	−1	6	7	2
4 D	3	1	8	9	1
5 E	2	1	10	11	1
6 F	2	1	12	13	1
7 G	1	−1	14	0	1
8 H	2	−1	15	16	2
9 I	1	1	17	0	2
10 J	1	1	18	0	2
11 K	0	−1	0	0	2
12 L	1	1	19	0	2
13 M	0	−1	0	0	2
14 N	0	−1	0	0	2
15 P	1	−1	20	0	1
16 Q	0	1	0	0	1
17 R	0	1	0	0	1
18 S	0	1	0	0	1
19 T	0	1	0	0	1
20 U	0	−1	0	0	2
Knotenbezeichnung	Zahl der Streichhölzer	Knotenwert	linker Zeiger	rechter	welcher Spieler zieht

In Reihe 1 ist der Wert von WSZ also 1. Der Rest des WSZ-Arrays gibt ein bißchen Rätsel auf, weil in jedem Block unterschiedliche Werte von 1 und 2 stehen. Im Idealfall würden sie sich einfach jedesmal verdoppeln: 1, 2, 4, 8 und so weiter, da von jedem Knotenpunkt zwei Zweige ausgehen. Das geschieht natürlich nicht, weil manche Verzweigungen zu unzulässigen Zügen führen würden. Wir brauchen also für die Zahl der Reihen, die wir mit jeder Schleife untersuchen, eine Grenze. Ursprünglich stehen die ersten und letzten Eingänge in WSZ in Reihe 1, deshalb:

    21Ø LET EEG=1

    22Ø LET LEG=1

Als erster macht Spieler 1 einen Zug, also:

    23Ø LET SPIELER=1

Nun wollen wir den Spieler wechseln:

    24Ø LET SPIELER=(2 AND(SPIELER=1))+(1 AND (SPIELER=2))

Das ist ein raffiniertes Stück Code, der SPIELER von 1 auf 2 umsetzt und umgekehrt. Das geht deshalb, weil der Wert einer Bedingung 1 ist, wenn die Bedingung zutrifft, sonst aber Null. So verschwindet einer der Teile des Ausdrucks, die anderen werden gewissermaßen mit 1 multipliziert. Jetzt bilden wir von EEG zu LEG eine Schleife und zählen unterwegs die Eingänge in WSZ:

    25Ø LET EINGAENGE=Ø

    26Ø FOR R=EEG TO LEG

    27Ø IF ZGR(R,1)=Ø THEN GOTO 33Ø   (Dieser Sprung

                                                                        führt nirgendwo hin!)

    28Ø LET WSZ(ZGR(R,1))=SPIELER

    29Ø LET EINGAENGE=EINGAENGE+1

    3ØØ IF ZGR(R,2)=Ø THEN GOTO 33Ø   (Dieser auch nicht)

    31Ø LET WSZ(ZGR(R,2))=SPIELER

    32Ø LET EINGAENGE=EINGAENGE+1

    33Ø NEXT R

Sehen wir uns den nächsten Block an:

    34Ø LET EEG=LEG+1

    35Ø LET LEG=EEG+EINGAENGE−1

und stellen wir fest, ob wir schon über das Ende der Tabelle hinaus sind:

    36Ø IF LEG<LZ THEN GOTO 24Ø

WIE MAN DIE ZÜGE BEWERTET

Jetzt können wir die KW-Werte für die Blätter setzen:

```
37Ø    FOR R=1 TO 2Ø
38Ø    IF ZS(R)>Ø THEN GOTO 41Ø
39Ø    IF WSZ(R)=1 THEN LET KW(R)=1          (hier nur für ein Blatt)
4ØØ    IF WSZ(R)=2 THEN LET KW(R)=-1
41Ø    NEXT R
```

Als nächstes suchen wir den Baum rückwärts ab und verbinden die Knotenwerte. Mit drei Möglichkeiten haben wir uns zu befassen:

1   Nur ein Zweig: Wir können den Wert einfach zurückreichen.
2   Zwei Zweige: Bei der Suche wird die linke Verbindung gefunden.
3   Zwei Zweige: Bei der Suche wird die rechte Verbindung gefunden.

Bei Fall 2 und 3 wird der Code mehrere Zeilen lang sein. Er muß testen, welcher Zeiger auf den höchsten Knotenwert weist, und ob wir den Mindest- oder Höchstwert zurückreichen wollen, je nachdem, welcher Spieler am Zug sein soll. Wir stellen das also in ein Unterprogramm ab Zeile 8ØØØ. Der Code lautet:

```
42Ø    FOR R=2Ø TO 2 STEP-1
43Ø    FOR RZ=1 TO 2Ø
44Ø    IF ZGR(RZ,1)=R AND ZGR(R,2)=Ø THEN KW(RZ)=KW(R)
45Ø    IF ZGR(RZ,1)=R AND ZGR(RZ,2)<>Ø THEN GOSUB 8ØØØ
46Ø    IF ZGR(RZ,2)=R THEN GOSUB 8ØØØ
47Ø    NEXT RZ
48Ø    NEXT R
```

Beachten Sie: Um den Code zu vereinfachen, werden in der Innenschleife stets alle zwanzig Reihen abgesucht. Das braucht natürlich nicht zu sein, weil es im ZGR-Array nur einen einzigen Hinweis auf einen bestimmten Zeiger gibt. Der Code ist also umständlich, aber stimmig.
   Nun zum Unterprogramm: Fertigen wir ein Array mit allen denkbaren Kombinationen von Knotenwerten an, auf die gezeigt wird, und das außerdem angibt, was jeder Spieler als Ersatz-Knotenwert bevorzugen würde:

Linker Zeiger Knotenwert	rechter Zeiger Knotenwert	Spieler 1	Spieler 2
-1	-1	-1	-1
-1	1	1	-1
1	-1	1	-1
1	1	1	1

Im ersten und letzten Fall bleibt im Ersatzwert keine Wahl, weil beide Zweige zur selben Zahl führen.

Wir sollten nun für jeden Fall den Höchst- und Mindestwert zu bestimmen versuchen, aber bei nur zwei Zweigen scheint das des Guten doch zuviel zu sein. (Wenn es mehr wären, würden wir es tun müssen.) Fügen wir einfach die beiden Knotenwerte in jeder Zeile an:

-2

Ø

Ø

2

Nur wenn dieser Wert −2 ist, wird ein "−1" als Ersatzwert erzwungen, nur, wenn er 2 ist, eine "1" zum Ersatzwert:

```
8ØØØ  LET TW=KW(ZGR(RZ,1)+KW
      (ZGR(RZ,2))                          (Knotenwerte anfügen)
8Ø1Ø  IF WSZ(RZ)=2 THEN GOTO 8Ø5Ø
8Ø2Ø  LET KW(RZ)=1                          (für Spieler 1
                                            unterstellter Knoten ist 1)
8Ø3Ø  IF TW<Ø THEN LET KW(RZ)=−1           (wenn das nicht sein
                                            kann, auf −1 setzen)
8Ø4Ø  RETURN
8Ø5Ø  LET KW(RZ)=−1                         (für Spieler 2
                                            unterstellter Knoten ist −1)
8Ø6Ø  IF TW>Ø THEN LET KW(RZ)=1            (wenn das nicht sein
                                            kann, auf 1 setzen)
8Ø7Ø  RETURN
```

ANDERE SPIELE?

Und das wär's! Ein Computerprogramm, das selbst eine Strategie entwickelt! Gut, der Code ist an manchen Stellen nicht gerade elegant, und hier und dort habe ich Eigenschaften gerade dieses Spiels genutzt, statt ganz allgemein zu sein, aber meine Absicht war die, den Code möglichst durchsichtig zu machen. (Behaupte ich jedenfalls.) Es sollte nicht schwer sein, diese Grundsätze etwa auf die Konstruktion eines Kästchenspiels mit Nullen und Kreuzen anzuwenden. Vergessen Sie dabei aber nicht: Das Spiel kann so laufen, daß Knotenwerte von Null auftauchen.

Bei komplizierteren Spielen stößt man aber auf ein ernsthaftes Problem. Die Bäume werden riesengroß. Nehmen wir das Schachspiel. Der erste Spieler hat für den ersten Zug die Auswahl unter 20 Zügen (zwei Züge mit einem der acht Bauern und zwei Züge mit einem der beiden Springer). Der zweite Spieler hat bei jedem der eben entstandenen 20 Knotenpunkte dieselben Möglichkeiten, so daß es schon nach je einem Zug 421 Knotenpunkte gibt (einschließlich der Wurzel).

Die Lösung: nicht den ganzen Baum wachsen zu lassen – das wäre gar nicht möglich, gleichgültig, wie groß Ihr Gerät ist –, sondern ihn auf, sagen wir, fünf Züge im voraus zu beschränken. Das bedeutet einmal, daß er bei jedem Zug neu entstehen muß, und zum zweiten, daß in dem Bereich, den wir uns gerade ansehen, vielleicht gar keine Blätter sind. Das ist deshalb ein Problem, weil unsere ganze Methode davon abhing, die Blätterwerte zu setzen und am Baum entlang zurückzugehen.

Wir müssen also den Schluß-Knoten in dem Teil des Baumes, den wir gespeichert haben, nach bestimmten Regeln Werte verleihen. Auf der niedrigsten Stufe erreichen wir viel, wenn wir Figuren gewinnen, und wenig, wenn wir solche verlieren. Dann wird "gefeilt". Beispielsweise ziehen wir Punkte ab, wenn unser König ungedeckt ist, und schreiben uns welche gut, falls unsere Dame das Mittelfeld beherrscht. Wieviele Punkte man für einen bestimmten Vorgang geben will, muß man mit der Zeit herausbekommen. Die Bewertung wird sich danach ausrichten, wie gut oder schlecht das Programm spielt.

Ich empfehle Ihnen nicht, sich hinzusetzen und ein Schachspielprogramm zu schreiben, aber es gibt eine ganze Reihe nicht so komplizierter Spiele, die verhältnismäßig leicht zu programmieren sind, und bei denen Ihr ZX81 dazu bewogen werden kann, recht bissig zu spielen. Man denkt an "Othello" und Ähnliches. Die Versionen für BASIC sind aber ziemlich langsam. Lesen Sie den Abschnitt über Maschinencode, wenn Sie die Sache beschleunigen wollen – und bereiten Sie sich auf langwieriges Programmieren vor!

BÄUME UND INTELLIGENZ

Beim unerfahrenen Benutzer wird unser NIMM- oder Othello-Spieler den Eindruck erwecken, er spiele ganz vernünftig. Er weicht offensichtlichen Fallen aus, entscheidet sich für Gewinnzüge und tut nichts Zielloses. So würde es auch ein menschlicher Spieler machen. Verrät das Programm damit Intelligenz?

Das hängt davon ab, was Sie unter Intelligenz verstehen. Wenn Sie die Fähigkeit meinen, in irgendeiner Beziehung menschliches Verhalten nachzuahmen (egal, in welch eingeschränkter Weise) – die besitzt das Programm. Denken Sie aber an die Fähigkeit, Probleme zu lösen, die für den Computer völlig neu sind, so kann er das natürlich nicht. Aber wer kann das schon? Brauchen wir nicht alle bestimmte Regeln, nach denen wir handeln können – irgendein grundlegendes Wissen? Das Problem besteht also in Wirklichkeit vielleicht darin, Wege zu finden, dem Computer auf eine möglichst zweckdienliche Weise Regeln mitzuteilen.

Der Familienstammbaum ist, wenn Sie es sich recht überlegen, ein simpler Fall der Aufstellung von Regeln. Letzten Endes unterscheidet sich ein Satz wie: "Martha und Tom sind die Eltern von Jim" nicht grundsätzlich von der Diagnose eines Arztes: "Fieber und Flecken deuten auf Masern". Wir haben nichts anderes getan, als "Martha" durch "Fieber" zu ersetzen, "Tom" durch

"Flecken" und "Jim" durch "Masern". Es ist möglich, ein System aufzubauen, mit dem etwa ein konsultierter Chirurg dem Computer Symptome, Diagnosen und dergleichen mehr eingeben kann und die gesamte Information in baumartigen Strukturen gespeichert wird. Das Gerät kann den Baum dann absuchen, um selbst Diagnosen zu stellen, wenn ihm verschiedene Symptome mitgeteilt werden. Er kann sogar vereinfachte Regeln "entdecken", die zu einer bestimmten Schlußfolgerung führen.

Bäume sind also sehr interessante Gebilde, auch wenn es manchmal ein wenig haarig werden kann, sich mit ihnen zu befassen. Zerlegt man das Programm aber in handliche Bausteine (wie wir das beim Streichholzspiel getan haben) und geht man bei den Schreibtischtests sorgfältig zu Werk, kann man interessante und nützliche Programme schreiben.

STRUKTURIERTES PROGRAMMIEREN

Sie sollten nicht nur Ihre Daten, sondern auch das *Programm* strukturieren. Das heißt im Grunde, es als eine Folge verbundener Unterprogramme zu schreiben, die getrennt von Fehlern gereinigt und geprüft und dann mit dem sicheren Wissen, daß sie funktionieren, aneinandergefügt werden können. Wenn Sie wollen, können Sie den Subroutinen in REM-Befehlen Namen geben, damit die Listings leichter zu überblicken sind.

Weniger leicht definierbar als die Struktur ist der *Stil. Jeder*, der programmiert, hat seinen eigenen, und *mein* Lieblingskniff mag nicht unbedingt nach *Ihrem* Geschmack sein. Wenn Sie COUNTDOWN AUF FRANZÖSISCH und ZEDTEXT vergleichen, wird Ihnen der Stilunterschied gewiß auffallen – aber Sie mögen vielleicht einen anderen. Stil ist zum Teil Klarheit und Ökonomie, zum Teil gute Organisation, aber dazu kommt noch ein Drittes, das nicht so leicht in Worte zu fassen ist.

Statt Ihnen eine Predigt über Struktur und Stil zu halten, lege ich drei Fallgeschichten über den Aufbau längerer 16K-Programme (in BASIC) vor. Textbearbeitung, statistische Simulation von Supermarkt-Kassenumsätzen, und ein Lernprogramm als Hilfe beim Französischunterricht (freundlicherweise zur Verfügung gestellt von Eric Deeson bei EZUG, der ZX-User-Lerngruppe). Wenn Sie sich mit der Beschreibung nicht abmühen wollen, geben Sie die Programmschritte einfach der Reihe nach ein, so, wie sie dastehen. Mir wäre es aber lieber, wenn Sie eine Routine nach der anderen durcharbeiten würden. Das ist einer der Gründe dafür, warum keines dieser Programme laufend hintereinander aufgelistet worden ist.

8 ZEDTEXT

Ein vielseitiges, wenn auch langsames Textbearbeitungsprogramm, das Einblick gibt in Programmstruktur, Textautomaten und die Art und Weise, wie Ihr BASIC-Interpreter funktioniert.

Man hört heutzutage furchtbar viel von *Word processor* und *Text-Editor*: Programme, die einen Mikrocomputer in eine intelligente Schreibmaschine verwandeln, die einen geschriebenen Text redigieren und zurechtstutzen kann. Die Einrichtungen des ZX81 für Bildschirm-Textbearbeitung (Zeilen-Cursor ▷, Zeichen-Cursor ◫, RUBOUT, EDIT und Einfügen neuer Zeichen mittels der Tastatur) sind praktisch die Grundlagen eines Texteditors. Manche im Handel erhältlichen Systeme sind ungeheuer kompliziert und können Text automatisch paginieren, mit Randausgleich versehen und Inhaltsverzeichnisse anlegen.

Der ZX81 kann in der Praxis nicht als Text-Editor dienen, jedenfalls solange nicht, bis jemand ein Zusatzgerät herausbringt, damit er an einen wirklich guten Drucker angeschlossen werden kann (gibt es inzwischen schon, Anmerkung des Übersetzers). Aber wenn Sie sehen, wie ein Text-Editor für den ZX81 aufgebaut werden kann, werden Sie erkennen, worum es bei einem System für die Verwendung in der Wirtschaft eigentlich geht. Zusätzlich ist er ein ausgezeichnetes Beispiel für strukturiertes Programmieren.

Diese Fallgeschichte betrifft ZEDTEXT und seine Entstehung.

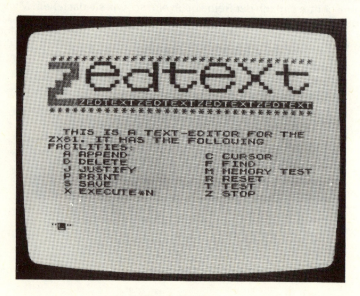

Zedtext Titelseite

WIE MAN EINE DATENSTRUKTUR AUSSUCHT

Ein Text-Editor muß Texteingaben annehmen und sie auf unterschiedliche Art *verarbeiten*. Bevor wir uns mit dem Programm dafür befassen, müssen wir zunächst die geeignetste Struktur für die Daten – also den Text – erarbeiten. Aber bevor wir die Daten strukturieren, müssen wir überlegen, was wir damit vorhaben. Eine Katze, die sich in den eigenen Schwanz beißt? Nein. Wir dürfen zu Beginn nämlich durchaus unscharf denken und ein paar Testprogramme schreiben, um unsere Mutmaßungen zu überprüfen.

Ein wichtiger Punkt: Wir sollten in der Lage sein, Fehler wie diesen zu löschen, um einen sauberen Text zu erhalten: das heißt, wir sollten Fehler korrigieren können. Ein zweiter: Wir sollten die Möglichkeit haben, Text zu ergänzen (oder, wie hier, in der Mitte einzufügen), so, wie dieser Satz dem vorherigen angefügt ist. Drittens: Wir sollten in einem Text *suchen* können, um das erste (zweite, dritte ...) Vorkommen einer bestimmten Zeichenfolge zu finden . . . so, wie das erste Vorkommen von "suchen" auf dieser Seite durch die Kursivschrift gefunden wird (und durch die Anführungszeichen das zweite!). Außerdem möchten wir in der Lage sein, solche Operationen so oft zu wiederholen, wie wir das haben wollen. Beispiel: "Suche das erste Vorkommen von "FRED" und ersetze es durch "JIM"; wiederhole 73mal", so daß FRED die ersten 73mal, wo es auftritt, durch JIM ersetzt wird. Wünschenswert wären noch viele andere Eigenschaften – die Fähigkeit, sich einen Textabschnitt zu merken und an der gewünschten Stelle einzusetzen, die Fähigkeit, das alles auf Band sicherzustellen, und so weiter – aber für die Entscheidung über eine Datenstruktur reicht das Genannte aus.

Befassen wir uns also mit den Möglichkeiten.

a   Stellen Sie sich den Text als eindimensionales Array T$ einzelner Zeichen oder Buchstaben vor:

D	A	S	□	I	S	T	□	E	I	N	□	T	E	X	T...
1	2	3	4	5	6	7	8	9	10	11	12	13	14	15	16...

(Um Platz zu sparen, habe ich das waagrecht gezeichnet.) Das Hauptproblem dabei: Um in T$ etwas eingeben zu können, müssen wir in der Lage sein, viele Zeichen um mehrere Stellen hochzuschieben, wozu wir Code in dieser Art brauchen:

```
1000   FOR K= OBEN TO UNTEN STEP−1

1010   LET T$(K)=T$(K−92)

1020   NEXT K
```

Wir fangen natürlich oben an und gehen bei der Arbeit nach unten, damit nicht Textteile gelöscht werden, die noch nicht verschoben sind.

Das sieht so aus, als würde es bei einem Text von meinetwegen 3000 Zeichen sehr langsam laufen, im übrigen besitzt es die Vorteile der Einfachheit.

b *Verbundene Listen.* Ordnen Sie den Text in einer Liste, mit Zeigern zum nächsten Zeichen.

Nummer	Zeichen	Zeiger
1	D	2
2	A	3
3	S	4
4	□	5
5	I	6
...	....	...

Änderungen wie "einfügen" oder "löschen" sind jetzt sehr einfach. Beispiel: Um den Text zu verändern zu

DAS□IST□AUCH□EIN□TEXT ...

brauchen wir am *Ende* der Liste nur

Nummer	Zeichen	Zeiger
17	A	18
18	U	19
19	C	2∅
2∅	H	21
21	□	22

einzufügen und dann *drei* Zeiger zu verändern, um die Zeichen in die richtige Reihenfolge zu bringen:

Nummer	Zeichen	Zeiger
8		21
13		9

Das Löschen geht ebenso einfach: Man verändert nur *einen* Zeiger, um an vorhandenem Text vorbeizusteuern. (Ein kleineres Problem: Der gelöschte Text ist noch "da", und zwar in dem Sinn, daß er Speicherplatz besetzt – nur *finden* Sie ihn nicht, wenn Sie anhand der Zeiger die Liste durchgehen, weil nichts in ihn *hinein*zeigt. Ist der Speicher klein, dann macht es Ärger, den Platz auf diese Weise zu verschwenden. Ein guter Ausweg: Setzen Sie in die gelöschten Eingänge eine Flagge und machen Sie immer wieder einen "Abfallsammel-Durchlauf", der die Liste durchgeht, alles neu numeriert und die Eingänge mit Flaggen herausnimmt. Eine solche Müllsammlung läuft aber langsam; am besten machen Sie das dann, wenn Sie die Nase voll haben und sich eine Tasse Kaffee kochen. Moral: Sammeln Sie Abfall erst ein, wenn der Speicher fast voll ist.)

c   Eine Abwandlung von *b*: Verwenden Sie verbundene Listen von *Wörtern*. Nun haben Sie zwar einen echten *Word processor*, aber im Umgang mit Symboltext, etwa Programmlistings, wird er nicht sonderlich tüchtig sein.

Das Vorstehende ist reichlich theoretisch. In der Praxis hängt die Frage, welche der drei Strukturen Sie benützen, stark von der jeweiligen Architektur des verwendeten Computers ab. Wir wollen uns also einmal ansehen, wie der ZX81 das macht.

c wird ein bißchen problematisch, und zwar wegen dem Prokrustesbett, von dem das Handbuch spricht: Stringarrays haben stets eine festgelegte Wortlänge. Das heißt: Sie müssen das Array so dimensionieren, daß das längste Wort hineinpaßt, das aller Vermutung nach verwendet wird, meinetwegen

DIM T$(5∅∅,2∅)

für Wörter von 2∅ Zeichen. Aber unser Probetext geht nun so hinein:

1	DAS		2
2	IST		3
3	EIN		4
4	TEXT		2

was *hektarweise* Speicherplatz verbraucht . . . Da Sie nicht auf den Kopf gefallen sind, könnten Sie das zweifellos teilweise beheben, aber das kostet alles Zeit und Programmplatz und macht von vornherein einen recht komplizierten Eindruck. Schenken wir uns das.

Verbundene Listen *b* sehen sehr verlockend aus, haben aber heimlich einen Haken. Die Zeiger verbrauchen wegen der Fließpunktdarstellung im ZX81 jeweils 6 Bytes. (Wenn Sie einen alten ZX8∅ haben, der BASIC mit ganzen Zahlen programmiert, haben Sie's gut, weil da zwei Bytes völlig genügen. Moral: Nichts gegen den ZX8∅ – Verfeinerungen kosten stets ihren Preis.) Jedes Zeichen im Text besetzt also statt einem Byte gleich sieben. Dadurch wird die Textmenge, die Sie bewältigen können, verkleinert.

Ein Ausweg wäre der, den Zeiger binär (oder hexadezimal) zu codieren, indem Sie zwei Zeichen verwenden:

xy bedeutet 256*CODE(x)+CODE(y)

Der Zeiger besetzt nun pro Eingang 2 Bytes, insgesamt 3. Das liefert uns $^7/_3$ der Kapazität. Der Hauptpreis, den wir entrichten, ist die für das Decodieren und Codieren der Zeiger aufgewendete Zeit, und beim Durchgehen der Listen müssen wir das ziemlich oft tun.

In meiner Ahnungslosigkeit habe ich tatsächlich den Hauptteil eines Editors unter Verwendung dieser Struktur verbundener Listen nach *b* geschrieben. Er lief ein bißchen langsam, leistete aber, was er sollte. Viele große Textbearbeitungssysteme verwenden tatsächlich verbundene Listen. Damit sie schneller laufen, werden sie gewöhnlich in Maschinencode geschrieben – eine abschreckende Aufgabe. Beim ZX81 gibt es aber einen besseren Weg, weil der ZX81 *Strings sehr wirksam verarbeitet*. Beispielsweise nimmt er Strings von willkürlicher Länge an (genügend Speicherplatz vorausgesetzt). Das tun nur wenige Mikrocomputer (üblich ist ein Limit von 200–250 Zeichen), und in der Tat haben das viele Großcomputer in ihren Standard-Compilern für Sprachen wie BASIC oder ALGOL nicht.

Die Folge davon: Wir können Möglichkeit *a* auf ganz eigene Weise nutzen. So, wie sie dasteht, ist sie ein bißchen plump. Der ZX81 behandelt einen Vektor von Einzelzeichen aber *wie einen Einzelstring*, und die Fähigkeit, sich auf bestimmte Zeichen im String zu beziehen, ist in den BASIC-Interpreter eingebaut. Das heißt: Wenn wir setzen

> LET T$="DAS□IST□EIN□TEXT"

erlauben uns Substring-*Bausteine*, das meinetwegen siebte Zeichen anzufordern. Beispiel:

> T$(7)="T"

T$ ist also praktisch dasselbe wie Vektor

> (T$(1),T$(2),...,T$(N))

wobei N seine Länge ist. Noch besser: Wir können Substrings auch *zuweisen*. Wenn wir eingeben

> 10　LET T$(3)="E"
>
> 20　LET T$(4)="T"
>
> 30　PRINT T$

erhalten wir

> DAS□IST□EIN□TEXT

So stehen wir vor der erschreckenden Alternative:

d　Den Text als *einzelnen* (langen) String T$ zu speichern.

Warum erschreckend? Nun, in der Regel gehen wir nicht davon aus, daß der ZX81 Strings von 3000 Zeichen Länge bewältigen muß.

Dabei schätzt er sie sogar.

Ich habe experimentiert, und zwar mit Strings, die rund 600 Zeichen lang waren. Die erste Entdeckung war die, daß PRINT T$ in ungefähr einer Sekunde oder weniger den Bildschirm mit Zeichen vollfüllt – ungefähr *um das Hundertfache* besser als bei der Verwendung von verbundenen Listen *b*.

Das Nächste, nämlich einen Textteil einfügen (wo so viele Zeichen verschoben werden müssen), geht sogar noch schneller. Zum Beispiel erfordert

> LET T$=T$(1 TO 73)+"NEUER TEXT"+T$(74 TO 600)

fast gar keine Zeit. Ebenso das Löschen:

> LET T$=T$(1 TO 43)+T$(92 TO 600)

Das geht sogar noch besser, weil Sie ein paar Bytes einsparen können, wenn Sie Stringanfang und -ende weglassen, nämlich so:

LET T$=T$(TO 43)+T$(92 TO)

Der BASIC-Interpreter des ZX81 kann diese Stringschiebebefehle in wirksamen Maschinencode verwandeln, daher die Schnelligkeit. Damit Sie eine Vorstellung davon bekommen, wie der Code aussehen könnte, siehe Seiten 198 und 231.

Es stellt sich also doch heraus, daß es sehr gute Gründe dafür gibt, eine besonders einfache

Datenstruktur zu wählen: Der Text wird als *Einzelstring* T$ von unbestimmter Länge gespeichert.

Das hat übrigens auch Vorteile beim Aufbau: Man kann viel leichter erkennen, wie die verschiedenen Subroutinen funktionieren, wenn man diese besonders durchsichtige Datenstruktur verwendet.

BEFEHLSFORMAT

Der nächste Schritt: Sich auf ein Format für die Textbearbeitungsbefehle festzulegen, die wir eingeben wollen. Wir verfassen praktisch eine (kleine) Computer*sprache*. Das Programm *decodiert* sie und handelt danach (es *übersetzt* sie). Genauso, wie der eingebaute ROM-Interpreter im ZX81 Befehle in BASIC decodiert und übersetzt, um sie in Maschinensprache zu verwandeln, wird unser Programm ZEDTEXT-Befehle zu BASIC decodieren (und der ZX81 verwandelt sie in Maschinensprache – da fragt man sich dann schon, was nun *wirklich* in dem kleinen Siliziumköpfchen vorgeht, nicht wahr?).

Hier bleibt viel Spielraum. Nach einigem Nachdenken habe ich mich bei allen Befehlen für das folgende Format entschieden:

(Zahl) (Einzelbuchstabe) (String)

was (grob gesprochen) bedeutet: Führe am gegebenen *String* eine Operation aus, die vom Buchstaben *codiert* wird, und zwar so oft, wie von der *Zahl* angegeben. Beispielsweise hieße

5AFRED

"addiere zum Text fünf Kopien der Kette FRED". So wird CAT zu CATFRED-FREDFREDFREDFRED und so weiter. Der Vorteil eines solchen Befehlsformats ist der, daß er leicht zu decodieren ist: Sie brauchen ihn nur abzusuchen und nach dem ersten nicht-numerischen Zeichen, dem Codebuchstaben, Ausschau zu halten; dann ist der Zahlenteil alles das, was *vorher* kommt, der Textteil alles *danach*.

Statt jeweils nur einen einzelnen Befehl einzugeben, wäre es schön, eine ganze Befehlsfolge eingeben zu können. Um die einzelnen Befehle zu trennen, mußte ich ein selten benutztes Zeichen als *Begrenzer* verwenden. Für dieses Programm nahm ich '''' (Q mit SHIFT). Wenn Ihnen etwas anderes lieber ist, können Sie gerne das nehmen. Um der Deutlichkeit willen ist es fettgedruckt.

Ich stellte mir also Eingabebefehle vor wie

5AFRED''''2FRE''''7D''''2ADOG''''

Das heißt: *"Anhänge* 5 Kopien von FRED; *finde* 2. Vorkommen von FRE; *lösche* die nächsten 7 Zeichen; *anhänge* 2 Kopien von DOG."* Die genauen Einzelheiten kommen später; die Ergebnisse hängen natürlich davon ab, wie die Subroutinen ihre Befehle auslegen.
Die Decodierungsroutine für diese "Mikro-Sprache" muß also Folgendes leisten:

1   Den eingegebenen Zeichenstring absuchen und das erste Vorkommen des Begrenzers '''' feststellen.
2   Den ersten Befehl zerlegen in (Zahl) (Buchstabe) (String).
3   Mit dem (Buchstaben)-Code eine Subroutine aufrufen, die mit dem gegebenen (String) den einschlägigen Befehl so oft ausführt, wie die (Zahl) es vorschreibt.
4   Das nächste Vorkommen von '''' finden und den Prozeß wiederholen.
5   Wiederholen, bis das Ende des Eingabebefehls erreicht ist.

Hier ein Weg dazu:

```
1000  REM  MACRODECODE
1010  LET D=0
1020  LET I=1
1030  INPUT M$                           ┐─ Lesebefehl
1040  LET L=LEN M$                        ┐
1050  IF M$(L)<>'''''''' THEN LET
      M$=M$+''''''''                      ├─ geordnet
1060  LET L=LEN M$                        ┘
1070  LET A=CODE M$(I)                    ┐
1080  IF A>=38 AND A<=63                     Befehls-
      THEN GOTO 1110                       ├─ merkbuch-
1090  LET I=I+1                              staben suchen
1100  GOTO 1070                           ┘
1110  LET I0=1
1120  LET K$=M$+(I)                       ┐─ K$ auf die Lese-
1130  IF I0=D+1 THEN LET Z=0              ┐  merkzahl vor
1140  IF I0<>D+1 THEN LET Z=              ├─ K$ setzen
      VAL M$(D+1 TO I0-1)                 ┘
```

```
1150   LET I=I+1                              ⎤  nächsten
1160   IF M$(I)<>"""""" THEN GOTO 1150        ⎦  Begrenzer suchen
1180   LET D=I                                ⎤  Kette zwischen K$
1190   LET W$=M$(I∅+1 TO D−1)                 ⎦  und Begrenzer lesen
1200   GOSUB F(CODE K$−37)                    ⎤─ Befehl ausführen
1210   IF I=L THEN GOTO 1∅∅∅                  ⎤─ abschließen
1220   LET I=I+1                              ⎤  nächsten Befehl
1230   GOTO 1∅7∅                              ⎦  decodieren
```

Probieren Sie das aus ("Schreibtischtest", siehe ZX81 Computer Shop), wenn M$ 5AFRED''''''2FRE''''''7D''''''2ADOG, damit Sie sehen, wie das läuft. Als erstes wird, wenn da nicht schon einer ist, am Ende noch ein Begrenzer '''''' angehängt. Dann sucht das Programm M$ nach dem ersten Buchstaben ab und findet A. Es setzt K$="A". Was vor dem A steht, wird als eine Zahl decodiert und N gleichgesetzt, so daß N=5. Dann geht er weiter auf die Suche nach dem Begrenzer ''''''. Alles zwischen K$ und ihm wird zu einem String W$ zusammengefaßt, hier also W$="FRED".

Mit den Daten N=5, W$="FRED" ausgerüstet, springt es nun mit GOSUB zur Routine bei F(1), dem Merk-A entsprechend. Danach wiederholt es die Suche von der neuen Begrenzerposition aus, befolgt den neuen Befehl und fährt fort, bis es das Ende von M$ erreicht. Dann bereitet es sich auf die nächste Befehlsfolge vor.

Faßt man die Ergebnisse so, wie sich das anbietet, in einer Tabelle zusammen, dann ergibt sich:

Merk-Buchstabe, K$	Zahl N	Kette W$	Operation
A	5	FRED	GOSUB F(1) (5 Kopien FRED anhängen)
F	2	FRE	GOSUB F(6) (2. FRE finden)
D	7		GOSUB F(4) (7 Zeichen löschen)
A	2	DOG	GOSUB F(1) (2 Kopien DOG anfügen)

Gehen wir davon aus, daß wir diese Subroutinen geschrieben haben, so würden wir, wenn wir mit T$="" (leer) angefangen hätten, der Reihe nach erhalten:

FREDFREDFREDFREDFRED

FREDFREDFREDFREDFRED

FREDFFREDFRED

FREDFDOGDOGFREDFRED

wobei die Unterstreichung die "laufende" Position im Text anzeigt (wegen der Einzelheiten siehe unten).

Das müßte auf jeden Fall klappen ...

WAHL DER BEFEHLE

Ich entschied mich bei K$ für die folgenden Möglichkeiten:

A   (append) zusätzlichen Text anfügen

C   (move cursor) Cursor bewegen

D   (delete) löschen

F   (find) einen bestimmten Textteil finden

J   (justify) Rand ausgleichen

K   (list) Programm auflisten

L   (list) Programm auflisten (ja, noch einmal! Ich habe mich immer wieder vertippt)

M   (display memory) anzeigen, wieviel Speicherplatz verfügbar ist

P   (print a "page") eine "Seite" Text anzeigen

R   (reset) alle Variablen neu setzen

S   (save on tape) auf Band sichern, laufender Text eingeschlossen

T   (test text) Testtext setzen

X   (execute) vorangehende Befehle soundsooft ausführen

Z   (stop) Halt

Davon wurden K, L, M, T und Z der Bequemlichkeit wegen beim Schreiben eingeführt – ich tippte für "auflisten" dauernd auf K, aber weil ich einen String eingab, nahm der Computer diese Anweisung nicht an. T erspart viel Testzeit und ist praktisch für Zwecke der Veranschaulichung.

In der Praxis kam es dann so, daß ich die Subroutinen für diese Befehle langsam aufbaute und sie an passenden Zeilennummern einfügte. Bis das ganze Programm geschrieben und von Fehlern gereinigt war, sah die Numerierung ziemlich bunt aus, die Zeilennummern waren überall verstreut. Ich beschloß nun, Ordnung zu schaffen, wußte aber wenigstens schon, wieviele Zeilen jedes Unterprogramm umfassen würde. (Eine Routine zur Neunumerierung der Zeilen würde davon viel bewältigen, aber ein Allheilmittel ist das nicht.) Wenn man Programme in Ordnung bringt, verändert man natürlich und begeht Fehler; die Mühe lohnt sich aber, wenn man das Programm oft verwenden oder es später abwandeln möchte. Moral: Wenn das Programm *läuft*, ist man nicht unbedingt schon fertig.

Bringt man die Unterprogramme in eine alphabetische Ordnung (durch "Merk"-K$) und berücksichtigt ihre Länge, so führt das zu einem Initialisierungsprogramm für Tabelle F in folgender Art:

```
10    DIM F(26)

20    LET F(1)=2000

30    LET F(3)=2200

40    LET F(4)=2500

50    LET F(6)=2600

60    LET F(10)=2800

70    LET F(11)=3000

80    LET F(12)=3000

90    LET F(13)=3100

100   LET F(16)=3300

110   LET F(18)=3500

120   LET F(19)=3600

130   LET F(20)=3800

140   LET F(24)=3900

150   LET F(26)=4000
```

Zeile 100 bedeutet beispielsweise, daß K$=P eine Verzweigung liefert zu F(CODE K$−37)=F(53−37)=F(16)=3300 in der "Operations"-Zeile 1200 des MACRO DECODE-Programms. Das heißt: Die Subroutine PRINT sollte in Zeile 3300 beginnen.

Sie müssen F natürlich nicht unbedingt auf *diese* Weise initialisieren: Sobald diese Werte im Speicher sind, werden sie unverändert gesichert. Sie können sie durch direkte Befehle eingeben, schreiben eine kleine Initialisierungsroutine, mit der Sie dann löschen, oder machen es, wie es Ihnen gefällt. Vergessen Sie aber eines nicht: Sie dürfen, wenn Sie es so machen, nicht RUN verwenden! Falls nicht gerade der Speicherplatz knapp wird, spielt das keine große Rolle.

SO ZIEHT DER CURSOR SEINE BAHN . . .

Wenn wir Text anhängen oder löschen wollen, müssen wir wissen, *wo* wir das tun sollen. Dafür ist der Cursorbefehl "C" da. Er wählt eine "laufende" Position im Text. Für die Bildanzeige beschloß ich, einen blinkenden Cursor zu verwenden, das jeweilige Zeichen also ein paarmal in Negativschrift und zurück zu verwandeln und am Ende der Deutlichkeit wegen bei Negativschrift zu belassen. (Das Programm bewältigt Negativschrift in einem Text trotzdem.) Das Unterprogramm "C" bei F(3)=2200 sieht dann so aus:

Initialisieren:

```
200   LET TS=''''                          (leere Kette)

210   LET CI=0
```

Jetzt das eigentliche Programm:

```
2200   REM  CURSOR
2210   IF W$="0" THEN GOTO 2360
2220   LET CI=CI+N                              ⎤ Schutz vor
2230   IF CI>LEN T$ THEN LET CI=LEN T$         ⎦ Zusammenbruch
2240   IF CI<=0 THEN GOTO 2360
2250   LET PN=INT((CI-1)/640)                  ⎤
2260   LET CP=CI-640*PN                         ⎟ Print-Position
2270   LET LN=INT((CP-1)/32)                    ⎟ finden
2280   LET CN=CP-32*LN-1                        ⎦
2290   LET J=CODE T$(CI)+128                   ⎤
2300   IF J>=256 THEN LET J=J-256              ⎦ Negativschrift
2310   FOR Y=1 TO 10                           ⎤
2320   PRINT AT LN, CN;T$(CI)                   ⎟
2330   PRINT AT LN, CN;CHR$ J                   ⎟ Blinkcursor
2340   NEXT Y                                   ⎦
2350   RETURN
2360   LET CI=0
2370   RETURN
```

In diesem Programm bedeutet CI die Cursorposition im Text T$, so daß T$(CI) das "laufende" Zeichen im Text ist. Der Makrobefehl nC undsoweiter bestimmt eine Zahl N=n, das Programm befördert den Cursorindex CI nach CI+N. Wenn diese Zahl nicht in einem passenden Bereich liegt, wird sie verkleinert, damit das Programm nicht zusammenbricht (Programmschutz). Der neue Wert von CI wird verarbeitet, um die Anzeigeposition des Zeichens T$(CI) auf dem Bildschirm zu bestimmen. Voraussetzung ist, daß der Text in "Seiten" von 640 Zeichen angezeigt wird (20 Zeilen – die restlichen 2 werden in Reserve gehalten). Gezeigt wird ein blinkender Cursor; er bleibt der Deutlichkeit halber am Schluß in Negativschrift stehen.

Nehmen wir an, der laufende Text laute T$=

SO☐ZIEHT☐DER☐CURSOR☐SEINE☐BAHN

und der Cursor steht, wie angezeigt, bei CI=7. Dann wird der Befehl 7C (gefolgt von irgendeinem String oder auch keinem) den Cursor zu CI=CI+7=7+7=14 vorrücken und an dieser Stelle ein blinkendes C zeigen:

SO☐ZIEHT☐DER☐CURSOR☐SEINE☐BAHN

↑

blinkt

Die Zahl N kann negativ oder Null sein, so daß wir mit dem Cursor zurückfahren oder ihn dort stehenlassen können, wo er ist. Diese letzte Möglichkeit mag sinnlos erscheinen, wird aber beispielsweise in der PRINT-Routine verwendet, weil das eigentlich "PRINT, und zeige Cursor an" heißt und wir nicht wollen, daß der Cursor sich *bewegt*.

Wichtig ist aber, daß man den Cursor zum Beginn des Textes *zurückversetzen* kann. Das bewältigt Zeile 221Ø. Sie nutzt die Tatsache, daß W$ normalerweise für einen Cursorbefehl nicht relevant ist und deshalb zusätzliche Information übernehmen kann. Hier versetzt CØ (oder nCØ für irgendeine Zahl n) den Cursor wieder nach vorn. Nützlich könnte als Zusatz außerdem sein

2215   IF W$="1" THEN GOTO 238Ø

238Ø   LET CI=LEN T$

239Ø   RETURN

Das führt CI zum Text*ende* (in Bereitschaft, mehr einzugeben). Während des ganzen Programmablaufs wird CI zwischen Ø und LEN T$ gehalten, damit es keine Probleme mit dem Umfang der indizierten Variablen gibt; der Fall CI=Ø erfordet in der Regel eine spezielle Behandlung.

DISPLAY

So weit, so gut. Wir haben aber nichts auf dem Bildschirm, womit wir arbeiten könnten. Schreiben wir das PRINT-Programm bei F(16)=33ØØ. Es geht darum, die oberen 2Ø Zeilen des Bildschirms zu verwenden (und unten zwei in Reserve zu halten, etwa für Seitennummern oder nützliche Meldungen), so daß wir "Seiten" von je 64Ø Zeichen haben. Bei Text bis zu (rund) 3ØØØ Zeichen ergibt das um die 5 Seiten.

Der Befehl nP soll offenkundig bedeuten "zeige die nte Seite" an. Was ist aber mit ØP oder P allein (was als ØP gelesen wird)? Es wäre schön, wenn das hieße "zeige die *laufende* Seite an". Das bedeutet: Wir müssen uns erinnern, auf welcher Seite wir sind. Aus diesem Grund nehmen wir CPN als die "laufende Seitennummer". Initialisieren wir lieber:

22Ø   LET CPN=1

Nun das Unterprogramm:

```
33ØØ   REM  PRINT
331Ø   CLS
332Ø   IF N=Ø THEN LET N=CPN
333Ø   LET CPN=N
334Ø   LET H=64Ø*N
335Ø   IF LEN T$<H THEN LET H= LEN T$
336Ø   PRINT T$(64Ø*N−639 TO H)
337Ø   PRINT AT 21,Ø;"SEITE□";CPN
3375   LET N=Ø
338Ø   GOSUB 22ØØ
339Ø   RETURN
```

Jetzt, wo wir CPN haben, ist es viel besser, wenn CØ den Cursor an den Anfang der *laufenden* Seite setzt. Das erreicht man durch Veränderung des CURSOR-Programms:

```
236Ø   LET CI=64Ø*(CPN−1)
```

Außerdem muß noch ein anderes Hindernis aus dem Weg geräumt werden. Wenn nämlich die Variable PN im CURSOR-Programm nicht CPN−1 ist, wird der Cursor angezeigt, obwohl wir auf der falschen Seite sind! Um das zu vermeiden, muß der Befehl

```
2255   IF PN<>CPN−1 THEN RETURN
```

angefügt werden.

Wie Sie sehen, kann das Anhängen neuer Unterprogramme, die alte *mitverwenden*, manchmal bedeuten, daß man die alten neu überdenken muß.

ANHÄNGEN

Nur noch ein Unterprogramm, dann können wir das Programm ausprobieren. Es ist zwecklos, wenn wir CURSOR und PRINT haben, aber keinen Text!

Wir wollen, daß so etwas wie 5AFRED bedeuten soll: "hänge 5 Kopien FRED an"; das heißt, in T$ FREDFREDFREDFREDFRED einfügen. Aber wo? Der beste Platz scheint zwischen T$(CI) und T$(CI+1) zu sein, also *unmittelbar nach dem Cursor*. (Deshalb ist CI=Ø to LEN T$ der vernünftige Bereich; wir müssen an beide Enden herankönnen.) Wohin soll der Cursor nach dem Anhängen gehen? Wohl ans Ende des neuen Texts, damit er mehr anhängen oder etwas ganz anderes machen kann.

```
2000   REM  ANHÄNGEN

2010   IF N=Ø THEN LET N=1

2020   LET U$=""

2030   FOR Q=1 TO N                    ⎤

2040   LET U$=U$+W$                    ⎬ mach N Kopien von W$

2050   NEXT Q                          ⎦

2060   IF CI=Ø THEN GOTO 211Ø          ⎤

2070   IF CI=LEN T$ THEN GOTO 213Ø     ⎬ das anhängen

2080   IF CI>Ø AND CI<LEN T$ THEN LET
       T$=T$(TO CI)+U$+T$(CI+1 TO)      ⎦

2090   LET CI=CI+LEN U$                ⎤⎬ Cursor aktualisieren

2100   RETURN

2110   LET T$=U$+T$

2120   GOTO 2Ø9Ø

2130   LET T$=T$+U$

2140   GOTO 2Ø9Ø
```

SO WEIT, SO GUT?

Jetzt können wir einen Testlauf machen. Drücken Sie RUN; erwartet wird ein INPUT. Versuchen Sie zum Anfang

5AFRED□''''P

Auf dem Bildschirm sollte erscheinen

FRED□FRED□FRED□FRED□FRED□

                           ↑

der letzte Leerraum als Cursor blinken. Das ist der Fall, also stehen wir gar nicht so schlecht da, und an der Unterseite steht SEITE 1.
     Versuchen Sie jetzt C''''5C''''2ACAT''''P und sehen Sie sich an, ob Sie

FRED□CAT□CAT□FRED□FRED□FRED□FRED□

          ↑

erhalten und der Cursor da steht, wo der Pfeil eingezeichnet ist. Setzen Sie den Cursor neu (auf CI=Ø), 5 verschieben Sie um 5 (CI=5), hängen Sie 2 Kopien CAT□ an und zeigen Sie das Ganze an.

79

Hm – wenn irgendeines unserer Unterprogramme nicht gestimmt hätte, wären wir in Schwierigkeiten gekommen, also sieht es doch recht gut aus, nicht? *Aber*: Eines haben wir nicht geprüft, nämlich, ob auf den Seiten 2, 3, 4 und so weiter alles funktioniert. Wir brauchen einen längeren Text. Drücken Sie RUN (um das bisherige Zeug zu löschen), geben Sie ein

    100AABCDEFGHIJK

und gehen Sie Kaffee kochen. (In Wirklichkeit dauert es nur 20 Sekunden, selbst bei SLOW.) Wenn Sie zurückkommen, sollte T$ 1100 Zeichen lang sein, hintereinander einfach immer wieder ABCDEFGHIJK.

Gut. Versuchen Sie jetzt der Reihe nach

    1 P

    2 P

    3 P

Wie sehen wir aus?

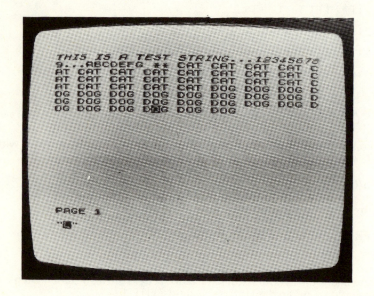

Nach einem Test, der mit ** aufhört:
Das Ergebnis des Eingabebefehls "25ACAT☐""""25ADOG☐""""-10C""""P".

LÖSCHEN

Inzwischen sollte Ihnen durchaus klargeworden sein, wie das alles läuft. Aus diesem Grund überlasse ich es Ihnen, das, was neu hinzukommt, jedesmal selbst zu testen, und will versuchen, mich kürzer zu fassen.

Befehl D löscht N Zeichen, beginnend beim laufenden und dieses eingeschlossen, und setzt CI zu der Position unmittelbar *vor* dem gelöschten Absatz zurück. Warum? Weil es dann leicht ist, dort, wo das Gelöschte gestanden hat, neuen Text anzuhängen. Zum Beispiel löscht 8D''''AHARRY 8 Stellen, schiebt dort HARRY hinein und schließt die Lücken.

```
2500   REM  LÖSCHEN
2510   IF N=Ø THEN LET N=1
2520   LET LØ=LEN T$
2530   IF CI<=1 AND N>=LØ THEN LET T$=''''          (leere Kette)
2540   IF CI<=1 AND N<LØ
       THEN LET T$=T$(N+1 TO)
2550   IF CI>1 AND CI+N−1>=LØ
       THEN LET T$=T$(TO CI−1)
2560   IF CI>1 AND CI+N −1<LØ
       THEN LET T$=T$(TO CI−1)+T$(CI+N TO)
2570   LET N=−1
2580   GOSUB 2200
2590   RETURN
```

MANCHE SIND BILLIG

Die nächsten Möglichkeiten sind mühelos zu programmieren, aber nützlich – vor allem beim Schreiben und Entwickeln. Ich tippte immer wieder auf K ("auflisten") oder sogar L, in der Hoffnung, ein Listing zu erhalten – der Computer geht natürlich zu einem F, wofür es kein Unterprogramm gibt, und dann kann alles Mögliche passieren. Um mir die Haare nicht ganz auszuraufen, fügte ich schließlich die Routinen K, L, R und Z für AUFLISTEN, AUFLISTEN, RUN und STOP ein. Auch ein Speichertest M erwies sich als nützlich.

```
3000   REM  K UND L
3005   CLS
3010   IF W$='''' THEN LET N=1
3015   IF W$<>'''' THEN LET N=VAL W$
3020   LIST N
3025   RETURN
```

```
3500   REM  NEU SETZEN
3510   RUN
3520   RETURN


4000   REM  STOP
4010   STOP


3100   REM  SPEICHER
3110   CLS
3120   PRINT AT 5,0; "PLATZ FUER TEXT IST☐";
3130   PRINT PEEK 16386+256*PEEK 16387
       -PEEK 16412-256*PEEK 16413;
3140   PRINT "☐BYTES"
3150   RETURN
```

Dieser letzte Ablauf nutzt die Systemvariablen ERR-SP, mit der die Unterseite des GOSUB-Stapels, und STKEND, mit der die Oberseite des Rechenstapels bezeichnet werden. Der Stapel des Computers sitzt aber an diesem freien Platz, so daß die Zahl nur eine Annäherung ist. Immerhin werden Sie gewarnt, wenn der Speicherplatz knapp wird.

TEST

Auch das ist beim Schreiben und Debugging sehr nützlich, und Sie können es weglassen, um Platz zu sparen, oder wieder löschen, sobald das Programm läuft. Verwenden Sie Ihren Lieblingsspruch!

```
3800   REM  TEST
3810   LET T$="NICHTS TAUGT UNGEDULD, NOCH WENIGER
       REUE. JENE VERMEHRT DIE SCHULD,
       DIESE SCHAFFT NEUE."
3820   RETURN
```

FINDEN

Dieser Befehl sucht den Text nach dem Nten Vorkommen eines Substrings W$ ab. Beispiel: 3FBUG sucht nach dem 3. Vorkommen von BUG. Der Cursor sollte an den Beginn des Substrings BUG gesetzt werden, sobald er gefunden ist.

Daraus ergibt sich: Wir suchen zuerst nach dem ersten Zeichen W$(I)=B und anschließend nach UG. Wegen der Zeitersparnis ist das in FAST programmiert.

```
2600   REM  FINDEN
2610   FAST
2620   IF T$="" THEN GOTO 2780          (leerer String)
2630   IF CI=0 THEN GOTO 2636
2634   IF W$(1)=T$(CI) THEN LET CI=CI+1
2636   IF CI=0 THEN LET CI=1
2640   IF N<=0 THEN LET N=1
                                        nach erstem
2650   LET L1=LEN W$                    Zeichen suchen
2660   LET FC=0
2670   IF CI+L1-1>LEN T$ THEN GOTO 2780
2680   IF T$(CI)<>W$(1) THEN GOTO 2700
2690   IF T$(CI TO L1-1)=W$ THEN GOTO 2720   den Rest suchen
2700   LET CI=CI+1
2710   GOTO 2670
2720   IF FC>=N-1 THEN GOTO 2750
2730   LET FC=FC+1                      Zähler aktualis.
2735   LET CI=CI+1
2740   GOTO 2700
2750   LET N=0
2755   SLOW
2760   GOSUB 2200                       Cursor anzeigen
2770   RETURN
2780   SLOW
2785   PRINT AT 21,0; "NICHT GEFUNDEN"
2790   RETURN
```

Beachten Sie, daß dieses Programm das Nte Vorkommen von W$ *nach* der laufenden Cursorposition CI sucht (diese also nicht eingeschlossen).

MEHRFACHAUSFÜHRUNG

Dieser Befehl – der Einfachheit halber gehen wir davon aus, daß er in jedem Eingabe-M$ nur *einmal* verwendet wird – lautet "führe alles vor diesem Befehl Nmal aus".

2FCAT''''3D''''ADOG''''7X'''' bedeutet also "finde das 2. Vorkommen von CAT, lösche 3 Zeichen (d. h.: lösche CAT), hänge DOG an (d. h., ersetze CAT durch DOG) und wiederhole *alles* siebenmal".

Folgendes geschieht: Wir setzen einen Zähler XC, der bei der Begegnung mit dem Befehl X um 1 erhöht wird, bis er auf N trifft. Dann setzen wir den Zähler neu und machen weiter. Jedesmal, wenn X gelesen wird und XC noch nicht bei N ist, werden wir an den Anfang von M$ in der MACRO DECODE-Routine geschickt.

```
3900   REM  MEHRFACHAUSFUEHRUNG
3910   IF XC=N-1 OR N<=1 THEN GOTO 3960    ⎤― fertig?
3920   LET XC=XC+1                          ⎤― Zähler aktualis.
3930   LET D=0                              ⎤
3940   LET I=1                              ⎬― neu setzen
3950   GOTO 1040                            (ja, GOTO,
3960   LET XC=0                             nicht RETURN!)
3970   RETURN
```

Initialisieren Sie:

```
230   LET XC=0
```

Tatsächlich beläßt diese Routine einige GOSUB-Adressen auf dem Maschinenstapel; verwendet man das oft, so wird Speicherplatz verschwendet. Versuchen Sie, dieses Problem dadurch zu umgehen, daß Sie, wenn Sie Zeile 3900 *aufrufen*, statt GOSUB lieber GOTO nehmen.

RANDAUSGLEICH

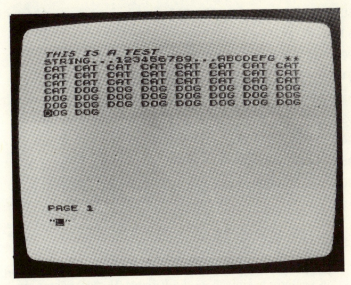

Text mit Randausgleich: keine zerrissenen Wörter am rechten Ende

Bisher wird der Text dort, wo er über eine Zeile hinausläuft, noch ungeordnet angezeigt. Die nächste Subroutine gleicht den linken Rand aus. ZX81-Zeilen mit je 32 Zeichen sind zu kurz, als daß ein rechter Randausgleich lohnen würde, aber Sie können sich überlegen, wie ein solches Programm aussähe. (Es muß die notwendigen zusätzlichen Leerstellen zwischen Wörtern beliebig verteilen, damit jede Zeile die richtige Länge hat.)

```
2800  REM RANDAUSGLEICH
2810  LET CI=1
2820  IF CI+31 > LEN T$ THEN RETURN       ─┤─ Schutz vor
                                               Zusammenbruch

2830  LET V$=T$(CI+31)                    ─┤─ Zeile lesen
2835  IF CI+32 > LEN T$ THEN RETURN
2840  IF T$(CI+32)="□" THEN LET T$=        ┐  nächste Zeile
      T$(TO CI+31)+T$(CI+33 TO)            ┘  bereinigen
```

85

```
2850   LET I2=32                              ┐
2860   IF V$(I2)="□" THEN GOTO 2090           │
2870   LET I2=I2-1                            ├─ letztes Zeichen
2880   IF I2=0 THEN GOTO 2900                 │  ohne Leerraum
2890   GOTO 2860                              ┘  finden
2900   LET CI=CI+32
2910   GOTO 2820
2920   DIM H$(32)                             ┐  mit Leerräumen
2930   LET H$=V$(TO I2)                       ┘  auffüllen
2940   LET T$=T$(TO CI-1)+H$+T$(CI+I2 TO) ┤─ T$ passend dehnen
2950   LET CI=CI+32                           ┐  nächste Test-
2960   GOTO 2820                              ┘  zeile
```

SAVE (SICHERN)

Das Wichtigste bei SAVE ist, daß wir vielleicht mitten in einer Textbearbeitung aufhören und später weitermachen, die Variable T$ also sichern wollen. Das geschieht natürlich automatisch – – aber ein Beginn mit RUN würde sie löschen. Das Nächstliegende: Nach dem SAVE ein GOTO 1000 einfügen, damit das Programm, sobald einmal geladen, das GOTO ausführt. Da wir das aber tun, können wir das Ganze ruhig ein bißchen aufmöbeln. *Und...* es wäre keine schlechte Idee, das SAVE-Programm mit ein paar Kontrollen und Hinweisen benutzerfreundlich zu gestalten.

```
3600   REM  ⌐SAVE⌐
3610   CLS
3620   PRINT "⌐SAVE⌐"
3630   PRINT
3635   PRINT "EINGEBEN PROGRAMMNAME.
       VORGABENAME IST ''''ZEDTEXT''''"
3640   PRINT "BAND STARTEN"
3650   INPUT V$
3655   IF V$="" THEN LET VS="ZEDTEXT"
3660   SAVE V$
3670   CLS
```

```
3680   PRINT AT 3,10; " ZEDTEXT ",,,
3690   PRINT "DAS IST EIN TEXT-EDITOR FÜR DEN ZX81.
       ER BIETET FOLGENDE DIENSTE:

         A  ANHÄNGEN            C  CURSOR
         D  LÖSCHEN             F  FINDEN
         J  RANDAUSGLEICH       M  SPEICHERTEST
         P  ANZEIGEN            R  NEU SETZEN
         S  SAVE                T  TEST
         X  AUSFÜHREN*N         Z  STOP"
3700   GOTO 1000
```

Sie können sich selbst ausrechnen, wo man in Zeile 360 im String Leerstellen setzen muß. Und vielleicht wollen Sie eine schönere Titelgrafik haben als die in Zeile 3680 – hier ein Beispiel, das Sie leicht als String von Grafiksymbolen eingeben können.

Abbildung 8.1

DOKUMENTATION

Kein Programm ist vollständig ohne eine organisierte Folge von Benutzer-Hinweisen. Wenn Sie verfolgt haben, wie das Programm entwickelt worden ist, werden Sie eine recht gute Vorstellung davon haben, wie das geht; hier aber noch eine Zusammenfassung zum besseren Merken. Ich gehe davon aus, daß Sie das Programm eingegeben und gesichert haben.

Laden Sie zunächst das Programm mit dem Befehl LOAD "ZEDTEXT" (oder wie Sie es sonst genannt haben). Sobald es geladen ist, zeigt es automatisch einen Titel und eine kurze Liste von Optionen, dann wartet es auf einen Eingabebefehl. Alle vorher gesicherten Texte befinden sich im Speicher.

Der Text wird gespeichert als Einzelstring T$, der zum Zweck der Anzeige in Abschnitte von 640 Zeichen, genannt *Seiten*, aufgeteilt ist. Ein blinkender Cursor zeigt die laufende Position im Text an.

Befehle für das Programm haben die Form (Nummer) (Befehlsbuchstabe) (String), wobei Nummer oder String in bestimmten Fällen weggelassen werden können. Legen Sie die Nummer künftig durch n, den Befehlsbuchstaben durch Y und den String durch w fest. Beispiel: Ein möglicher Befehl ist 3AFRED, wobei n=3, Y=A, w=FRED.

Eine Folge von Befehlen kann auf einmal eingegeben werden durch Trennung der einzelnen Befehle mit Hilfe des Begrenzers '''' (Q mit SHIFT). Der allgemeinste Befehl hat daher die Form

$$n_1 Y_1 w_1'''' n_2 Y_2 w_2'''' \ldots '''' n_r Y_r w_r''''$$

Der letzte Begrenzer ist eine Sache der freien Wahl. Um einen Befehl einzugeben, tippen Sie ihn ein und drücken auf NEWLINE.

Eine Folge von Befehlen wird der Reihe nach einzeln ausgeführt. Die verfügbaren Befehle lauten wie folgt:

Zahl n	Buchstabe Y	String w	Wirkung
n	A	w	Anhängen von n Kopien w an den Text gleich nach dem Cursor. Wenn n=Ø oder weggelassen, unterstellt das Programm n=1.
n	C	–	Den Cursor n Leerstellen vorsetzen (für Rückwärtslauf kann n Ø oder negativ sein.)
–	C	Ø	Setze Cursor wieder zum Anfang der laufenden Textseite. (Für Seitenwechsel Befehl P verwenden.)
n	D	–	Lösche die nächsten n Symbole, auch die Cursorposition. Wenn n negativ oder weggelassen, unterstellt das Programm n=1.
n	F	w	Finde das nte Vorkommen von String w im Text, beginnend ab der Position direkt nach dem Cursor; setze Cursor an das erste Symbol von w.
–	J	–	Gleiche linken Rand aus. (Wirksam nur bei Worttext mit allenfalls Einzelleerstellen zwischen Wörtern. Geschieht am besten am *Schluß*.)
–	K	w	Führe das Programm ab Zeile VALw auf. Wenn w leer, Beginn bei Zeile 1.
–	L	w	Wie vorher.
–	M	–	Gib derzeitigen freien Speicherplatz an. Arbeitsraum weglassen.
n	P	–	Zeig an Seite n und setze laufende Seite auf n.

88

Zahl n	Buchstabe Y	String w	Wirkung
–	R	–	Setze alle Variablen in ursprünglichen Zustand (damit Textstring T$ leer wird) und RUN.
–	S	w	Sichere Programm unter Vorgabenamen "ZEDTEXT", wenn w leer, oder w, falls nicht. Diese Option enthält Hinweise darauf, den Kassettenrecorder anzuschließen.
–	T	–	Setze Text auf genormten Texttest.
n	X	–	Führe alle Befehle in der gerade eingegebenen Befehlsfolge n mal aus, dann geh weiter zu folgenden Befehlen. *Das kann in jeder beliebigen Eingabefolge nur einmal gemacht werden.*
–	Z	–	Programm stoppen

(In der obigen Tabelle bedeutet das Symbol – daß n oder w beliebig gewählt oder weggelassen werden können.)

SYSTEMVARIABLE

Die im Programm verwendeten Hauptvariablen, deren Bedeutung gleich bleibt, sind:

numerisch

CI	Cursorposition in Text T$
CN	Berechnet Cursor-Bildschirmposition
CP	dasselbe
CPN	Laufende Seitennummer
FC	Zähler in Subroutine FINDEN
LN	Berechnet Cursor-Bildschirmposition
N	Laufende Befehlsnummer
PN	Berechnet Cursor-Bildschirmposition
XC	Zähler in Subroutine MEHRFACHAUSFÜHRUNG

String

K$	Derzeitiger Befehlsbuchstabe
M$	Derzeitige Befehlsfolge durch Einzel-INPUT
T$	Text
U$	n Kopien von W$ in Subroutine ANHÄNGEN
W$	derzeitiger Befehlsstring

Array

F(26)   Führt Zeilennummern von Unterprogrammen für Befehls-
         buchstaben auf: F(1) für Routine A, F(3) für C, F(4) für D
         und so weiter nach dem Alphabet. Eingänge 2, 5, 7, 8, 9, 14,
         15, 17, 21, 22, 23, 25 – entsprechend B, E, G, H, I, N, O, Q, U,
         V, W, Y – verfügbar für Subroutinen, die vom Benutzer ge-
         wählt und geschrieben werden.

NACHKARTEN

Wenn es Ihnen gelungen ist, alle oben angeführten Zeilen einzugeben, und
keiner von uns beiden einen Fehler gemacht hat, ist ZEDTEXT jetzt funktions-
fähig. Es läuft ein bißchen langsam und ist etwas beschränkt, veranschaulicht
aber, wie ein solches Programm geschrieben wird.
     Die Geschwindigkeit kann dort, wo das geht, durch Verwendung von
FAST beschleunigt werden. Wenn sich das aber richtig auswirken soll, müßten
Sie zum Maschinencode überwechseln, und das ist bei einem derart langen
Programm eine ganz enorme Aufgabe, obschon leichter als das Meiste von
dem, womit ein professioneller Programmierer sich seinen Lebensunterhalt
verdienen muß.
     Der begrenzte Bereich von Merkmalen kann ausgeweitet werden. Sie
können immer noch mit den Merkwerten B, E, G, H, I, N, O, Q, U, V, W, Y spielen,
Sie können Ihre eigenen Unterprogramme anfügen (und F(2) oder was auch
immer initialisieren), ganz wie Sie wollen. Beachten Sie, daß Sie das tun
können, *ohne* das vorhandene Programm in irgendeiner Weise zu verändern –
ein großer Vorteil, wenn man das Untier vernünftig strukturieren will.
     Sogar dieses begrenzte Programm besitzt Eigenschaften, die nicht auf
den ersten Blick erkennbar sind. Ein Beispiel: Nehmen wir an, Sie wollen jedes
Vorkommen von JIM durch HELEN ersetzen. Einen Tauschbefehl haben Sie
nicht, aber Sie können verwenden

     FJIM''''3D''''AHELEN''''999X''''

(999 nur deshalb, weil es so groß und schön ist.) Also: JIM finden, HELEN
anhängen, 999 mal wiederholen (oder solange, bis man am Ende angekommen
ist).
     Sehen Sie jetzt, warum ich davon gesprochen habe, die Makrosprache
von ZEDTEXT sei *wirklich* eine Sprache? Diese Zeile von Befehlen ist in der Tat
ein kleines *Programm* in Makrosprache, von unserem BASIC-Programm ZED-
TEXT übersetzt. Man kann sogar erkennen, was das "Programm" tut, ohne die
einzelnen Befehle in BASIC überhaupt zu kennen. Auf dieselbe Weise übersetzt
das ZX81-ROM BASIC-Befehle in Z80-Maschinencode. Wir haben also nicht
nur ein bißchen Textbearbeitung gelernt, sondern auch etwas darüber erfahren,
wie ein Interpreter arbeitet.
     Auf diese Bemerkung möchte ich noch ein bißchen näher eingehen, weil
das eine interessante Sache ist, man aber auch in die Irre gehen kann. Wenn
ZEDTEXT einen String von Makrobefehlen ausführt, geht das so vor sich:

1   Finde den ersten Befehl
2   Decodiere ihn.
3   Such das dazugehörige BASIC-Programm heraus.
4   Führe es aus.
5   Finde den nächsten Makrobefehl, der ausgeführt werden soll (was im Fall
     Xn heißt, entweder zum Anfang des Strings zurück- oder zum nächsten
     Befehl weitergehen, im übrigen: einfach weitermachen).
6   Decodiere ihn; wiederhole bis zum Ende.

So hat der ZX81, obwohl er die ZEDTEXT-Sprache nicht als seine "Muttersprache" beherrscht, eine Art Wörterbuch erhalten, das er in BASIC übersetzen soll. Die Übersetzung findet aber Befehl für Befehl statt, und wenn er während einer Xn-Schleife zu einem bestimmten Befehl zurückkehrt, *übersetzt er wieder völlig neu*. Er vermag nicht zu erkennen: "Da bin ich schon einmal gewesen."
    Der BASIC-Interpreter im ROM arbeitet, grob gesprochen, in ähnlicher Weise. Jeder BASIC-Befehl in einer Programmzeile wird "herausgesucht" und in Z80-Maschinencode (siehe später) verwandelt, den der Mikroprozessor des ZX81 versteht. Der Befehl wird dann sofort ausgeführt. Danach entscheidet der Computer, welche Programmzeile als nächste ausgeführt werden soll (wobei er FOR/NEXT-Schleifen, GOTO-, GOSUB- und IF/THEN-Befehle berücksichtigt – dadurch wird es beim Detail eben haariger) und wiederholt. Auch hier weiß er nicht, daß er eine bestimmte Zeile schon decodiert hat, wenn er ihr erneut begegnet.
    Diese Art von "Übersetzungsprogramm" nennt man *Interpreter*. Wie ein Dolmetscher bei den Vereinten Nationen reagiert er mechanisch auf das, was gesagt wird, Satz für Satz; er besitzt (und braucht) kein Gesamtverständnis für die Programmstruktur.
    Eine verbesserte Methode besteht darin, einen *Compiler* zu verwenden, der das ganze BASIC-PROGRAMM in Maschinencode verwandelt, aber in passenden Blöcken, nicht einfach Zeile für Zeile. So würde zum Beispiel aus einer FOR/NEXT-Schleife eine entsprechende Maschinencode-Schleife werden, die nur einmal übersetzt wird, nicht jedesmal neu, wenn sie bei einem Durchlauf auftaucht. Ein kompiliertes Programm läuft in der Regel ökonomischer als ein interpretiertes, aber man muß allen Ersparnissen die Zeit gegenüberstellen, die man zum Kompilieren braucht. Programme, die oft verwendet werden, können einmal kompiliert werden und laufen danach als Maschinencode, der als solcher gesichert werden kann. Ein Compiler ist natürlich schwerer zu schreiben als ein Interpreter, und das Programm muß als Ganzes kompiliert werden, bevor es gefahren werden kann. Und selbst kompilierter Code muß nicht unbedingt so leistungsfähig sein wie maßgeschneiderter Maschinencode. Einige BASIC-Compiler für den ZX81 gibt es schon im Handel; man wird damit rechnen dürfen, daß bald auch Compiler für andere Programmiersprachen wie Pascal oder Comal angeboten werden.

9 KASSEN

Simulation des Kundenstroms in einem Supermarkt, die abgewandelt werden kann für die Zuteilung von Krankenhausbetten und Warteschlangen an Tankstellen.

Ein Beispiel für eine Computersimulation. Der Geschäftsführer eines Supermarkts möchte wissen, wie viele Kassen er zu einer bestimmten Tageszeit offenhalten soll; dabei sollen Informationen über die Ankunftsfrequenz von Kunden, die Zeitspannen, die für die Abfertigung jedes Kunden gebraucht werden, und anderes mehr berücksichtigt werden. Das Programm wird versuchen, sich dem wahren Ereignisablauf anzunähern, ein Auge zu haben auf Länge der Warteschlangen, Wartezeiten, Zahl der unbesetzten Kassen, und so fort, und seine Ergebnisse anzuzeigen. Das würde (im Idealfall) dem Geschäftsführer bei der Entscheidung behilflich sein, wie viele Kassen geöffnet bleiben sollen, und damit, wie viele Kassenkräfte beschäftigt werden müssen.
Das konkrete Programm unten stellt nur einen ersten Schritt zu einer praktischen Simulation dar, aber bis es geschrieben ist, werden wir begriffen haben, was an zusätzlichen Eigenschaften noch nötig wäre und wie man es erweitern könnte. Zunächst wollen wir das Ganze aber vergleichsweise einfach gestalten.

DATENSTRUKTUR

Welche Datenstruktur ist für den Umgang mit N Supermarkt-Warteschlangen geeignet? Es ist kein Zufall, daß hier das Wort "Warteschlange" erscheint – die entsprechende Datenstruktur ist darauf abgestellt, genau das zu tun, was eine echte Warteschlange macht, nämlich an einem Ende Zugänge anzunehmen und am anderen Ende etwas wegzuschieben. Wir brauchen eine Liste von N Warteschlangen, das heißt, ein *Warteschlangen-Array*. Sie erinnern sich: Um eine Warteschlange von, sagen wir, Länge 25 zu setzen, verwenden wir DIM Q(25) und dann Sonderroutinen, um Eingänge aufzunehmen und zu entfernen. Damit wir ein Warteschlange-Array erhalten, machen wir es genauso, fügen aber eine zusätzliche Dimension hinzu. Wenn CN die verlangte Zahl von Warteschlangen (oder Kassenplätzen) ist, brauchen wir demnach DIM Q(CN,25). Die "Kopf"- und "Ende"-Zeiger H und T und der Rundenzähler L werden ebenfalls Arrays von der Größe CN.

OPERATION

Wir brauchen ein Hauptprogramm, um die Warteschlangen zu verarbeiten, und zwar in Zeitschritten von, sagen wir, 1 Minute (das ist simulierte Zeit, nicht Echtzeit!). Bei jedem Zeitschritt muß es:

1   Entscheiden, wieviele neue Kunden sich anstellen.
2   Entscheiden, wie lange sie brauchen werden, um durch die Kasse zu kommen (das heißt, wie viele Waren sie gekauft haben).
3   Sie entsprechend einer vernünftigen "Kundenstrategie" in Warteschlangen aufnehmen.
4   Die Wartezeit des Kunden am Kopf jeder Schlange um 1 Minute verkürzen.
5   Kunden aus der Warteschlange entfernen, deren Zeit auf $\emptyset$ zurückgegangen ist.
Zusätzlich sorgen wir für:

6   die Produktion eines Grafikdisplays der jeweiligen Lage.

Nach einer festgelegten Zahl von Zeitschritten (sagen wir $1\emptyset\emptyset$) soll das Programm stoppen und eine Analyse darüber liefern, wie die Warteschlangen sich verhalten. Nützliche Größen wären dabei:

*   Die mittlere Länge einer Warteschlange.
*   Die größte Länge einer Warteschlange.
*   Die Durchschnitts-Wartezeit für Kunden in der Schlange.
*   Die längste Wartezeit eines Kunden in der Schlange.
*   Das Mittel unbesetzter Kassen.

Diese Größen werden bewertet durch verschiedene "Systemvariable", das Hauptprogramm muß diese Daten auf dem neuesten Stand halten, also müssen wir außerdem:

7   Systemvariable auf den neuesten Stand bringen.
8   Am Ende des Simulations-Durchlaufs Analyse anzeigen.

IN WARTESCHLANGE AUFNEHMEN UND AUS IHR ENTFERNEN

Stellen wir diese Unterprogramme zuerst auf, weil wir sie schon erarbeitet haben (vgl. Seite 35). Nehmen wir an, wir arbeiten an Warteschlange I und wollen entweder eine zusätzliche Zahl V aufnehmen oder eine Zahl entfernen und sie V nennen.

Initialisieren:

$1\emptyset$ DIM Q(9,25)

$2\emptyset$ DIM H(9)

$3\emptyset$ DIM T(9)

$4\emptyset$ DIM L(9)

Wir stellen uns hier eine Höchstzahl von neun Warteschlangen vor. (Um Speicherplatz zu sparen, könnten wir zuerst die Zahl CN Kassen eingeben und dann alle Neunen oben in CN verwandeln, aber 16K bietet Platz genug, wozu also die Mühe?)

```
1000   REM  IN WARTESCHLANGE AUFNEHMEN
1010   IF H(I)=T(I) AND L(I)=1 THEN GOTO 1070
1020   LET Q(I,T(I))=V
1030   LET T(I)=T(I)+1
1040   IF T(I)>25 THEN LET L(I)=L(I)+1
1050   IF T(I)>25 THEN LET I(I)=1
1060   RETURN
1070   PRINT AT 21,0; " SCHLANGE VOLL "
1080   STOP
```

(Wenn eine Warteschlange von Länge 25 voll ist, hört der Durchlauf auf, aber das zeigt, daß die Warteschlangen viel zu lang geworden sind und mehr Kassen gebraucht werden.)

```
1100   REM  AUS WARTESCHLANGE ENTFERNEN
1110   IF H(I)=T(I) AND L(I)=0 THEN RETURN
1120   LET V=Q(I,H(I))
1130   LET H(I)=H(I)+1
1140   IF H(I)>25 THEN LET L(I)=L(I)-1
1150   IF H(I)>25 THEN LET H(I)=1
1160   RETURN
```

Wenn wir aus einer Warteschlange entfernen, ist V zufällig stets 0, aber das wissen wir jetzt noch nicht; außerdem wäre es schön, das nachprüfen zu können. Wir machen uns keine Sorgen, wenn eine Schlange leer wird (im Gegensatz zu IN WARTESCHLANGE AUFNEHMEN, wo eine volle Schlange eine Katastrophe anzeigt), also verlangt Zeile 1110 nicht nach einer Anzeige "SCHLANGE LEER", wie das Zeile 1070 getan hat.

Die Initialisierung von T und H entspricht aber nicht ganz dem, was wir wollen: die Routinen IN WARTESCHLANGE AUFNEHMEN und AUS WARTESCHLANGE ENTFERNEN unterstellen H und T zu Beginn bei 1, nicht bei 0. Wir müssen deshalb hinzufügen:

```
50   FOR I=1 TO 9
60   LET H(I)=1
70   LET T(I)=1
80   NEXT I
```

GRAFIK

Die nächste Routine setzt CN "Kassen" mit Ersatzzeilen für die anzuzeigenden Warteschlangen (durch ein anderes Unterprogramm, das folgt).

```
1200  REM  GRAFIK KASSENPLÄTZE
1210  CLS
1220  FOR I=1 TO CN
1230  PRINT AT 2*I−1,3; "■ ■ ■"; CHR$(156+I)
1240  NEXT I
1250  RETURN
```

Um die Warteschlangen anzuzeigen:

```
1300  REM  ZEIGE WARTESCHLANGE
1310  LET X=H(I)
1320  LET Q$=""
1330  IF Q(I,X)=0 THEN GOTO 1350
1340  LET Q$=Q$+CHR$(156+Q(I,X))        Bild der Schlange
1350  IF X=T(I) THEN GOTO 1390          in Negativschrift
1360  LET X=X+1                         aufbauen
1370  IF X>25 THEN LET X=1
1380  GOTO 1330
1390  PRINT AT 2*I,7; Q$; "□"           zeige sie an
1400  RETURN
```

Jede Warteschlange wird in Negativschrift angezeigt: die Zahlen in der Warteschlange stellen die Wartezeit für die jeweilige Person dar (das heißt, die Zeit, die sie braucht, um durch die Kasse zu gelangen).

UMGANG MIT KUNDEN

Als nächstes die Unterprogramme für die Kunden. Zuerst müssen wir entscheiden, wie viele neue Kunden während eines Zeitschritts (einer "Minute") sich den Warteschlangen anschließen. Der Einfachheit halber nehme ich eine Zufallszahl von Neuzugängen, auf naheliegende Weise erzeugt, um eine *mittlere* Ankunftsrate AR zu erhalten. AR selbst gebe ich später ein.

```
15ØØ  REM  NEUZUGÄNGE
151Ø  LET NA=INT(2*AR*RND)
152Ø  RETURN
```

Das ist ja nun fast zu banal für ein Unterprogramm, aber ich lasse es so für den Fall, daß jemand bei der Entwicklung des Programms später eine kompliziertere Verteilung der Neuzugänge wünscht. Ein Unterprogramm für sich ist leichter zu verändern. NA ist natürlich die Zahl der hinzukommenden Kunden.

Was tun die Kunden, wenn sie sich einer Warteschlange anschließen? Sie setzen sich hin und warten. Die Frage ist: Wie lange? Jeder Kunde wird eine bestimmte Zahl von Waren eingekauft haben, die abzurechnen eine gewisse Zeit erfordert. Um Display und Berechnung zu erleichtern, will ich davon ausgehen, daß jedem Kunden eine Warte- (also Behandlungs-)zeit zugeteilt wird, die eine ganze Zahl von Minuten umfaßt und mindestens 1 beträgt.

Um das deutlich zu machen: Angenommen, wir wollen eine Verteilung der Wartezeiten so, daß bei 3Ø Kunden im Durchschnitt

4 Kunden zum Durchschleusen 1 Minute brauchen
6 Kunden zum Durchschleusen 2 Minuten brauchen
1Ø Kunden zum Durchschleusen 3 Minuten brauchen
8 Kunden zum Durchschleusen 4 Minuten brauchen
2 Kunden zum Durchschleusen 5 Minuten brauchen

Sieht so aus, als würde das beim Programmieren ein rechtes Durcheinander geben. Das stimmt aber nicht. Ein einfacherer Fall: Nehmen wir an, wir wollen, daß von je 6 Kunden im Mittel

1 Kunde 1 Minute braucht
1 Kunde 2 Minuten braucht
....
1 Kunde 6 Minuten braucht

Nicht zu übersehen: Wir "würfeln", um die Länge der Zeit für jeden Kunden festzulegen. Das heißt, wir verwenden INT(1+6*RND) – siehe dazu Der ZX81 Computer Shop Band 1, Seite 87. Für die kompliziertere Verteilung oben müssen wir einen Würfel mit 3Ø Seiten verwenden, in der Weise, daß 4 Seiten "1" zeigen, 6 Seiten "2", 1Ø Seiten "3", 8 Seiten "4" und 2 Seiten "5".

Hier ist ein solcher Würfel:

```
LET D$="111122222233333333334444444455"
```

Wenn wir aus Q$ eine beliebige Ziffer herausnehmen können, läßt sich der Würfel auch "rollen". Das ist gar nicht so schwer zu bewerkstelligen:

```
LET NT=VAL D$(INT(1+3Ø*RND))
```

Gut. Hier das Drehbuch. Wenn ein neuer Kunde kommt, wird er sich nach irgendeiner *Strategie* überlegen, an welche Kasse er geht. Die Wartezeit wird zugeteilt durch die Verwendung des "Würfels" D$. Zunächst will ich nur die einfachste Strategie vorführen, "eine Warteschlange zufällig aussuchen", aber

Sie könnten darüber nachdenken, wie das Programm abgewandelt werden müßte, um zwei andere zu berücksichtigen:

1   Die kürzeste Warteschlange nehmen (oder, wenn es davon mehr als eine gibt, von den kürzesten aufs Geratewohl eine nehmen) – das füge ich später ein.

2   Die Warteschlange mit der kürzesten Gesamt-Wartezeit wählen (was ein Kunde ziemlich treffend danach beurteilen kann, wie viele Waren die Kunden in ihren Einkaufswagen liegen haben, so daß das einigermaßen der Wirklichkeit entspricht).

Damit erhalten wir zwei neue Unterprogramme:

    1600   REM STRATEGIE

    1610   LET I=1+INT(CN*RND)

    1620   RETURN

(was darüber entscheidet, zu welcher Kasse ein bestimmter Kunde gehen wird, und sie I nennt).

    1700   REM NAECHSTE WARTEZEIT

    1710   LET NT=VAL D$(INT(1+30*RND))

    1720   RETURN

Außerdem müssen wir D$ initialisieren:

    90   LET D$="1111222222333333333344444444455"

HAUPTPROGRAMM

Nun kommt das, was alles andere erst in eine Form bringt: Es erarbeitet, was während des N-ten Zeitschritts geschieht. Zuerst initialisieren wir eine Variable, um die Schritte zu zählen:

    100   LET SCHRITT=0

Als nächstes sorgen wir dafür, daß der Benutzer zwei Variable eingibt, die festgelegt werden müssen, bevor die Unterprogramme funktionieren können:

    300   PRINT "SIMULATION SUPERMARKT-KASSEN"

    310   PRINT "EINGABE ZAHL DER KASSEN<=9"

    320   INPUT CN

    330   PRINT "EINGABE ZAHL DER KUNDENNEUZUGAENGE"

    340   PRINT "(MITTEL PRO MINUTE)"

    350   INPUT AR

    400   GOSUB 1200

Jetzt kann es losgehen:

```
5ØØ  REM  ZEITSCHRITT
51Ø  LET SCHRITT=SCHRITT+1
52Ø  PRINT AT 21,2Ø; "SCHRITT= □"; SCHRITT
53Ø  GOSUB 15ØØ
535  IF NA=Ø THEN GOTO 59Ø
54Ø  FOR X=1 TO NA
545  GOSUB 16ØØ
55Ø  GOSUB 17ØØ
56Ø  LET V=NT
57Ø  GOSUB 1ØØØ
58Ø  NEXT X
59Ø  FOR I=1 TO CN
6ØØ  IF H(I)=T(I) AND L(I)=Ø THEN GOTO 64Ø
61Ø  IF Q(I,H(I))=Ø THEN GOSUB 11ØØ
62Ø  IF Q(I,H(I))=Ø THEN GOTO 64Ø
63Ø  LET Q(I,H(I))=Q(I,H(I))-1
64Ø  NEXT I
65Ø  FOR I=1 TO CN
66Ø  GOSUB 13ØØ
67Ø  NEXT I
68Ø  GOTO 5ØØ
```

- 53Ø — Zahl Zugänge?
- 545 — Schlange wählen
- 55Ø — Wartezeit finden
- 57Ø — in Schlange aufnehmen
- 59Ø–64Ø — Kopf der Schlange vermindern, und, wenn Null, entfernen
- 65Ø–67Ø — Warteschlangen anzeigen

Nicht schlecht. Aber aufhören wird das nie! Wenn wir eine bestimmte Anzahl von Schritten haben wollen, müssen wir dem Computer sagen, wie viele, und wann er aus der Schleife von 68Ø nach 5ØØ zurückkommen soll. Wir fügen also hinzu:

```
36Ø  PRINT "EINGABE ZAHL DER SCHRITTE
     IM DURCHLAUF"
37Ø  INPUT NSCHRITTE
675  IF SCHRITT=NSCHRITT
     THEN GOTO 2ØØØ
```

prüfen, ob Durchlauf beendet

Auf Zeile 2000 setzen wir eine Routine, die eine Analyse der Haupteigenschaften des Durchlaufs liefert.

Das wirft alle möglichen interessanten Fragen auf, weil wir im Fortgang des Durchlaufs diese Eigenschaften im Auge behalten müssen und bisher nichts in das Programm eingebaut haben, was dafür sorgen würde. Sehen wir uns deshalb einmal die Probleme an, um die es geht.

SYSTEMVARIABLE

Um zu verfolgen, was vorgeht, müssen wir verschiedene neue Variable setzen, sie nach Bedarf aktualisieren und dazu benützen, die für die Schlußanalyse des Durchlaufs erforderliche Information zu berechnen.

Als erstes wollen wir entscheiden, was wir erfahren möchten. Ein paar Vorschläge:

ML = maximale Länge einer Warteschlange.
AL = mittlere Länge einer Warteschlange.
MW = längste Wartezeit eines Kunden
AW = mittlere Wartezeit eines Kunden
AE = Mittel leerer Warteschlangen (d. h. unbesetzter Kassen)

Davon sind ML und MW am leichtesten zu bewältigen. Wir müssen nur bei jedem Schritt (wenn ein neuer Kunde hinzukommt) die Warteschlangen-Längen (Wartezeiten) absuchen und, wenn diese Zahl größer ist als der derzeitige Wert, ML oder MW erhöhen. Also müssen wir zuerst initialisieren:

110   LET ML=0

120   LET MW=0

Dann brauchen wir zwei Arrays W und N. Sie enthalten die gesamte Wartezeit und Länge einer beliebigen Warteschlange:

130   DIM W(9)

140   DIM N(9)

(Wie vorher können wir, wenn wir INPUT CN vorher eingeben, DIM W(CN) etc. geben, um Platz zu sparen, aber notwendig ist das nicht.)

Jetzt zu den Durchschnittswerten. Sie müssen sich ganz sorgfältig überlegen, was sie bedeuten. Einen Mittelwert errechnet man dadurch, daß man eine Reihe von Werten zusammenaddiert und durch ihre Gesamtzahl teilt – aber man muß das Richtige addieren! Der vernünftigste Weg: Man errechnet laufend Zwischensummen, zählt laufend mit und teilt eine Zahl durch die andere.

Um also die mittlere Länge einer Warteschlange zu erhalten, brauchen wir eine laufende Gesamtlänge TL, die für jede Warteschlange pro Schritt einmal aktualisiert wird. Die laufende Gesamtzahl der vorhandenen Warteschlangen bei CN je Schritt ist einfach CN*SCHRITT. Demnach AL=TL/(CN*SCHRITT). Aber wo aktualisieren wir TL?

Zuerst wird initialisiert:

150   LET TL=0

Dann legen wir fest, wo die Längen der Warteschlangen zu sind, am besten während der Routine QUEUE PRINT:

```
1395   LET N(I)=LEN Q$
```

Mit TL sind wir zwar noch nicht fertig, stecken den Rest der Berechnung aber in ein Unterprogramm AKUTALISIEREN, das weiter unten noch zu schreiben ist, und beginnen mit der Arbeit an AW, der mittleren Wartezeit. Ein Mittelwert, woraus berechnet? Im Durchschnitt je *Kunden*. Die Wartezeit jedes beliebigen Kunden ist die gesamte Wartezeit jener Schlange, der er sich anschließt, in dem Augenblick, wo er das tut, *zuzüglich* seiner eigenen Wartezeit. Das Aktualisieren wird daher in erster Linie während ENQUEUE stattfinden, wo der Kunde sich der Warteschlange anschließt. Außerdem müssen wir die Gesamtzahl der Kunden im Auge behalten, die dazugekommen sind, und zwar mit einer Variablen TOTCUS. Und TW wird die Wartezeiten addieren. Klingt das verwirrend? Ruhig Blut!

```
160   LET TW=0
170   LET TOTCUS=0
```

Das Aktualisieren findet hier statt:

```
642   FOR I=1 TO CN
644   LET W(I)=W(I)-1+W(I)=0
646   NEXT I


1002   LET TOTCUS=TOTCUS+1
1004   LET W(I)=W(I)+V
1006   LET TW=TW+W(I)-1
```

AKTUALISIEREN

Die Aktualisierungs-Routine sorgt auch für die Variable "durchschnittliche Zahl leerer Kassen"; sie berechnet laufend die Zwischensumme TE und teilt durch den Wert von Schritt. Initialisieren:

```
180    LET TE=0
1800   REM  AKTUALISIEREN
1810   LET EC=0                           ⎤— richtet leeren
1820   FOR I=1 TO CN                        Zähler EC ein
1830   IF N(I)>ML THEN LE ML=N(I)         ⎤— ML aktualisieren
1840   IF W(I)>MW THEN LET MW=W(I)        ⎤— MW aktualisieren
```

100

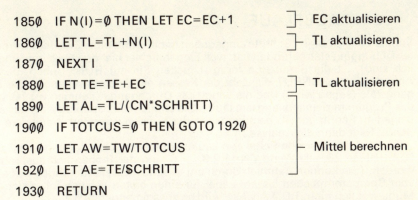

```
1850   IF N(I)=0 THEN LET EC=EC+1          ]— EC aktualisieren
1860   LET TL=TL+N(I)                       ]— TL aktualisieren
1870   NEXT I
1880   LET TE=TE+EC                         ]— TL aktualisieren
1890   LET AL=TL/(CN*SCHRITT)               ⎤
1900   IF TOTCUS=0 THEN GOTO 1920           |
1910   LET AW=TW/TOTCUS                      ⊢— Mittel berechnen
1920   LET AE=TE/SCHRITT                    ⎦
1930   RETURN
```

Bevor wir uns vom rauschenden Erfolg dieses Unterprogramms allzusehr fort-
reißen lassen, sollten wir uns noch um eine Kleinigkeit kümmern – bis jetzt
können wir noch nicht hinein. Wir müssen das Hauptprogramm abändern:

```
672   GOSUB 1800
```

ANALYSE

Schon sind wir auf der Zielgeraden. Nun brauchen wir nur noch ein paar
Systemvariablen und müssen alles anzeigen.

```
2000   REM [ ANALYSE ]
2010   CLS
2020   PRINT "□□□□□□□□ANALYSE"
2030   PRINT "ZAHL DER KASSEN=□"; CN
2040   PRINT "ZUGANGSRATE DER KUNDEN=□"; AR
2050   PRINT "KUNDENSTRATEGIE:ZUFALL"
2060   PRINT "ZAHL DER SCHRITTE=□"; NSCHRITT
2070   PRINT
2080   PRINT "MAXIMALE LAENGE=□"; ML
2090   PRINT "MITTLERE LAENGE=□"; AL
2100   PRINT "LAENGSTE WARTEZEIT□□□=□"; MW
2110   IF TOTCUS=0 THEN GOTO 2150
2120   PRINT "MITTLERE WARTEZEIT□□□=□"; AW
2130   PRINT "MITTEL LEER□□=□"; AE
2140   STOP
2150   PRINT "MITTLERE WARTEZEIT□□□=0"
2160   GOTO 2130
```

EIN PROBELAUF

Sobald Sie die obigen Schritte eingegeben haben (und ohne Zweifel ein erneutes Debugging stattgefunden hat, weil Eingabefehler hier praktisch unvermeidlich sind), ist die Simulation fertig. Drücken Sie auf RUN. Geben Sie auf Anforderung mit INPUT die Zahl der Kassen ein (meinetwegen 7), die Zugangsrate (sagen wir 4) und die Länge des Durchgangs (nehmen wir 1∅, weil das Programm ziemlich langsam läuft). Sie erhalten ein Grafikdisplay, das sich bei jedem Schritt gemäß dem Verhalten der Kunden verändert. Nach dem 1∅. Schritt folgt dann die Analyse.

Hier eine typische Folge von Läufen, durchwegs mit Zugangsrate 3 und NSCHRITT=2∅; alle Werte CN=1,2,3,...,9 sind der Reihe nach ausprobiert worden. (Sie können natürlich durch entsprechende Veränderungen das alles vom Computer machen lassen – aber für einen ersten Versuch lohnt sich die Mühe wirklich nicht.) Die Analyse wird so zusammengefaßt:

CN	ML	AL	MW	AW	AE
1	WARTESCHLANGE VOLL BEI SCHRITT 15 – RUN ENDE				
2	23	12.675	62	31.711864	∅.2
3	15	5.8333333	46	18.44	∅.2
4	10/	3.9125	27	12.5	∅.25
5	11	3.31	31	11.565217	∅.9
6	7	1.7	18	7.441860/5	2
7	6	1.81642857	15	6.7884615	1.75
8	5	1.∅3125	16	5.4324324	3.85
9	4	1.∅722222	13	4.4444444	3.1

Bei 7 Kassen hatte die längste Warteschlange beim Durchlauf von 2∅ Schritten also den Wert 6; das Mittel betrug etwa 1.8, die längste Wartezeit 15 Minuten, die mittlere Wartezeit etwa 6.8 Minuten, im Mittel blieben 1.5 Kassen unbesetzt.

Das würde man in Wirklichkeit vielleicht gerade noch hinnehmen können; sehr viel länger würde man seine Kunden nicht warten lassen wollen! Bei 6 Kassen sind die Zahlen noch ein bißchen schlechter, bei 8 im Mittel besser, bei 9 noch besser. Bei 5 sind sie schrecklich! Sie werden also zu dem Schluß kommen, daß Sie etwa 7 Kassen brauchen.

Natürlich sind 2∅ Schritte recht wenig; ausgerüstet mit dieser Grobschätzung können Sie aber längere Durchläufe mit 7 oder 8 Kassen versuchen. Ich habe NSCHRITT=1∅∅, AR=3 genommen und erhalten:

CN	ML	AL	MW	A	AE
7	11	3.5857143	34	11.7∅1961	∅.95
8	12	1.875	38	7.962∅253	2.85

Jetzt sieht 7 weniger gut aus, 8 ist annehmbar. Schlußfolgerung: Wir brauchen 8 Kassen. (Übrigens dauert ein Durchlauf von 1∅∅ Schritten etwa 6 Minuten bei FAST; damit fällt die Grafik aus; durch das Herausnehmen von Anzeigeroutinen könnten Sie die Zeit ein bißchen verringern.)

ALTERNATIVSTRATEGIEN

Wegen des Zufallselements in der Simulation erhalten Sie natürlich nicht immer exakt diese Zahlen; sie sind aber einigermaßen typisch. Allerdings wird sich Ihnen der Verdacht aufdrängen, durch die Wahl der Kundenstrategie würden die Zahlen über Gebühr verzerrt; in Wirklichkeit suchen sich die Kunden die Schlange, wo sie sich anstellen wollen, *nicht* zufällig aus!

Wir können das vorhandene Programm leicht verändern, um verschiedene Strategien zuzulassen. Ändern Sie einfach das Unterprogramm bei 16ØØ, oder, noch besser, lassen Sie einen bestimmten Bereich von Strategie-Unterprogrammen zu und rufen Sie das gewünschte auf, sobald Sie mit dem Durchlauf beginnen. Beachten Sie: Das ist gerade deshalb einfach, *weil* wir das Programm in Subroutinen aufgeteilt haben.

Gehen wir von einem Beispiel aus: Der Kunde sieht sich die Warteschlangen an, sieht die kürzeste und schließt sich einer davon an (wenn es zwei sind oder mehr, tut er das zufällig.) Wir würden dann ein neues Strategie-Unterprogramm brauchen; um leichter verändern zu können, setzen wir es bei Zeile 3ØØØ ein. Hier das Wesentliche:

```
3ØØØ   LET Z=1
3Ø1Ø   LET MQL=25
3Ø2Ø   FOR I=1 TO CN
3Ø3Ø   IF N(I)<MQL THEN LET MQL=N(I)
3Ø4Ø   NEXT I
```
finde Länge der kürzesten Schlange

```
3Ø5Ø   FOR I=1 TO CN
3Ø6Ø   IF N(I)<>MQL THEN GOTO 3Ø9Ø
3Ø7Ø   LET B(Z)=I
3Ø8Ø   LET Z=Z+1
3Ø9Ø   NEXT I
```
liste kürzeste Schlangen auf

```
31ØØ   LET R=1+INT((Z−1)*RND)
311Ø   LET I=B(R)
312Ø   LET N(I)=N(I)+1
313Ø   RETURN
```
suche zufällig eine davon aus

Wie immer muß zuerst Initialisierung erfolgen und am Originalprogramm einiges verändert werden. Zuerst DIM B . . .

```
19Ø   DIM B(9)
```

Als nächstes wollen wir entweder unsre alte Strategie bei 16ØØ oder unsere neue bei 3ØØØ aufrufen. Das geht ganz leicht:

```
380  PRINT "STRATEGIE WAEHLEN: 1. ZUFALL,
        2. KUERZESTE WARTESCHLANGE."
390  INPUT STRAT
```

Dann verändern wir den Sprung zu STRATEGIE:

```
545  GOSUB A(STRAT)
```

Wir stellen uns hier nun ein Array A vor; es enthält die Zeilennummern des Strategie-Unterprogramms; fügen wir dem Repertoire noch weitere Strategien hinzu, brauchen wir A nur abzuändern. Erforderlich ist aber Initialisierung:

```
200  DIM A(2)
210  LET A(1)=1600
220  LET A(2)=3000
```

Schließlich müssen wir ANALYSE noch in Ordnung bringen:

```
2050  PRINT "KUNDENSTRATEGIE:☐"; ("ZUFALL" AND
         STRAT=1)+ ("KUERZESTE☐☐☐☐☐☐☐☐
         SCHLANGE" AND STRAT=2)
```

Bei mehr als zwei Strategien könnte das kompliziert werden – den besseren Weg sollen *Sie* finden!

Übrigens: Wenn Sie gegen die vielen LET in der Initialisierung etwas haben, können Sie RUN geben und die LET-Befehle löschen. Weiter geht es dann mit SAVE und GOTO 10. Ich mache das eigentlich nicht gern, weil ich die unangenehme Gewohnheit habe, immer im falschen Augenblick RUN zu drücken. Mehr Sicherheit bietet der Zusatz:

```
9000  SAVE "KASSE"
9010  GOTO 10
```

Mit GOTO 9000 stellt man sicher. Das GOTO 10 ist beim Laden dann automatisch. Hier könnten Sie auch hübsche Titelgrafik einfügen. Es ist noch die Frage, ob es wirklich lohnt, die LET-Befehle alle loszuwerden, weil bei diesem Programm der Speicherplatz nicht knapp wird. Automatisch laufende SAVE-Befehle sind immer eine gute Beigabe.

Auf jeden Fall haben wir jetzt eine zusätzliche Option in der Simulation: die Wahl der Strategie. Sehen wir uns an, wie sich das auf die Ergebnisse auswirkt. Wie vorher drücken wir RUN, aber bei der Frage nach der Strategie erfolgt Eingabe 2. Hier ein Beispiel mit denselben Eingaben wie vorher – sehen Sie sich an, wie die Ergebnisse sich verändern!

CN	ML	AL	MW	A	AE
1	WARTESCHLANGE VOLL BEI SCHRITT 14 – RUN ENDE				
2	10	5.55	35	14.657895	0.05
3	4	2.25	11	10.886364	0.05
4	5	2.6	16	9.9795918	0.65
5	3	1.57	10	7.3695652	0.5
6	3	1.4583333	11	5	1.15
7	2	0.69285714	7	5.7272727	2.95
8	1	0.4375	4	3.6666667	4.5
9	2	0.61666667	6	2.1698113	4

Dieses Mal erhalten wir annehmbare Zahlen schon bei 4 oder 5 Kassen. Beachten Sie den auffälligen Sprung bei leeren Kassen (AE) zwischen CN=5 und CN=6. Erneut kann die Kürze des Durchlaufs (wie zuvor 20 Schritte) Verzerrungen hervorrufen; Sie sollten CN jetzt deshalb im Bereich 4-5-6-7 mit meinetwegen 100 Schritten ausprobieren. (Ich empfehle wieder FAST!) Experimentieren Sie. Stellen Sie sich vor, Sie wären der Geschäftsführer, der entscheiden muß, wie viele Arbeitskräfte er einstellen soll. Oder jemand von der Verbraucherberatung, der zu beurteilen hat, ob die Wartezeiten für Kunden zumutbar sind . . .

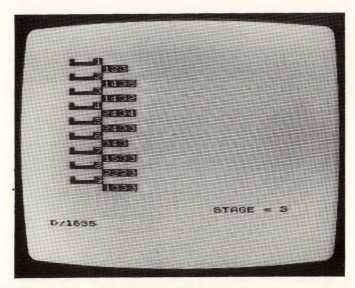

Display KASSEN: Kunden in Warteschlangen an neun Kassen mit variablen Wartezeiten. Die Schlangenlängen sind fast gleich, weil die Kunden hier sich die kürzeste Schlange ausgesucht haben.

DOKUMENTATION

Das Programm erklärt sich in der Hauptsache von selbst, hier aber noch eine Zusammenfassung der Hauptpunkte.

LOAD "KASSE" und RUN (außer, Sie haben die automatische Version verwendet). Mit INPUT, sobald verlangt, eingeben: Zahl der Kassen, mittlere Zugangsrate der Kunden, gewünschte Länge des Durchlaufs und gewünschte Kundenstrategie (1=Zufallsauswahl der Warteschlange; 2=Auswahl nur unter den kürzesten Warteschlangen). Nutzen Sie FAST, um Grafik und Geschwindigkeitsberechnungen auszuschalten, wenn Ihnen das lieber ist.

Das Programm wird die Simulation ausführen und eine Analyse der Ergebnisse liefern, die obigen Variablen und ferner die folgenden Werte auflisten:

        Die maximale Länge der Warteschlange
        Die mittlere Länge der Warteschlange
        Die längste Wartezeit pro Kunden
        Die mittlere Wartezeit pro Kunden
        Die mittlere Zahl leerer Kassen

Systemvariable

Numerisch	AE	Mittlere Zahl unbesetzter Kassen
	AL	Mittlere Länge der Warteschlangen
	AR	Zugangsrate der Kunden (Zahl pro Minute)
	AW	Mittlere Wartezeit
	CN	Zahl der Kassen
	EC	Zähler bei Routine AKTUALISIEREN
	ML	Maximale Länge der Warteschlange
	MQL	Mindestlänge der Warteschlange
	MW	Längste Wartezeit
	NA	Zahl der eintreffenden Kunden
	NSCHRITT	Zahl der Schritte bei Simulationsdurchlauf
	NT	Nächste Wartezeit
	SCHRITT	Derzeitiger Schritt bei Durchlauf
	STRAT	Nummer der Kundenstrategie
	TE	Laufende Gesamtzahl leerer Kassen
	TL	Laufende Gesamtzahl der Warteschlangen-Längen
	TOTCUS	Laufende Gesamtzahl eingetroffener Kunden
	TW	Laufende Gesamtwartezeiten
	V	ENQEUE- oder DEQEUE-Variable
Strings	D$	Würfel – Verteilung der Wartezeiten
	Q$	verwendet bei Routine WARTESCHLANGE PRINT
Arrays	A(2)	Strategie-Zeilennummern
	B(9)	Liste der Warteschlangen von Mindestlänge
	K(9)	Kopfzeiger für Warteschlangen-Routinen
	R(9)	Rundenzähler für Warteschlangen-Routinen
	N(9)	Längen der Warteschlangen
	W(9,25)	Warteschlangen
	E(9)	Endzeiger für Warteschlangen-Routinen
	W(9)	Gesamtwartezeiten

106

Zeilennummern der Unterprogramme

1∅   Initialisierungen

3∅∅   Aufruf für die Variablen CN, AR, NSCHRITT, STRAT

5∅∅   Zeitschritte – Hauptprogramm

1∅∅∅ Enqeue (in Warteschlange aufnehmen)

11∅∅ Deqeue (aus Warteschlange entfernen)

12∅∅ Grafik Kasse

13∅∅ Print Warteschlange

15∅∅ Zugänge

16∅∅ "Zufalls"-Strategie

17∅∅ Nächste Wartezeit

18∅∅ Aktualisieren

2∅∅∅ Analyse

3∅∅∅ Strategie "kürzeste Warteschlange"

9∅∅∅ Automatisch sichern

Aufgaben

Wenn Sie sich bis hierher an die Anweisungen gehalten haben, müßten Sie eigentlich ohne allzugroße Mühe am Programm herumbasteln oder sogar neue Unterprogramme einbauen können, die zusätzliche Wahlmöglichkeiten erschließen (aber Vorsicht – Sie wollen gewiß nicht bei jedem Durchlauf erst einmal zwanzig Minuten dafür aufwenden, alles vorzubereiten!) Hier ein paar Vorschläge – und einige zusätzliche Simulationen, die Sie ausprobieren können.

1   *Wartezeiten ändern.* Der "3∅seitige Würfel" D$ steuert die Verteilung der Wartezeiten. Verändern Sie ihn und verfolgen Sie, was dabei herauskommt. Noch besser: Sie lassen D$ vom Computer aufbauen, nachdem er die gewünschte Verteilung erhalten hat.

2   *Übergangswerte entfernen.* Das Problem, daß wir mit einem "leeren Supermarkt" – also ohne Kunden – anfangen, habe ich fast völlig außer acht gelassen, so daß die ersten Schritte nicht ganz repräsentativ sind. Es wäre vernünftiger, das Programm, sagen wir, 1∅ Schritte laufen zu lassen, alle Variablen (außer Warteschlangen und was dazugehört) neu zu setzen und erst *dann* mit dem eigentlichen Durchlauf zu beginnen. Versuchen Sie ein Programm zu schreiben, mit dem das geht.

3   *Mehrfach-Durchläufe.* Sie wollen sicher nicht den ganzen Tag dasitzen und für KN die Werte 1, 2, 3, . . . eingeben. Lassen Sie das den Computer machen. Sie müssen die verschiedenen Analysen dann in *Arrays* speichern und das abschließende Display abändern. Ach ja, und verändern

Sie den Sprung WARTESCHLANGE VOLL so, daß der Computer etwas Nützliches leistet, statt einfach stehenzubleiben.

4   *Wer hat am selben Tag Geburtstag?* Bei einer Party vergleichen N Leute, an welchem Tag sie geboren sind. Läßt man das Jahr außer acht, wie groß sind dann die Chancen, daß mindestens zwei Personen am selben Tag geboren sind?
Simulieren Sie das. Sie brauchen einen Würfel mit 365 Seiten (nehmen Sie nicht D$, sondern 365*RND). Setzen Sie N Geburtstage, vergleichen und zählen Sie Übereinstimmungen; wiederholen Sie (meinetwegen) 5Ømal; zeigen Sie die Ergebnisse an.

5   *Tankstelle.* Sie verfügt über eine Reihe von PN Tanksäulen. Jede Säule könnte zwar zwei Fahrzeuge gleichzeitig bedienen, versorgt aber nur eines. Eintreffende Autos schließen sich einer von zwei Warteschlangen an (für jede Seite der Tanksäulen), die sie nicht verlassen können, bis sie bedient sind. Die Warteschlangen rücken vor, sobald auf dieser Seite ein Platz frei wird. Finden Sie bei zufällig verteilten Ankunfts- und Bedienungszeiten maximale und mittlere Warteschlangen-Längen, Wartezeiten, Zahl der unbesetzten Tanksäulen etc.
Stellen Sie verallgemeinernd auf PL Reihen ab, jede mit PN Tanksäulen.

6   *Krankenhausbetten.* Eine Klinikstation hat BN Betten. Patienten treffen wahllos ein und bleiben eine zufällige Zahl von Tagen. Die Zuteilung von Betten erfolgt nach Freiwerden. Sind keine Betten vorhanden, kommt der Patient auf die Warteliste. Wie groß ist die optimale Zahl der Betten, wenn man dafür sorgen möchte, daß die Warteliste nicht zu lang wird und im Mittel möglichst wenig Betten leerstehen?
Wenn Sie das Gefühl haben, das sei eine nur schwach getarnte Abwandlung von KASSEN – da haben Sie recht! Die Zahlen, die im vernünftigen Bereich liegen, sind aber unterschiedlich, und Sie brauchen neue Grafik.

10 COUNTDOWN AUF FRANZÖSISCH

von Eric Deeson

Unterricht mit dem Computer: prüfen Sie Ihren französischen Wortschatz und fliegen Sie gleichzeitig zum Mond!

Eric leitet EZUG, die Lerngruppe der ZX-User-Group in England. Hier spricht er von seinen Erfahrungen bei Aufbau und Vertrieb von Programmen dort, wo es um die Wurst geht und das Theoretische manchmal auf praktische Überlegungen Rücksicht nehmen muß. Bis jetzt habe ich mir, vorausgesetzt, der Speicherplatz ist ausreichend, keine großen Gedanken darüber gemacht, wie man Platz sparen könnte. Es dauert aber seine Zeit, bis lange Programme vom Band übernommen sind, und besonders beim Computerunterricht entsteht Langeweile, wenn man endlos warten muß. Der ganze Zweck kann also schon zunichte gemacht sein, bevor das Programm überhaupt zu laufen beginnt. Hier also unmittelbar von der Quelle wertvolle Hinweise für Programmaufbau und die schrittweise Schilderung, wie man sie nutzt; ein paar besondere Raffinessen, damit Sie aus Ihrem ZX81 noch mehr herausholen können, und Ratschläge für Verkauf und Vertrieb von Software auf dem freien Markt.

EINLEITUNG

Jeder weiß, daß Ärzte bei Cocktailpartys ein großes Problem haben. Sobald sie ihren Beruf erwähnen, müssen sie sich alle möglichen Symptome anhören und Diagnosen stellen. Lehrer werden zu Cocktailpartys zwar meistens gar nicht eingeladen, aber es soll vorkommen, daß sie bei gesellschaftlichen Anlässen manchmal kurz hereinschauen. Als Computerlehrer ist es mir ähnlich ergangen wie den Ärzten – sobald ein anderer Lehrer hört, was ich mache, geht das Gespräch meistens so: "Ach, könnten Sie ein Programm schreiben, um meiner 7 c bei der Quantenmechanik zu helfen?" Oder bei den Einzelheiten der Spartanerkriege. Oder dem Einmaleins oder was weiß ich. Auf mein schwächliches Lächeln folgt manchmal gänzliche Untätigkeit; ein andermal entsteht eine Idee und erreicht das Stadium mehrerer Papierzettel. Ganz selten kommt nach vielen Stunden Arbeit ein fertig ausgearbeitetes Programm zustande. Auf solche Weise kam es zu COUNTDOWN AUF FRANZÖSISCH. Heute darf publik werden, wie es zu einer ausgefeilten Version kam. Ich möchte mit diesem Programm zeigen, wie sich auf methodische Weise komplexe Software schreiben läßt. Das ist *in der Tat* ein Lernprogramm, und zwar eines, das von Kindern zu Hause oder in der Schule verwendet werden kann (und wird!). Die Grundsätze strukturierter Programmentwicklung sind aber allgemein anwendbar. Außerdem werden diverse Kniffe beim Codieren beschrieben. Der eine oder andere mag Ihnen neu und nützlich vorkommen.

Nach meiner Meinung sollte jedes Programm die folgenden Kriterien erfüllen:

* Es muß leisten, wofür es geschrieben worden ist.
* Es muß das auf ökonomische Weise tun und vom Benutzer möglichst wenig Anstrengung verlangen.
* Sobald das Programm geladen ist, sollte es keinerlei Computerwissen verlangen. Und der Benutzer sollte nie in Zweifel darüber geraten, was er zu tun hat.
* Das Display auf dem Bildschirm muß erfreulich sein – klar aufgebaut, übersichtlich, leicht zu verfolgen.
* Der Anwender muß Spaß daran haben, mit dem Programm zu arbeiten.

Der Verfasser muß deshalb nicht nur etwas vom Programmieren verstehen, sondern sein Wissen auch vermitteln können. Und er/sie muß das jeweilige Thema beherrschen. Bei einem Unterrichtsprogramm heißt das theoretisch: Das Entwicklungsteam besteht aus drei Personen – einem fähigen Programmierer, einem Spezialisten für den Unterricht über das Thema im jeweiligen Jahrgang, und jemandem mit Begabung für Sprache und Layout. So begabt ich sein mag, bei einem französischen Lehrprogramm kann ich das nicht alles allein machen. Aus diesem Grund sprach ich mit mehreren Lehrern über verschiedene Seiten der Software.

PROGRAMMAUFBAU

Lehrer müssen oft Schnelldenker sein und auf überraschende Fragen (hoffentlich) sinnvolle und rasche Antworten geben. Ich vermute deshalb, daß Computerlehrer leichter als die meisten Programmierer imstande sind, ohne Großplanung ein brauchbares Programm zu schreiben. Das gilt aber nur für kurze Programmbausteine mit klar umrissenen Zielen. Der Versuchung, sich ohne Nachdenken auf ein langes kompliziertes Programm zu stürzen, *muß* man widerstehen. Ich habe das manchmal nicht geschafft, bin aber beim Codieren prompt jedesmal in die Bredouille geraten und mit dem Endergebnis nicht zufrieden gewesen. Aufbau und Codieren von Programmen, die vermutlich mehr als rund zwei Dutzend Zeilen umfassen werden, müssen systematisch angegangen werden. Eine gängige Art strukturierter Entwicklung wird *Top-down-Methode* genannt, das heißt soviel wie Programmieren von oben nach unten. Das läßt sich so darstellen:

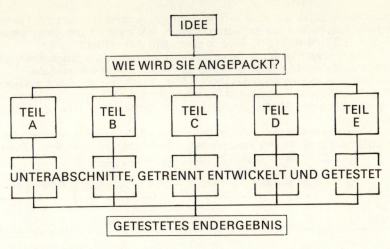

Abbildung 10.1

Beachten Sie das Wort "getestet". Ein großer Vorteil dieser Programmierung von oben ist der, daß man jede einzelne Prozedur testen kann, bevor sie mit dem Rest verknüpft wird.

Grundsatz demnach: Wir müssen die ursprüngliche Idee in einer Anzahl stichhaltiger Abschnitte entwickeln. Diese Abschnitte heißen *Moduln* – und jedes Modul wird als Unterprogramm eigens entwickelt, getestet und ausgefeilt. Das endgültige Programm ist eine *Folge* solcher Moduln, auf geeignete Weise miteinander verbunden, als Ganzes getestet und ausgefeilt. Das Testen mag beschwerlich sein, weil es mehr besagt, als daß man selbst ein paarmal versucht, ob die Prozedur läuft. Der Programmierer muß alles tun, um dafür zu sorgen, daß sie unter *allen* denkbaren Bedingungen funktioniert. Welchen Sinn sollte das Ganze haben, wenn das nicht der Fall wäre?

Das endgültige Programm ist deshalb eine Reihe von Moduln oder Unterprogrammen, die auf eine geeignete Weise miteinander verknüpft werden. Das kann man sich so vorstellen:

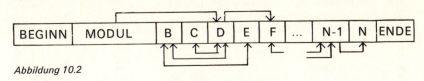

Abbildung 10.2

Eigentlich bin ich mit den Ausdrücken recht nachlässig umgegangen. Hier mag das keine große Rolle spielen, aber es gibt Unterschiede zwischen Unterprogrammen (Subroutinen), Moduln und Prozeduren.

Ein *Modul* ist ein in sich selbständiger Baustein eines Programms. Es verfügt über logische Identität und kann für sich allein getestet werden.

Ein *Unterprogramm* oder eine *Subroutine ist ein* Codebaustein, der eine bestimmte Aufgabe erfüllen soll. Es gibt zwei Arten. Die Art, die wir schon kennen, aufgerufen durch GOSUB und beendet durch RETURN, ist eine *ge-*

111

schlossene Subroutine. Eine *offene* Subroutine dagegen ist eine Folge von Befehlen innerhalb einer größeren – auch hier geht es um eine bestimmte Aufgabe, GOSUB/RETURN werden aber nicht verwendet.

Eine *Prozedur* ist ein verfeinertes geschlossenes Unterprogramm mit ihren eigenen Variablen. Der ZX81 bietet keine Prozeduren in diesem Sinn.

Von jetzt an werde ich das Wort "Modul" gebrauchen, wenn ich begriffsmäßig einen Teil des endgültigen Programms meine. Was das Codieren angeht, kann ein beliebiges Modul eine Folge von offenen und/oder geschlossenen Subroutinen sein.

Da ich ziemlich viel codiere, halte ich es für nützlich, verschiedene Teile des Computerspeichers für verschiedene Modularten zu reservieren. Die Speicherkarte des ZX81 ist für meine Programme so angelegt:

⌐0	⌐50	⌐100	⌐500	⌐1000	⌐1500	⌐2000	⌐5000	⌐9998
REM- Befehle	START	EIN- LTG.	ÜBL. ROUT.	HAUPT- PROGR.	SONDER PROGR.	DATEN- ROUT.	GRAFIK- ROUT.	SAVE

Abbildung 10.3

Sie erkennen die Unterschiede zwischen den einzelnen Abschnitten, wenn wir uns die Entwicklung von COUNTDOWN AUF FRANZÖSISCH ansehen.

Hier die Stufen der strukturierten Modulentwicklung eines Programms. Die Stufen mit dem Zeichen * erfordern besonders sorgfältiges Testen, durch den Verfasser, durch andere, durch Opfer aus der eigentlichen Zielgruppe, den Benutzern.

1 Definition von Programmzielen und -absichten.
2 Entwicklung der Planung, die zu Grobkonzept-Flußdiagramm und Story-board-Schema führt. (Diese vornehmen Ausdrücke erkläre ich später.)
3 Zerlegung des Gesamtprogramms in logische Moduln, gestützt (jedenfalls theoretisch) auf die Kästchen im Flußdiagramm.
4 Das Modul Hauptprogramm entwickeln (*).
5 Jedes Modul und Unterprogramm entwickeln, codieren und testen.
6 Die Moduln miteinander verknüpfen (*).
7 Revidieren nach Bedarf (*).
8 Die Haupt- und Nebenmoduln auf Geschwindigkeit, Gestaltung, Ökonomie hin verfeinern (*).
9 Die Anfangs- und Abschlußroutinen hinzufügen (*).
10 Das Ganze ausfeilen und testen.
11 Je nach Bedarf anhand der vorher entwickelten Aufzeichnungen Dokumentation vorbereiten.

Aufzeichnungen? Ja – notieren Sie bei den Schritten 1 bis 3 oben fleißig mit und führen Sie während der Codierungsabschnitte eifrig die folgenden Listen:

a Variable und ihre Bedeutung.
b Adressen von Moduln und Subroutinen.
c Grafik-Plottingdaten.

112

Am Ende kann das alles fürs Archiv auf rund einer Seite zusammengefaßt werden – wenn Sie Ihre REM-Befehle in der Liste aufführen, reicht das völlig aus.

Vergessen Sie nie, daß kein Programm jemals vollkommen ist – wenn es die Aufbewahrung lohnt, dann auch immer wieder eine Verbesserung. Allermindestens werden Sie angesichts Ihrer zunehmenden Erfahrung manche Teile für unfaßbar schwerfällig halten – die schriftlichen Zusammenfassungen im Archiv erleichtern die Abänderung erheblich.

COUNTDOWN AUF FRANZÖSISCH im Entwurf

Inzwischen werden Sie vergessen haben, daß ich eigentlich von der Entwicklung eines bestimmten Programms reden soll, nämlich von COUNTDOWN AUF FRANZÖSISCH, einem Unterrichtsprogramm.

Wie wurde die Theorie des letzten Abschnitts in diesem Fall konkret umgesetzt? Gehen wir Schritt für Schritt vor.

Schritt 1: Definition von Zielen und Absichten

Die Bitte bei der Cocktailparty galt einem Programm, durch das die einzelnen Schüler ihr Grundwissen an französischem Wortschatz überprüfen können sollten. Diese Grundidee führte zu folgenden Zielen.

1   Rein zufällig aus einem Bestand an Wörtern auswählen und Übersetzung entweder aus dem Deutschen ins Französische oder umgekehrt verlangen.
2   Den Erfolgsstand mitzählen.
3   All das innerhalb eines einfachen Spiels.
4   Eine Anzeige der richtigen Antworten auf Fragen, die falsch beantwortet wurden.
5   Den Wörterbestand so aufbauen, daß Lehrer/Eltern den zu prüfenden Wortschatz leicht verändern können.

Es gab nur ein bestimmtes Ziel: Der Benutzer sollte den Wortschatz besser beherrschen, sobald das Programm zwei- oder dreimal gelaufen war. (Dieses Ziel zeigt, daß es sich eher um ein *Einübungs*programm handelte, als um eines, das nur den Wissensstand prüfen sollte. Ich räume ein, daß ursprünglich nur ein einfaches Prüfprogramm erbeten war; Sie dürfen mir glauben, daß ich das unterscheiden kann.)

Schritt 2: Entwicklung des Plans

Die oben erwähnten Ziele lassen sich in einem ganz einfachen Flußdiagramm darstellen:

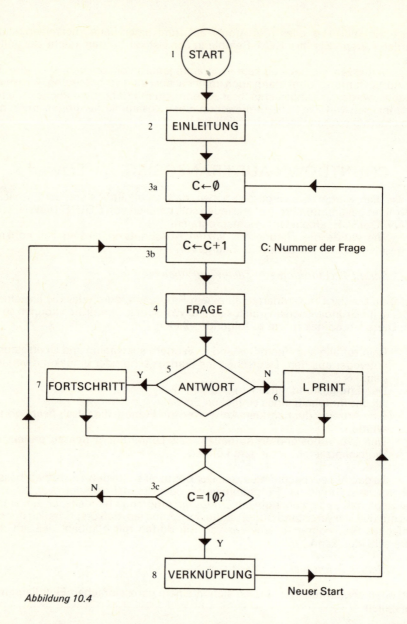

Abbildung 10.4

Neuer Start

Schon taucht aus dem Nebel das Gerüst einer Folge von Moduln auf. Manche sind winzige Routinen wie die C-Schleife (die eine gegebene Zahl von Fragen aufstellt); andere, wie etwa die, eine bestimmte Frage auf den Bildschirm zu bringen und die Antwort zu überprüfen, werden kompliziert und brauchen viel genauere Definition.

114

Und der Kasten FORTSCHRITT? Darin liegt das Spielerische des Programms. Benötigt wird eine Abart von "Thermometer"-Anzeige, eine Grafik-Routine, die anzeigt, wie erfolgreich der Benutzer ist. Viele Programme dieser Art begnügen sich, falls überhaupt ein Grafikspiel dazugehört, damit, einen Eisenbahnzug auf dem Gleis immer weiter vorrücken zu lassen. Ich tue das nicht. Mit einem Auge in Richtung "Space Invaders" entschied ich mich dafür, eine Weltraum-Rakete zu starten. Jede richtige Antwort sollte das Raumschiff auf dem Startplatz weiterbauen, siehe die Zeichnung a) unten. Bei fehlerloser Beantwortung aller Fragen des Durchlaufs sollte die Rakete auf einen Bildschirm voller Sterne umhersurren. Zeichnung b) zeigt diesen Traum (Erfolg hatte ich damit keinen, wie ich gleich zugeben will.)

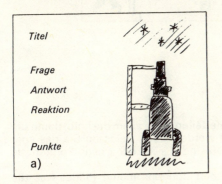
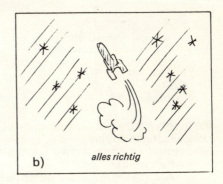

Abbildung 10.5

Solche Zeichnungen stellen miteinander ein sogenanntes *Story-Board* dar (ein Ausdruck, der meine intime Kenntnis der Filmindustrie bezeugen soll, noch eine Branche, in der ein Vermögen zu scheffeln mir nicht gelungen ist.)
    Die Kästen 3, 4 und 5 betreffen die Moduln des Hauptprogramms. 3 ist einfach – erweitert werden muß da nichts, weil das eine hübsche, kleine FOR/NEXT-Schleife darstellt. Kasten 4 dagegen erfordert genaueres Nachdenken. Hier muß das Programm aus dem Bestand der Wörter eine Frage auswählen, prüfen, ob sie nicht schon verwendet worden ist, und sie auf dem Bildschirm anzeigen. Bis zu einem gewissen Grad werden die Routinen von der Datenstruktur für den Fragenbestand abhängen, aber auf dieser Stufe können wir Kasten 4 folgendermaßen in kleinere Moduln zerlegen:

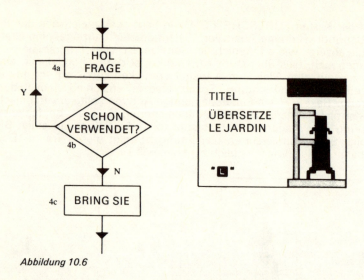

Abbildung 10.6

Vielleicht erfordert 4a konkret weitere Unterteilung, vor allem deshalb, damit die Übersetzungsrichtung zufällig bestimmt werden kann. Belassen Sie das aber jetzt einmal in dieser Form. Ebenso 5, 6 und 7 – in der Praxis können sie kompliziert werden.

   (Auf dieser Entwicklungsstufe waren übrigens meine Pläne, was die Kästen 6 und 7 anging, gelinde gesagt noch unklar.)

CODIEREN

Das Voranstehende erforderte einige Stunden Arbeit, ohne daß eine einzige Programmzeile zu Papier gebracht oder ins Gedächtnis aufgenommen worden wäre. Nicht nur das: Diese Stunden verteilten sich auch noch auf mehrere Tage. Das ist das Zufällige an meinen Prozeduren zur Programmentwicklung, weil ich noch anderes zu tun habe, als an einer Tastatur zu sitzen. Aber inzwischen ist das fester Bestandteil meines Systems geworden. Auch wenn ich eine brillante, aufregende Programmidee habe, codiere ich nichts, bis mein Unterbewußtsein Zeit gehabt hat, sich eine Weile damit zu befassen.

   Aber jetzt können wir mir dem Codieren anfangen! Wir sind endlich bei den Schritten 4, 5 und 6. Zuerst das nackte Gerüst, das auf meinem gewohnten Planentwurf beruht (siehe dazu die Skizze auf Seite 114):

Code	Direkte Daten	Variablenliste

1   REM REM-BEFEHLE
49   REM START
5∅   SLOW   ● LET D8=1∅∅∅
495 GOTO PROG   ● LET PROG=D8   PROG:
                                                     Beginn Haupt-
                                                     programm
                                                     (1∅∅∅)
498 REM DIENSTPROGRAMME
999 REM PROG
1∅∅5 FOR C=A1 TO B∅   ● LET A1=SGN PI   C=Haupt-
                                                     schleifenzähler
1∅9∅ NEXT C   ● LET B∅=CODE "▨"
1∅99 REM SCHLUSS
149∅ FAST
1495 STOP
1498 REM SPEZIALROUTINEN
1999 REM FRAGEN
4999 REM GRAFIK
9997 REM VERSION DATUM
9998 SAVE "COUNTDOWN AUF FRANZOESISCH"
9999 GOTO START   ● LET D1=CODE"M" START: Echt
                                  ● LET START=D1   Start (5∅∅)

Schon ein Anfang! Und auf der Stelle ergeben sich einige Punkte:

1   Diese Code-Bruchstücke sind begleitet von direkt eingegebenen Daten
     (Spalte 2) und der wachsenden Liste von Variablen (Spalte 3).
2   Setzen Sie überall REM-Befehle hinein, ohne Rücksicht darauf, wie gut
     die Vorbereitung auf dem Papier gewesen sein mag. Geben Sie ihnen aber
     Zeilennummern gleich unmittelbar unter den entsprechenden Startnum-
     mern – wenn REM-Befehle dann gelöscht werden, erleidet der Fluß der
     Zeilennummern keine Unterbrechungen.
3   Außerdem ist es eine gute Idee, REM-Anweisungen negativ zu setzen
     (bei diesen Listings in Kästchen gestellt). Dadurch treten sie auf dem
     Bildschirm oder ausgedruckt ganz deutlich hervor.
4   GOTO- und GOSUB-Adressen brauchen keine Zahlen in Sinclair-BASIC
     zu sein – geben Sie ihnen ausdrucksfähige Namen. Dabei genügen vier
     oder fünf Zeichen. (Anm.: Die Übersetzer haben beim Testen des doch

	sehr langen Programms allerdings festgestellt, daß man zweckmäßigerweise doch die Nummern der Subroutinen nimmt.)
5	Um Speicherplatz zu sparen, codiere ich alle häufig verwendeten Zahlen – so ist D1 in Zeile 9999 mein üblicher Code für 5∅.
6	Die Hauptabschnitte meines Programms laufen in SLOW (Zeile 50), codiert und aufbereitet wird bei mir aber in FAST. Deshalb ist in Zeile 149∅ von Anfang an ein FAST an den Schluß gesetzt.
7	Bei meiner Arbeit kommt es "gelegentlich" zu Unterbrechungen, und insgeheim warte ich immer auf das gefürchtete "Flackern" des Bildschirms, das heutzutage aber nur noch selten vorkommt. (Beim 16K RAM-Zusatzspeicher von Sinclair muß man allerdings sehr aufpassen. Anm. d. Übers.) Aus diesem Grund wird sofort die SAVE-Routine eingesetzt – Zeilen 9998/9999. Unmittelbar davor habe ich eine aktualisierte REM-Anweisung, um nicht aus Versehen noch einmal mit der Arbeit an einem schon überholten Programmabschnitt zu beginnen.

Wichtig ist, Speicherplatz zu sparen. Ich schreibe zwar gelegentlich ZX81-Programme, die an die 16K-Grenze herankommen, aber es empfiehlt sich, selbst jene, bei denen das nicht der Fall ist, möglichst kompakt zu gestalten, damit die Zeit für Sichern und Laden möglichst kurz gehalten wird. Der Hauptkniff beim Sparen von Speicherplatz besteht darin, alle häufig vorkommenden Zahlen als Symbole von zwei Zeichen zu verschlüsseln. Drei haben wir schon kennengelernt; unten steht die vollständige Liste. Sie umfaßt die Zahlen ∅ bis 3∅, die für Schleifen und PRINT AT so wichtig sind und erfaßt auch Zahlen, die häufig bei Adressen und Grenzen von Verzögerungsschleifen Verwendung finden. Sie werden im Befehlsmodus *direkt* eingegeben. Benützt man CODE, dann werden Zahlen auf weniger Platz als den 6 oder noch mehr Bytes gespeichert, die bei Fließkommakonstanten erforderlich sind.

Zahl	*Code*	*Eingabecode*
∅	A∅	NOT PI
1	A1	SGN PI
2	A2	CODE "▉"
3	A3	CODE "▇"
4	A4	CODE "▊"
....		
1∅	B∅	CODE "▨"
11	B1	11
12	B2	CODE "£"
....		
2∅	C∅	CODE "="
21	C1	CODE "+"
....		
3∅	D∅	CODE "2"
5∅	D1	CODE "M"
6∅	D2	CODE "W"
1∅∅	D3	1∅∅
2∅∅	D4	CODE "COS"
5∅∅	D5	5∅∅
1∅∅∅	D8	1∅∅∅
4E4	D9	4E4

Bei einem Programm mit vielen Zahlen, wie es die meinen häufig sind, spart dieses Verfahren sehr viel Speicherplatz, und zwar bis zu 10%. Die Mühe der direkten Eingabe lohnt sich, und ich mache das in diesem Stadium durchgehend so. (Das heißt: Eigentlich mache ich es nicht. Das oben codierte Gerüst wird nämlich, sobald ich ein neues, langes Programm beginne, mit Ausnahme der C-Schleife, samt diesen und anderen Standarddaten auf Kassette gespeichert.) Der Gebrauch von Direkteingabedaten bedeutet, daß man niemals RUN (oder CLEAR) verwenden darf. Um die schreckliche Gefahr, daß das aus Versehen doch geschieht, zu bannen, verwende ich bei *jedem* Programm *grundsätzlich* GOTO 1.

Mit dem Gerüst bin ich also fertig und muß nun die Hauptprogramm-Routine aufbauen. Wie Sie sehen, habe ich dafür nur wenige Zeilen vorgesehen (1000 bis 1090). (Beim COUNTDOWN AUF FRANZÖSISCH erweist sich das als unzureichend, was beweist, daß ich mich auch nicht streng an die eigenen Regeln halte.) Ohne eine RENUMBER-Einrichtung (also zum Neunummerieren der Zeilen) die ich eigentlich bei keinem Computer schätze, führt das zu engen, unsauberen Zeilennummern. Falls mir bei einem Modul der Platz für Zeilennummern nicht ganz ausgeht, versuche ich, nicht per Hand neu zu numerieren – das kostet Zeit und ist unwichtig, selbst wenn das Listing dann sauberer aussieht.

Mit Kasten 3 im Flußdiagramm habe ich mich schon beschäftigt; befassen wir uns also mit Kasten 4. Der erste Teil davon, 4a, ist "Hol Frage". Wie schon gesagt, hängt die Prozedur davon ab, wie die Fragedaten gespeichert werden. Ich habe mich inzwischen entschieden, einen Bestand von sechzig Fragen anzulegen. An anderer Stelle dieses Buches führen wir andere Datenstrukturen vor – die hier naheliegende ist eine Folge direkt eingegebener Arrays. Es gilt aber, noch ein anderes Kriterium zu erfüllen, wodurch das ausgeschlossen wird – ich möchte dafür sorgen, daß die Daten für Lehrer/Eltern *sichtbar* sind, damit sie leicht verändert werden können. Das führt zu einer Folge von sechzig Subroutinen mit Zugang durch

GOSUB FRAGE+C0*RND*D2

und in der Form

LET P$="LE CHAT"

LET Q$="DIE KATZE"

RETURN

Darf ich noch darauf hinweisen, daß sehr viel Speicherplatz vergeudet werden würde, wenn man für die zu übersetzenden Wörter doch Arrays verwenden würde? Der Grund: Die Stringarrays müßten so dimensioniert werden, daß sie auch die längsten Wörter aufnehmen könnten. (Das gleiche Problem ergab sich bei ZEDTEXT). Wenn das "LE PROFESSEUR" und "FERIENERLEBNISSE" wären, bräuchten wir

DIM P$(60,13)

DIM Q$(60,16)

LET P$(37)="LE CHAT"

LET Q$(37)="DIE KATZE"

und allein diese beiden letzten Zeilen würden 21 Bytes zusätzlich besetzen. Meine Methode bewirkt also nicht nur "Durchsichtigkeit für den Lehrer", sondern spart auch noch an die 1 ½ K Bytes und weitere 1Ø Prozent an Zeit für das Sichern und Laden.

Jetzt wollen wir also die Zeilen zur Datenbeschaffung einsetzen:

1Ø1Ø	CLS	
1Ø15	PRINT AT BØ,AØ; "UEBERSETZE"	
1Ø2Ø	GOSUB FRAGE +	
	INT(RND*D2+A1)*CØ ● FRAGE=2ØØØ	FRAGE= ABSCHNITT q
1Ø25	LET T=INT(RND+.5)	T: Übersetzungs- richtung
1Ø3Ø	IF NOT T THEN PRINT TAB A2; P$	P$: französischer Ausdruck
1Ø35	IF T THEN PRINT TAB A2; Q$	Q$: deutscher Ausdruck
1Ø4Ø	PRINT AT C1,AØ; "NACH DER ANTWORT: [N/L]."	
32Ø5	LET P$="TRISTE"	
321Ø	LET Q$="TRAURIG"	
3215	RETURN	

Machen Sie einen Lauf (mit GOTO 1) – es klappt! Angezeigt wird zehnmal rasch hintereinander "UEBERSETZE/TRISTE" oder "UEBERSETZE/TRAURIG" mit der NEWLINE-Meldung. Beachten Sie, daß Zeile 1Ø2Ø noch nicht richtig getestet ist – gleichgültig, welcher Zufallswert für die Adresse gegeben wird, der Computer kommt bei 32Ø5 an (was hier von Nutzen ist).

Dann bleibt noch eine Schwierigkeit für das Modul von Kasten 4 – dafür zu sorgen, daß die Subroutine nur adressiert werden kann, wenn sie vorher nicht schon einmal benützt worden ist. Wir brauchen also ein "Flaggen"- oder "Kennzeichen"-System. Hier ist nun wirklich ein Array angebracht. Ich setze ein Array U (für "used" = schon verwendet) mit der Dimension 6Ø, initialisiere jedes Element auf Null, setze eine Zeile wie LET U(N) in jede Daten-Subroutine ein und teste dann die Flagge.

Die Initialisierung bedarf eines eigenen Unterprogramms. Das sieht so aus:

```
1ØØ   GOSUB ARRAY ● LET ARRAY=16ØØ
```
ARRAY(16ØØ):
Array initialisieren

```
1599   REM  ARRAY

16ØØ   DIM U(D2)
```
U: von der Subrou-
tine
benützte Flagge
```
16Ø5   FOR N=A1 TO D2
```
N: lokaler Zähler
```
161Ø   LET U(N)=AØ

1615   NEXT N

162Ø   RETURN
```

Gut – wenn das Programm zum erstenmal läuft, werden alle diese Flaggen zu Ø. Probieren Sie es aus – (mit GOTO 1, nicht mit RUN!), dann PRINT U(D1), U(A4) und so weiter. Dann setzen Sie die Flagge:

```
32ØØ   LET U(D2)=A1
```

Und anschließend der Test (hier muß ein bißchen umgeschrieben werden):

```
1Ø18   LET N=INT (RND*D2+A1)
```
N: lokaler Wert
```
1Ø19   IF U(N) THEN GOTO 1Ø18

1Ø2Ø   GOSUB FRAGE+CØ*N
```

Begriffen? Eigentlich ganz einfach. Wollen sie sich den Initialisierungsteil noch einmal ansehen? Kein Problem – LIST ARRAY. Das ist ein weiterer Vorteil von Programmen und Unterprogrammen mit Namen: man kann sie nach dem Namen auflisten, statt alles nach ihnen absuchen zu müssen.

Es wird aber nicht so leicht sein, das zu testen, es sei denn, Sie geben ein zeitweiliges Testprogramm ein. Das ist natürlich ein Dilemma, und die sechzig Datensätze müssen wir ja irgendwann einmal hineinbringen. Das überlasse ich Ihnen. Vielleicht mögen Sie auch gar keine einfache französische Vokabelabfrage. Sie müssen Folgendes tun: Nachdem Sie sich darüber klar geworden sind, welche Daten Sie testen wollen, müssen Sie noch weitere 59 Subroutinen dieser Art in 32ØØ–3215 aufstellen. COUNTDOWN AUF FRANZÖSISCH hat je zwanzig Hauptwörter, Tätigkeitswörter und Eigenschaftswörter, also Zeilen wie:

```
1999   REM  FRAGEN

2ØØØ   REM  SUBSTANTIVE

2Ø2Ø   LET U(A1)=A1

2Ø25   LET P$="LE GENDARME"

2Ø3Ø   LET Q$="DER POLIZIST"

2Ø35   RETURN

2Ø4Ø   LET U(A2)=A1
```

121

```
........
2415  RETURN
2419  REM  VERBEN
242Ø  LET U(C1)=A1
2425  LET P$="FAIRE"
243Ø  LET Q$="MACHEN"
2435  RETURN
244Ø  LET U(C2)=A1
........
2815  RETURN
2819  REM  ADJEKTIVE
282Ø  LET U(41)=A1
........
```

Da gibt es viel zu testen – irgendwann müssen die Daten geprüft werden. Verändern Sie deshalb vorübergehend den C-Bereich in Zeile 1ØØ5 zu TO D2 und dann GOTO 1, mit einem Adlerauge auf dem Schirm und einem Finger schon über BREAK. Nach Korrekturen natürlich CONT drücken. Da wird eine gute Stunde von Ihnen mal nichts zu hören sein.

Aber halt! Wenn wir je zwanzig Stück Hauptwörter, Tätigkeitswörter und Eigenschaftswörter haben, können wir dann nicht ein Menü einrichten? Natürlich können wir das. Wohlgemerkt: Das bedeutet, wieder in der Gegend um 1Ø2Ø herumzubasteln. Aber hübsch wäre das schon.

1. Menü irgendwo im Eröffnungsabschnitt aufbauen:

4Ø5	GOSUB TITEL	● TITEL=8ØØ	TITEL: 8ØØ
41Ø	PRINT AT BØ,A2; "ICH WERDE DIR",		(Hoppla,
	"1Ø FRAGEN STELLEN."		1ØØ5 korrigieren)
415	LET A=DI		A: Verzögerungs-
			zeit
42Ø	GOSUB VERZOEGERUNG	● VERZOEGERUNG =5ØØ	VERZOEGERUNG: 5ØØ
425	GOSUB TITEL		
43Ø	PRINT AT A7,A2; "WELCHE WORTGRUPPE",		
	"BEVORZUGST DU?"		
435	GOSUB VERZOEGERUNG		

```
44Ø   PRINT AT B2,A2; "DRUECKE 1 FUER SUBSTANTIVE."; AT B4,
      A2; "DRUECKE 2 FUER VERBEN."; AT B6,A2; "DRUECKE 3
      FUER ADJEKTIVE."; AT B8, A2; "MIT 4 KOMMEN ALLE."
445   IF INKEY$<"1" OR INKEY$>"4" THEN GOTO 445
45Ø   LET M=VAL INKEY$                        M: gewähltes
                                              Thema
```

Das (hier handelt es sich übrigens um eine offene Subroutine) verlangt zwei neue Dienst-Subroutinen. Ich verwende bei den meisten Programmen VER-ZOEGERUNG. Das führt dazu, daß die Ausführung für eine vom eingegebenen Wert bestimmte Zeit unterbrochen wird. Im Gegensatz zum PAUSE-Befehl, der viel weniger Speicherplatz braucht, führt das nicht zu einem Flackern des Bildschirms. Wie bei PAUSE kann die Unterbrechung aber jederzeit beendet werden, in diesem Fall durch Drücken von NEW-LINE.

Hier die Subroutine VERZOEGERUNG:

```
499   REM  VERZOEGERUNG
5ØØ   FOR B=A1 TO A                          B= Verzögerungs-
                                             zähler
5Ø5   IF CODE INKEY$=118 THEN RETURN
51Ø   NEXT B
515   RETURN
```

Jawohl, in einem Unterprogramm sind zwei (oder mehr) RETURN-Befehle zugelassen.

Und hier, bei 8ØØ, ist TITEL:

```
799   REM  TITEL
8ØØ   CLS
8Ø5   PRINT AT A1,A6; B$; AT A2,A6; A$; AT A3,A6; B$
81Ø   RETURN
```

Das verwendet zwei direkt eingegebene Strings, und zwar A$, den eigentlichen Titel, und B$, eine Reihe von Negativschrift-Kästchen, um ihn einzurahmen. Setzen Sie also in A$=" ■COUNTDOWN AUF FRANZOESISCH■", mit – hier aufpassen! – Negativschrift-Kästchen vorne und hinten. Dann B$="28 Negativschrift-Kästchen".

2   Nach dem ganzen komplizierten Zeug (ich bitte um Entschuldigung dafür) können wir LIST PROG geben und den Versuch unternehmen, den Wert von M in Gebrauch zu bringen.

```
1016   IF M=4 THEN LET N=INT(RND*D2+A1)
1017   IF M<>4 THEN LET N=INT(RND*C0+A1)
1018   IF M<>4 THEN LET S=((M-A1)*C0)          S: Datenblock
1019   IF U(N+S) THEN GOTO 1016
1020   GOSUB FRAGE+(N+S)*C0
```

3   Nur nicht aufgeben, wenn Sie nicht gleich einsehen, was ich hier mache
     – es ist noch ein Zusatz erforderlich, und zwar bei der Initialisierung. Nein,
     nicht stöhnen, es ist nur ein kleiner!

```
1001   LET S=A0
```

Gehen Sie hier mit großer Sorgfalt vor. Das mag verwickelt aussehen, aber ich
finde es unter den gegebenen Umständen recht gefällig. (Na gut, wäre mir das
mit der Themenwahl eingefallen, bevor ich angefangen hatte, ich hätte ein
einfacheres Verfahren finden können, aber das war eben nicht der Fall.)
    Wenn M 1, 2 oder 3 ist, führt uns Zeile 1018 in den richtigen Block (Wert
von S), Zeile 1017 wählt die Position im Block. Wenn M 4 ist, bleibt S bei 0, N
ist im vollen Bereich 1–60, und GOSUB bringt uns in jeden beliebigen Teil des
Datenabschnitts. Die folgende Darstellung mag von Nutzen sein.

	1–20	21–40	41–60
	DATEN	ROUT	INEN
M=1	S+N=0+(1–20)		
M=2		S+N=20+(1–20)	
M=3			S+N=40+(1–20)
M=4	S+N=0+(1–60)		

Wir brauchen uns nun nur noch mit den Kästen 5–7 im Hauptprogramm zu
befassen, also prüfen, ob die Antwort richtig ist, und entsprechend handeln. Wir
haben es ja ganz schön schwergehabt und wollen deshalb jetzt Kasten 5
erledigen, 6 und 7 nur streifen und dann eine Pause einlegen.
    Wegen der Zufallsauswahl der Übersetzungsrichtung (Zeilen 1025–
1035) ist die Überprüfung der Richtigkeit nicht ganz einfach. Die richtige
Reaktion ist Q$, wenn T Null, und P$, wenn T gleich 1 ist. Demnach

```
1045   INPUT R$                                   R$: Reaktion
1050   IF R$="" OR LEN R$<1 THEN GOTO 1045
1055   PRINT AT C1,A0; E$; AT B2,A0;"DEINE ANTWORT:",,
       TAB A2;R$
1060   GOSUB VERZOEGERUNG
```

```
1065   IF(T AND R$=P$)OR(NOT T AND R$=Q$)
       THEN GOSUB RICHTIG
1070   IF (T AND R$<>P$)OR(NOT T AND R$<>Q$)
       THEN GOSUB FALSCH
```

Hier haben wir wieder direkte Daten.

Also: E$ ist eine ganze Zeile von Leerstellen zu dem Zweck, die in Zeile 1040 angezeigte Meldung zu löschen. Am einfachsten erhält man 32 Leerstellen, wenn man (direkt) DIM E$(32) eingibt. Außerdem haben wir LET RICHTIG=550 und FALSCH=600. Im Augenblick wollen wir diese zwei Subroutinen noch nicht entwickeln. Wir geben einfach das Folgende ein und testen alles, was wir bisher haben:

```
549   REM  RICHTIG
550   PRINT,,"JA"
599   REM  FALSCH
600   PRINT,,"NEIN"
645   RETURN
```

Wir werden schon einige Zeit aufwenden müssen, um diese Routinen zu vervollkommnen — aber erst später, nach der versprochenen Pause.

GRAFIK

Unser Programm wird schon ganz gut, aber nach wie vor ist es erst eine automatische Maschine, die Fragen stellt und die Antworten prüft. Der "Countdown" des Titels bezieht sich auf Bau und Start einer Rakete, wissen Sie noch? Der Abwechslung halber gehen wir deshalb ziemlich rasch durch die Grafikprogramme ab Zeile 5000.

In unserer C-Hauptschleife haben wir zehn Fragen. Zum Start müssen also zehn Schritte führen, wobei sich jeder Schritt auf die vorherigen bezieht und die erreichte Stufe von der erzielten Punktzahl abhängt. Ein Teil der RICHTIG/FALSCH-Modulen wird denn auch die Punktzahl bestimmen und die Countdown-Routinen abrufen. Wir bauen die Grafik auf und testen sie Stück für Stück und als Ganzes.

Der Gesamtplan sieht so aus:

```
4999   REM  GRAFIK
5000   REM  STUFE
5050   REM  BODEN
5095   RETURN
5100   REM  HIMMEL
5105   GOSUB 5050
```

```
5145   RETURN
5150   REM  TURM
5155   GOSUB 5100
5195   RETURN
5200   REM  STATION
5205   GOSUB 5150
5245   RETURN
5250   REM  STUFE 1
5255   GOSUB 5200
5295   RETURN
5300   REM  STUFE 2
5305   GOSUB 5250
5345   RETURN
5350   REM  STUFE 3
5355   GOSUB 5300
5395   RETURN
5400   REM  TURM WEG
5405   GOSUB 5350
5445   RETURN
5449   REM  COUNTDOWN
5450   CLS
5455   GOSUB 5400
5495   RETURN
5499   REM  START
5500   GOSUB 5450
5545   RETURN
```

Ist Ihnen das Schema klar? Jede Routine bezieht sich auf die vor ihr, diese auf die vorige und so weiter und so fort. Bis die Punktzahl 10 erreicht ist, haben Sie Ihren Subroutine-Stapel kräftig arbeiten lassen. Diese Struktur sollte getestet werden. Fügen Sie vorübergehend Zeilen ein wie

```
5055   PRINT "BODEN"
5110   PRINT "HIMMEL"
```

und so weiter.

Halten Sie jetzt den Atem an und versuchen Sie es mit Direkteingabe: SLOW; GOTO 55ØØ. Sie müßten enorm viele Meldungen entstehen sehen – aber sie sollten alle der Reihe nach an den richtigen Stellen erscheinen.

Ich zeige jetzt die Entwürfe, die ich erarbeitet habe, und will sie nur für wirklich notwendige Bemerkungen unterbrechen. Versuchen Sie zu erkennen, wo ich abgekürzt habe; lassen Sie jede Subroutine, sobald sie codiert ist, unter allen Umständen nur mit direktem GOTO laufen. Nehmen Sie die Tests in SLOW vor, codieren Sie aber in FAST. Zur Verdeutlichung: gA bedeutet "Grafik-A", etc.,□ = Leerraum,■ = Negativ-Leerraum, Kästchen stehen für Negativ-Zeichen.

1 *Boden*

    5Ø55 FOR K=CØ TO DØ   K: lokaler Zähler

    5Ø6Ø PRINT AT B9,K; "gA"; AT B8,K; "gA"

    5Ø65 NEXT K

2 *Himmel*

    511Ø FOR K=CØ TO DØ

    5115 PRINT AT AØ,K; "■"; AT A1,K; "■"; AT A2,K; "■"

    512Ø NEXT K

    5125 PRINT AT AØ,C1; "✱"; AT A1, C2; "✱"; TAB C5; "✱";

              TAB C7; "✱"; TAB C4; "✱"

(Es lohnt nicht, diese Sterne zufällig einzugeben oder sie einem String zuzuteilen.)

3 *Turm*

    516Ø FOR K=B7 TO A5 STEP−A1

    5165 PRINT AT K,C1; "▱";

    517Ø NEXT K

    5175 PRINT AT B1,C2; "▱▱""; AT A6,C2; "▱▱▱"

4 *Station*

    521Ø PRINT AT B7,C3; "g8□□g5"; AT B6,C3; "g3■g7g7■g4";

              AT B5,C4; "g8■■g5";

5   *Stufe 1*

```
5260   FOR K=A1 TO A4
5265   PRINT AT B5−K, C4; "g8□ □g5"
5270   NEXT K
5275   PRINT AT B3,C5; "Ⓖ Ⓑ"; AT B1,C4; "⍁"
```

6   *Stufe 2*

```
5310   FOR K=A1 TO A4
5315   PRINT AT B1−K,C5; "■■"
5320   NEXT K
5325   PRINT AT A9,C4; "gT■■gY"
```

7   *Stufe 3*

```
5360   PRINT AT A6,C5; "gRgE"; AT A5,C5; "g8g5";
       AT A4,C5; "g3g4"
```

8   *Turm weg*

```
5410   PRINT AT A6,C2; "□ □ □" ;AT B1,C2; "□ □g8"
5415   PRINT AT A6,C1; "Ⓒ"; TAB C1; "Ⓞ"; TAB C1; "Ⓤ";
       TAB C1; "Ⓝ"; TAB C1; "Ⓣ"; TAB C1; "⍁"; TAB C1; "Ⓓ";
       TAB C1; "Ⓞ"; TAB C1; "Ⓦ"; TAB C1;"Ⓝ"
```

9   *Countdown*

```
5460   PRINT AT B0,A3; "| COUNTDOWN |"
5465   PRINT AT B7,A7; "■■■■";
       AT B3,A7; "■□□■";
       AT B4,A7; "■■■■"
5470   FOR K=A1 TO A9
5475   LET A=C0                          [Sekundenablauf]
5480   PRINT AT B3,A9; B0−K
5485   GOSUB DELAY
5489   NEXT K
```

5491	IF SC=BØ THEN GOTO 5497	SC: Punktestand (score)
5493	LET C$=" WARTEN – NOCH NICHT BEREIT."	C$: für Anzeige in unterster Zeile
5495	GOSUB BOTPR	BOTPR=75Ø
5497	RETURN	

Ich habe hier eine neue Routine verwendet – BOTPR (bottom line print = Anzeigen in der untersten Zeile), auf die ich recht stolz bin. Sie zeigt C$ auf der *untersten Bildschirmzeile* an, wo die Meldecodes erscheinen. Hier ist sie.

75Ø	LET XØ=PEEK 16396+256*PEEK 16397	XØ: Start Display
755	FOR X=761 TO 76Ø+LEN C$	X: Ort unterste Zeile
76Ø	LET YC=CODE C$(X−76Ø)	YC: zu plottendes Zeichen
765	POKE XØ+X,YC	
77Ø	NEXT X	
775	RETURN	

Dabei geschieht im Wesentlichen Folgendes: Das richtige Zeichen wird durch POKE aus C$ in das richtige Fach der Anzeigedatei geholt (siehe Kapitel 21). Die Routine läuft ziemlich langsam und ist eine hübsche Abwechslung zur gewohnten Anzeigegeschwindigkeit. Versuchen Sie aber *nicht*, das mit SCROLL zu mischen. Ich habe das einmal getan, die sonderbarsten Auswirkungen erlebt *und* ein ganzes langes Programm, das ich schon eine Weile nicht gesichert hatte, unbrauchbar gemacht . . .

Wir gehen jedenfalls an den Start. Leider aber nicht, um meinen Traum zu verwirklichen, wo die Rakete in die Sterne hineinsaust. Dafür ist BASIC einfach zu schwerfällig. Der Start sah dann folgendermaßen aus – dank der Launen von CLS nach SCROLL sogar recht majestätisch.

10   *Start*

55Ø5	PRINT AT B3,A8; "Ø"	
551Ø	FOR K=A4 TO B7	
5515	PRINT AT K,C1; "□"	[Montageturm weg]
552Ø	NEXT K	
5525	PRINT AT BØ,A3;	

"□□□□□□□□□□□";
AT B3,A7; "□□□□"; TAB A7;
"□□□□"; AT B7,A7; "□□□□"

129

```
5530   PRINT AT B6,C5;"**"; TAB C5;"**";
       TAB C0; "□□□□□**□□□□";
       TAB C0; "□□□□□**□□□□";
       AT C0,C5; "**"; TAB C5; "**"
5535   FOR K=A1 TO D0
5537   SCROLL
5539   PRINT AT C1,C5; "**"
5541   NEXT K
5543   CLS
```

(Und hier wäre es lohnend gewesen, ** einer Stringvariablen zuzuteilen.)
Das nach einem Listing alles einzutippen, erfordert große Sorgfalt; überprüfen Sie das also genau. Die Rakete ist hübsch und startet *wirklich*. Wenn Sie
das Ganze testen, nicht vergessen: SLOW benützen und GOTO 5500.

DAS HAUPTPROGRAMM VERFEINERN

Nach der vielen Mühe außerhalb des Abschnitts PROG werden Sie dort jetzt
viele Änderungen erwarten. Aber – und das ist das Feine am Modulverfahren –
davon kann keine Rede sein. Auf das Mittelstück des neuen, massiven Baus
draußen in den Vororten hat das keinen Einfluß.
      Wir sind mit dem Hauptprogramm sogar fast schon fertig. Es geht nur
noch darum, die Punktwertung zu bewältigen. (Sie zu inkrementieren, ist natürlich Aufgabe der Subroutine RICHTIG.)
      Wir müssen die Punktwertung initialisieren:

```
1003   LET SC=A0                              SC: Punktwertung
```

und in der C-Schleife anzeigen:

```
1075   LET C$="PUNKTE□:"+STR$ SC+
       "□FRAGEN□:"+STR$ C
1080   IF C<8 THEN GOSUB BOTPR
1085   GOSUB VERZOEGERUNG
```

Und damit ist PROG fertig! Denken Sie daran, daß BOTPR die Routine dafür ist,
auf der untersten Zeile den Inhalt von C$ anzuzeigen. Beachten Sie im übrigen,
wie C$ hier strukturiert ist, nämlich unter Verwendung von STR$, um eine Zahl
in einen String zu verwandeln, und Kettung, um mehrere Strings zu einem
einzigen zusammenzufügen. (Übrigens ist sogar in einem PRINT-Befehl die
Kettung gefälliger als die Benutzung des Strichpunkts. So sieht PRINT A$+B$
eleganter aus als PRINT A$;B$.)

Am besten befassen wir uns auch gleich mit 1Ø99 REM SCHLUSS .
Danach müßten wir uns eigentlich wohler fühlen, auch wenn noch ein paar
Kleinigkeiten zu bewältigen sind. Ich habe jeden Lauf von COUNTDOWN AUF
FRANZÖSISCH folgendermaßen abgeschlossen:

11ØØ	GOSUB TITEL		
11Ø5	PRINT AT BØ,AØ; "DAS WAREN DIE 1Ø FRAGEN."		
111Ø	GOSUB VERZOEGERUNG		
1115	PRINT,,"DU HATTEST ";SC;" PUNKTE.",,,		
112Ø	GOSUB VERZOEGERUNG		
1125	IF SC=BØ THEN PRINT " LIFT-OFF GEGLUECKT – GUT GEMACHT."		
113Ø	IF SC<BØ THEN PRINT "COUNTDOWN LAEUFT NOCH NICHT."		
1135	IF SC<A5 THEN PRINT "DU MUSST NOCH WEITERLERNEN."		
114Ø	LET A=D4		
1145	GOSUB VERZOEGERUNG		
115Ø	COPY	["Zeugnis"]	
1155	GOSUB TITEL		
116Ø	PRINT AT BØ,AØ; "LASS JETZT EINEN FREUND RAN ."		
1165	GOSUB OEFFNEN	●OEFFNEN=15ØØ	OEFFNEN: [Startroutine]
117Ø	GOTO START	●START=D1	START: [Einleitung]
1175	REM ENDPROG		

Nichts Besonderes also – außer der Erkenntnis, daß ich in Zeile 1115 nicht
gekettet habe, und zwar deshalb nicht, weil ich der Meinung war, das so
erzeugte Rucken wirke ein bißchen spannender.

Hier nun die Routine OEFFNEN, die das Obige aufruft. Sie erraten aus
ihrer Position vielleicht, daß ich sie in Wahrheit bei der Entwicklung schon
früher verfaßt habe als erst jetzt!

```
1499   REM  OEFFNEN

15ØØ   LET C$="KOMMANDO UEBERNEHMEN: N/L ."

15Ø5   GOSUB BOTPR

151Ø   IF INKEY$=""THEN GOTO 151Ø

1515   RETURN
```

Wieder wird in der untersten Zeile angezeigt – jawohl, darauf bin ich *wirklich* stolz. Und die übliche Wartezeit, bis irgendeine Taste, eingeschlossen NEW-LINE/RETURN, gedrückt wird, in Zeile 151Ø.

RICHTIG ODER FALSCH?

Jetzt kommen wir zu den einzigen noch unerledigten Kleinigkeiten, die auch nur annähernd schwierig sein könnten, nämlich, die Moduln in den Unterprogrammen 55Ø und 6ØØ zu entwickeln. Sie behandeln, wenn Sie sich erinnern, richtige und falsche Antworten, also die Kästen 6 und 7 des Flußdiagramms. Damit wir die richtige Reaktion erhalten, müssen wir

a   den Punktestand um 1 erhöhen,
b   eine passende Meldung bekommen, und
c   die Rakete um eine Stufe aufstocken.

Ich beginne so:

```
55Ø   LET SC=SC+1                    (Punktestand erhöhen)
```

Damit wäre *a*) erledigt. Der Haken bei "passenden Meldungen" ist der, daß sie einem auf die Nerven fallen können, wenn sie nicht abwechseln. Ich beschloß, je fünf passende Meldungen für richtige und falsche Antworten einzubauen, und zwar mit wahlfreiem Zugriff. In diesem Fall haben wir das Mini-Modul RICANT, eine Folge von fünf Subroutinen:

```
649   REM  RICANT

65Ø   PRINT,," GUT "

655   RETURN

66Ø   PRINT,," RICHTIG ,"+N$+"."        N$: Name des Opfers

665   RETURN

67Ø   PRINT,," GENAU "

675   RETURN

68Ø   PRINT,," JAWOHL "+N$+"."

685   RETURN

69Ø   PRINT,," GUT GEMACHT "

695   RETURN
```

Geben Sie N$ in diesem Stadium zu Testzwecken direkt ein, damit die spätere Entwicklung der Einleitung nicht behindert wird.
Jetzt können wir weitermachen mit RICHTIG . . .

```
555   GOSUB RICANT+BØ*INT(RND*A5)
56Ø   GOSUB VERZOEGERUNG
565   IF SC<A9 THEN PRINT
      ,,"MOMENT MAL, STAND WIRD
      GEPRUEFT."
57Ø   LET A=C5
575   GOSUB VERZOEGERUNG
58Ø   IF SC<A9 THEN FAST
585   IF SC>AØ THEN GOSUB
      STUFE+SC*D1                    ●STUFE=5ØØØ
59Ø   SLOW
595   RETURN
```

OK? Nichts Besonderes, meine ich. Ach ja, das FAST/SLOW. In den ersten Versionen wurde die Rakete stets in SLOW gebaut, und zwar sichtbar. Die ersten Versuchskaninchen langweilten sich dabei aber rasch. Es wurde FAST eingeführt, außer für COUNTDOWN und START selbst. Die Meldung in 565 diente dazu, den Benutzer auf FAST vorzubereiten.

Bei den falschen Antworten geht es nicht viel anders. Diesmal wird der Punktestand natürlich nicht erhöht, dafür kommen zusätzlich ein paar Kleinigkeiten hinein. Hier das komplette Modul. (Wenn Sie keinen Drucker haben, sperren Sie die LPRINT-Befehle, das heißt, beachten Sie sie einfach nicht! Schädlich sind sie allerdings nicht.)

```
6ØØ   LET U(N+S)=AØ                  [Dadurch kann die
                                      Frage wiederholt
                                      werden]
6Ø5   LPRINT P$, D$                  [druckt das richtige Paar
                                      Ausdrücke]
61Ø   GOSUB FALANT+BØ*INT(RND*A5)    ●FALANT=7ØØ
615   PRINT "DIE ANTWORT",,TAB A2
62Ø   IF T THEN PRINT P$
625   IF NOT T THEN PRINT Q$
63Ø   GOSUB VERZOEGERUNG
632   IF SC<A9 THEN PRINT ,,"MOMENT
      MAL, STAND WIRD GEPRUEFT."
```

```
634   LET A=C5
636   GOSUB VERZOEGERUNG
638   LET A=CODE"C"
640   IF SC<A9 THEN FAST
642   IF SC>A0 THEN GOSUB
      STUFE+SC*D1
644   SLOW
645   RETURN
699   REM FALANT
700   PRINT „" TUT MIR LEID, NEIN ,"+N$+"."
705   RETURN
710   PRINT„" DAS WAR FALSCH ."
715   RETURN
720   PRINT„" NICHT GANZ |"
725   RETURN
730   PRINT„" NEIN, NEIN ,"+N$+"."
735   RETURN
740   PRINT„" HOPPLA, DANEBEN ."
745   RETURN
```

Und das sollte alles ganz leicht zu schaffen sein.

DAS ENDE

Das Ende ist natürlich der Anfang, das einzige, was wir noch nicht eingegeben haben. Ich bin der Meinung, daß das die richtige Methode ist – die Einleitung, vor allem die Befehle, zurückstellen, bis das übrige Programm fehlerlos ist. Eigentlich dürfte bei den restlichen Zeilen nichts Besonderes mehr sein. Ich liefere sie also nur rasch bei Ihnen ab und mache allenfalls die eine oder andere Randbemerkung. Zuerst die REM-Befehle:

```
0 ERIC DEESON (C) 1982
```

Dazu gleich ein Wörtchen! Diese Zeile wollen Sie gar nicht eingeben, Sie könnten es aber auch nicht. Trotzdem will ich hier zeigen, wie das geht.

a   Enter 1 REM RIC DEESON   etc. (Wußten Sie, daß
                              der Spectrum eine
                              ©-Taste hat?!)

b	POKE 16510,0	das ersetzt die 1 durch 0, also Zeile 1 löschen.
c	POKE 16513,170 durch E.	das ersetzt das REM
d	Beachten Sie, daß der ZX81 diese Zeile nicht ausführen kann, auch ein Grund dafür, RUN nicht zu benützen; wenn Sie es trotzdem tun, erhalten Sie sofort einen Meldecode!	

Jedenfalls . . .

```
10  REM  GOTO 50 NICHT RUN
20  REM  ZX81 16K
30  REM  DRUCKER AN          [wenn Sie keinen
                              haben, die LPRINT-
                              Befehle weglassen]
```

Und die Einleitung selbst, zunächst mit einer eigenen kleinen Initialisierung:

```
 60  LET A=C0
100  GOSUB OEFFNEN
105  GOSUB TITEL
110  GOSUB VERZOEGERUNG
115  PRINT AT A5,A2; "KANNST DU DEINE",
     "FRANZOESISCHWOERTER?"
120  GOSUB VERZOEGERUNG
125  PRINT AT A9,A2; "WENN JA, BEREITE
     DICH","VOR AUF DEN",,,
     " LIFT-OFF ."
130  GOSUB ARRAY           [sorgt ebenfalls für
                            einige Sekunden
                            Verzögerung]
349  REM  HAUPTSTART
350  GOSUB TITEL
355  PRINT AT B2,A0; "HIER BODEN-
     KONTROLLE."; AT C1,A0; "BITTE GIB
     DEINEN NAMEN AN, N/L ."
360  INPUT N$
```

```
365   PRINT AT C1,AØ; E$; AT B2; AØ;
      "WILLKOMMEN BEI DER ABSCHUSS-
      RAMPE,",N$; "."
370   GOSUB VERZOEGERUNG
375   PRINT AT C1,AØ; "BITTE DATUM UND
      N/L ."
380   INPUT D$
385   PRINT AT C1,AØ; E$; AT B5,AØ; "HEUTE
      IST DER"+D$+"."
390   GOSUB VERZOEGERUNG
395   LPRINT A$N$D$                          [Überschriften für Aus-
                                             druck – da hüpfen sie!]
```

. . . Den nächsten Abschnitt haben wir schon

```
455   CLS
460   LPRINT"GRUPPE"□"; M                    [Auswahl Ausdruck]
```

Und das wär's, Freund(e). Le programme (das heißt dort wirklich so!) est fini.
Aber inzwischen haben Sie die ersten Seiten natürlich vergessen. Sie dürfen aber sicher sein, daß ich mich bemüht habe, den Kriterien der Bedürfnisse meines Bekannten von der Cocktailparty zu entsprechen:

● Ökonomie
● Leistungsfähigkeit
● leichte Anwendbarkeit
● kein Computerwissen erforderlich
● keine Zweifel darüber, was verlangt wird
● sorgfältig aufgebaut, klar, Display leicht lesbar
● Spaß an der Sache – hoffen wir's jedenfalls –

Das waren allerdings keine Kriterien, die für Unterrichtszwecke unbedingt nötig gewesen wären – ich habe auch noch eingebaut:

● vollständige Test-Einzelheiten und Verbesserungen bei Protokollen
● sorgfältig festgelegtes (und variierendes) Ablauftempo mit Option Verzögerung-Unterbrechung
● möglichst wenig Berechenbarkeit

Na ja, immerhin hat es *mir* geholfen, meine Französischkenntnisse zu verbessern. Et maintenant . . .

WIE MAN SOFTWARE IN DEN HANDEL BRINGT

Wenn man viele Stunden an einem heißen Keyboard geschwitzt hat, um ein zeitloses Meisterwerk nützlicher Programmierung zu schaffen, befaßt man sich natürlich mit der Möglichkeit, das Material einem breiteren Publikum als nur der eigenen Familie oder gefesselten Schülern anzubieten.

Es gibt viele Wege, Software in der Hoffnung auf reichen Lohn in den Handel zu bringen. (Unter anderem kann man eine Anzeige in der Computerpresse einrücken lassen, das Material einer Software-Bibliothek anbieten oder versuchen, einen Verleger dafür zu finden.) Egal, welchen Weg man auch wählt, es kommt noch etwas hinzu, nämlich, die Version für den Handel vorzubereiten. Das umfaßt mehrere Tätigkeiten. Vorher braucht man aber unbedingt ein vollständiges ausgedrucktes Listing. Diese Tätigkeiten sind:

1   REM-Befehle herausnehmen, um Speicher/Lade-Zeit zu sparen und es anderen Leuten zu erschweren, die Sache mühelos zu verstehen.

2   Weitere Methoden finden, um Speicher/Lade-Zeit zu sparen.

3   Das Ganze verfeinern, um jeden, der die Codierung sieht, zu beeindrucken.

4   Noch einmal komplett testen.

5   Neu numerieren (wenn Sie scharf darauf sind) und *erneut* vollständig testen.

Es gibt also zwei wesentliche Unterschiede zwischen der fertigen Version eines Programms und derjenigen, die in den Handel kommt. Der erste und wichtigere ist der, den Bedarf an Speicherplatz möglichst gering zu halten. Vor allem die Entfernung der REM-Befehle, die während der Entwicklung so notwendig sind, und die Verkürzung von Variablennamen kann zu einer Verringerung der Programmlänge und damit der Lade- und Sicherungszeiten um 1Ø bis 15% führen.

Eine weitere bedeutsame Ersparnis ist dann zu erreichen, wenn das Programm Arrays enthält, die während der Ausführung initialisiert werden. Es ist kurzsichtig, solche Arrays sichern und laden zu müssen. So dauert es bei einem Array A(5ØØ) mehr als eine Minute, es zwischen Mikrocomputer und Band zu übertragen, selbst wenn es leer ist. Löschen Sie es also vor dem Sichern durch Verwendung des Direktbefehls DIM A(1). Solange das laufende Programm während der Initialisierung jedes Array neu dimensioniert, stellt diese Abkürzung kein Problem dar.

Der zweite Aspekt, der zu bedenken ist, wenn man ein Programm in den Handel bringen will, ist, wie ich argwöhne, für Leute, die in punkto Spicken eine Neurose haben, der wichtigere. *Man kann auf keine Weise verhindern, daß böse Menschen von einem abschreiben.* Das Abkupfern irgendeines x-beliebigen Programms geht ganz leicht, aber die Methode verrate ich hier nicht. (Leute, die derartige Absichten hegen, sind herzlich eingeladen, mir – na, sagen wir – 5Ø Pfund Sterling für das Geheimnis zu schicken, wenn sie versprechen, sonst keiner Menschenseele ein Wort zu verraten.) Trotzdem unternehmen die meisten Leute, die Software vertreiben, *doch* Versuche, Raubkopien zu verhindern. Sie strengen sich zumindest an, das Listing schwer entschlüsselbar zu gestalten (jedenfalls ist das der Grund, der so oft genannt wird, wenn man eine Kassette voller Spaghetti erwirbt), oder sie verhindern, daß das Programm mit LIST oder LLIST angezeigt wird. Wenn *Sie* sich deshalb Sorgen machen, dann teilen Sie dem Programm eben dadurch Ihre "Fingerabdrücke" mit, daß Sie Blindzeilen oder direkt eingegebene Schlüsselwörter einschalten. Dann können Sie bei vermutetem Diebstahl zumindest prüfen, ob das Programm Ihre Fingerabdrücke aufweist.

DER UMGANG MIT COUNTDOWN AUF FRANZÖSISCH

Es gibt zwei durchdachte Meinungen über Benutzer-Dokumentation (ich sage "durchdacht", weil viele Leute sich zum Thema überhaupt keine Gedanken zu machen scheinen.) Auf der einen Seite gibt es Anbieter, die es für ihre Pflicht halten, ihren Programmen ganze Schwarten von Literatur beizugeben; nur weniger User können ihnen folgen, geschweige denn darin etwas Belangvolles finden. Auf der anderen Seite gibt es Leute, die der Ansicht sind, ihre Programme erklärten sich von selbst und brauchten keine schriftlichen Beigaben. Zur zweiten Gruppe gehöre ich. Ich besitze allein für den ZX81 mehr als 2ØØ Kassetten (und zusammen noch einmal so viele für die anderen Computer, die ich benütze). Das Problem, schriftliches Begleitmaterial so zu archivieren, daß es so leicht zugänglich wäre wie Magnetbänder, erscheint mir fast unüberwindbar. Und Weniges im Leben ist ärgerlicher, als ein gutes Programm benützen zu wollen und die Erläuterungen dazu nicht zu finden.

Ein Programm, das sich selbst vollständig dokumentiert, muß in sich alles enthalten, was selbst der unerfahrenste Benutzer (in Fachkreisen nennt man sie und nennen sie sich selbst "User"), was der also vermutlich brauchen wird. Dem User darf nur unterstellt werden, daß er weiß, wie die Software in den Mikrocomputer zu bringen ist. Ein Programm sollte also automatisch laufen, wenn es geladen ist, und nie zu einem Meldecode führen. Im Idealfall sollte die BREAK-Taste gesperrt werden – in der Praxis decke ich sie so ab, daß es sehr schwer fällt, sie aus Versehen zu betätigen. Außerdem sollte das Programm alle notwendigen Anweisungen enthalten. Das kostet natürlich Speicherplatz, regt aber nachdrücklich dazu an, die Anweisungen in eine einfache Form zu bringen. (Manche Leute machen es so, daß sie die Anweisungen als getrenntes, eigenes Programm auf dem Band sichern oder auf die Rückseite aufsprechen.) Ich finde, daß COUNTDOWN AUF FRANZÖSISCH sich selbst ganz und gar dokumentiert. Na ja, sagen wir, beinahe. Hier also der komplette User-Leitfaden dafür...

COUNTDOWN AUF FRANZÖSISCH (9.8K), aufgenommen auf Kassette bei höherer Lautstärke als normal für den ZX81 16K (Drucker wahlweise). Brauchbar für jeden Schüler nach sechs Monaten Französischunterricht in der Schule, ein Spiel, mit dem man einfachen Wortschatz in Englisch/Französisch und Französisch/Englisch prüfen kann. Der User wird eingeladen, Hauptwörter, Tätigkeitswörter, Eigenschaftswörter oder ein Gemisch daraus auszusuchen. Er bekommt eine Testfolge von zehn Übersetzungen geliefert. Jede richtige Antwort baut eine Rakete weiter auf zum Start; die Rakete hebt ab, sobald alle zehn Fragen richtig beantwortet sind. Angezeigt (oder auch ausgedruckt) werden Einzelheiten über Benutzer und Test, für jede falsch beantwortete Frage das richtige Wörterpaar und der endgültige Punktestand. Das Programm ist selbststartend. Neuer Start nach BREAK mit GOTO 5Ø, *nicht* mit RUN. Werden die Verzögerungen als zu lang empfunden, beschleunigt man mit NEWLINE (im Programm durchgehend mit N/L bezeichnet).

Mancher Lehrer möchte den verwendeten Wortschatz vielleicht verändern. Er ist gespeichert ab Zeile 2ØØØ.

Ende der Dokumentation, soweit sie sich nicht von selbst erklärt.

MASCHINENCODE

Wir haben mit BASIC ein paar ordentlich schwere Probleme anpacken können, ohne daß ich irgendwo ausdrücklich erklärt hätte: "Das ginge alles viel leichter, wenn wir das mit Sprache X machen würden", auch wenn mir das ein paarmal durch den Kopf gegangen sein mag. Warum sich also überhaupt mit Maschinencode abmühen? Wird das nicht viel schwieriger als bei BASIC? Bringt das überhaupt etwas?

Die erste Frage war natürlich rhetorisch gemeint. Die Antwort auf die zweite: Maschinencode ist nicht schwer zu verstehen, vorausgesetzt, Sie haben wirklich verstanden, wie die Maschine Daten verarbeitet und welche Form die Daten annehmen. Die Antwort auf die dritte Frage: "Kommt drauf an." Ich will ein bißchen ausführlicher werden:

Im Inneren Ihres ZX81 befinden sich ein Z80 Mikroprozessor (eigentlich ein Z80A, aber das ist unwichtig), der die eigentliche Arbeit leistet. Leider spricht er nur auf rätselhafte und sehr einfache Befehle an, die geschrieben sind in – erraten – seiner *Maschinensprache*. Jeder BASIC-Befehl, den Sie ausgeführt haben wollen, muß zuerst in diesen Maschinencode übersetzt werden. Das geschieht durch ein Programm (seinerseits in Maschinencode abgefaßt) mit dem Namen *Interpreter* (Übersetzer). Der Interpreter sitzt fest im Nur-Lese-Speicher-(ROM)-Chip Ihres Computers. Der Übersetzungsvorgang nimmt Zeit in Anspruch und findet jedesmal statt, sobald der Befehl ausgeführt wird. Falls wir den Interpreter dadurch umgehen, daß wir direkt in Maschinencode schreiben, erreichen wir eine auffällige Beschleunigung der Abläufe. Ein Programm läuft dann bis zum Zehnfachen schneller! Es gibt noch andere Gründe, warum Beschleunigungen möglich sein können, darauf komme ich aber erst später zu sprechen. Ob die Beschleunigung die Mühe wert ist, hängt natürlich von dem ab, was Sie vorhaben. Bewegliche Grafikanzeigen sind in BASIC manchmal vielleicht unerträglich langsam. Warten Sie aber nur darauf, daß die Antwort auf ein kniffliges Programm angezeigt wird, dann stört es Sie möglicherweise nicht einmal, statt 2 Sekunden deren 20 warten zu müssen.

Es kann sogar ausgesprochen von Nachteil sein, in Maschinencode zu schreiben. Ein solches Programm braucht unter Umständen tatsächlich *mehr* Speicherplatz als seine Entsprechung in BASIC. (Warum das so ist, erfahren wir später).

Damit soll nur gesagt sein, daß Maschinensprache kein Allheilmittel ist, sondern, wie jedes andere Werkzeug auch, an der richtigen Stelle verwendet werden soll. Falls Sie schon einmal versucht haben sollten, eine Tischplatte mit dem Stemmeisen zu polieren, werden Sie wissen, was ich meine.

SCHNELLE KASSEN

Da wir ziemlich viel durchgehen müssen, bevor wir selbst Maschinencode schreiben und verstehen können, was da vorgeht, hier eine Art Gegenstück zu KASSEN. Geben Sie es *genau* so ein, wie es dasteht. Es fängt mit einem ausgefallenen REM-Befehl an, der den Maschinencode enthält.

```
 1   REM E£RND7XRETURN▆C☐RETURN☐4PLOT
     Q▆/PAUSE TAN
1Ø   POKE 16518,126
2Ø   PRINT
3Ø   FOR I=1 TO 1Ø
4Ø   PRINT TAB I+5; "CHECK☐IN"
5Ø   PRINT
6Ø   NEXT I
7Ø   PRINT AT 21,31; "▆"
8Ø   INPUT G$
9Ø   RAND USR 16514
```

Der *einzige* Leerraum im REM-Befehl, der eingegeben werden muß, ist ausdrücklich angezeigt, das Gerät fügt aber selbst noch ein paar ein. Die unterstrichenen Schlüsselwörter RND, TAN erfordern Function-Modus, für RETURN, PLOT, PAUSE müssen Sie eingeben THEN, gefolgt vom Schlüsselwort, und anschließend das THEN mit RUBOUT löschen. Die grafischen Zeichen sind Grafik-T und Grafik-A (nach dem Code die Zeichen 6 und 8).

Tippen Sie RUN. Sie erhalten eine Bildschirmanzeige und werden zu einer Zeicheneingabe aufgefordert. Drücken Sie NEW-LINE. Geht enorm schnell, nicht? Eine solche Geschwindigkeit holen Sie aus BASIC nie heraus. Die ganze Prozedur sieht in diesem Stadium wohl eher nach Zauberei aus, aber Sie dürften jetzt immerhin davon überzeugt sein, daß der Maschinencode *auch* seine Vorteile hat.

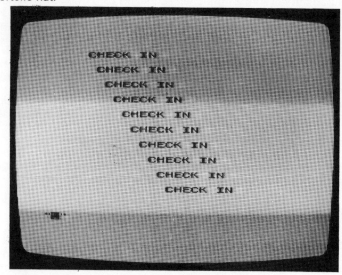

Schnelle Kassen: Vorher . . .

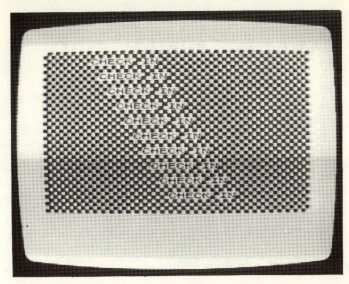

. . . und nachher.

Sie können die Zeilen 3∅–6∅ risikolos verändern, um ein anderes Erstdisplay zu erhalten – aber lassen Sie auf keinen Fall Zeile 7∅ weg. Beispiel: Löschen Sie 3∅–6∅ und fügen Sie hinzu

3∅   LIST

Experimentieren Sie. Was bewirkt die Routine?

Wenn Sie mit diesem Buch fertig sind, werden Sie wissen, daß von Zauberei keine Rede sein kann; Sie werden so etwas vor dem Frühstück sogar selbst schreiben können. Dann müßten Sie zurückblättern und drei Fragen beantworten können:

1   Wie funktioniert SCHNELLE KASSEN?
2   Aus welchem Programm weiter hinten im Buch ist das geklaut?
3   Warum geht es ohne Zeile 7∅ nicht?

11 ZAHLEN
IM MASCHINEN-CODE

Wie gesagt: Zunächst kommt es darauf an, die Datenstruktur zu verstehen. Welche Struktur sollten Zahlen in einem Maschinen-code-Programm demnach haben?

Vorhin habe ich erklärt, wir müßten begreifen, wie Computer Daten tatsächlich darstellen. Fangen wir an.

Bei Zahlen denken wir normalerweise in Zehnerbegriffen. Wenn ich die Zahl 3814 schreibe, wissen wir alle, daß das heißen soll:

$$3 \times 1000 + 8 \times 100 + 1 \times 10 + 4 \times 1$$

Wir können sehen, daß wir, um einen "Stellenwert" nach der Zahl rechts zu erhalten, einfach mit Zehn multiplizieren. Wir sagen, die Zahl beruht auf der *Basis* Zehn.

Da wir das schon tun, seit wir denken können, fällt die Erkenntnis schwer, daß es noch andere, ebenso vernünftige Wege gibt, dasselbe zu leisten. Die ersten Computerbauer jedenfalls kamen nicht darauf; sie bedienten sich bei ihren Geräten der Zehnerdarstellung und stießen auf arge Probleme. Meist rührten sie davon her, daß elektronische Verstärker sich nicht bei allen eingegebenen Signalen gleich verhalten. Beispiel: Ein Verstärker, der das Eingangssignal verdoppelt ausgeben soll, mag das bei Eingaben von 1, 2, 3 und 4 durchaus tun, aber dann "flacht er ab", so daß eine Eingabe von 5 eine Ausgabe von nur 9.6 hervorbringt, 6 zu 10.8 führt und Sie den Unterschied in den Ausgaben für 8 und 9 kaum noch erkennen können.

Legen Sie eine MusiCassette in Ihren billigen Recorder und stellen Sie den Ton ganz laut. Hören Sie die Verzerrung der lauten Stellen? Genau das ist es.

Die Bahnbrecher unter den Computerkonstrukteuren hörten keine Verzerrung; sie kamen nur dahinter, daß die Geräte manchmal nicht zwischen verschiedenen Ziffern zu unterscheiden vermochten, bei einem Computer eine Absurdität. Sie mußten ihre Zahlendarstellung also überdenken, um sich dem anzupassen, was die elektronischen Geister am besten bewältigen konnten.

Das Einfachste, was man mit einem elektrischen Signal anstellen kann, ist, es ein- oder auszuschalten. Damit lassen sich die Ziffern $\emptyset$ (aus) und 1 (ein) auf befriedigende Weise darstellen. Die Verzerrung fällt nicht mehr ins Gewicht. Die Wiedergabe ist klar, ob nun ein Signal vorhanden sein mag oder nicht, ohne Rücksicht darauf, wie verunstaltet es ist. Können wir aber ein Zahlensystem aufstellen, das lediglich $\emptyset$ und 1 verwendet?

Ja, das geht. Bei einer Zahl mit Basis Zehn ist die größtmögliche Ziffer 9. Tun Sie 1 zu 9 hinzu, dann haben Sie 1$\emptyset$; stattgefunden hat ein *Übertrag*. Wir können jede Zahl mit jeder anderen beliebigen Basis schreiben, die größtmögliche Ziffer wird stets um 1 niedriger sein als die Basis. Bei Basis 2 ist die größte Ziffer 1, also enthält eine Zahl mit Basis 2 (oder *binäre* Zahl) nur $\emptyset$ und 1.

Und die Stellenwerte? Bei Basis Zehn sind wir so dazu gekommen, daß wir (rechts) mit 1 angefangen und jedesmal, wenn wir um eine Stelle nach links rückten, mit 1Ø multipliziert haben. Bei einer Binärzahl fangen wir ebenfalls mit 1 an, multiplizieren aber, wenn wir nach links rücken, mit 2.

So kann etwa die Binärzahl 1101 auf folgende Weise in eine Dezimalzahl umgewandelt werden:

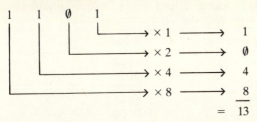

$$
\begin{array}{cccc}
1 & 1 & \emptyset & 1 \\
\end{array}
$$

$\times 1 \longrightarrow 1$

$\times 2 \longrightarrow \emptyset$

$\times 4 \longrightarrow 4$

$\times 8 \longrightarrow \underline{8}$

$= 13$

Umgekehrt genau so; nehmen Sie als Beispiel 25. Wenn wir die binären Stellenwerte niederschreiben:

    32   16   8   4   2   1

und links anfangen, ist klar, daß wir eine 16 brauchen, so daß 9 bleibt, die sich aus 8 und 1 zusammensetzt, also ist 25:

    $\emptyset$ 1   1 $\emptyset$ $\emptyset$ 1

HEXADEZIMALCODE (AUCH SEDEZIMALCODE)

Bei relativ kleinen Werten ist das sehr schön, aber bei großen wird die Sache etwas umständlich. Es gibt eine Reihe von raschen Umwandlungsmethoden; im Computer Shop Band 1 stehen Programmlistings für Umwandlungen Binär/Dezimal und Dezimal/Binär, aber ich möchte mich mit einer Methode befassen, die den *Hexadezimalcode* verwendet, weil uns das später gute Dienste leisten wird.

Eine Hexadezimalzahl – auch Sedezimalzahl genannt – ist eine Zahl mit der Basis 16. Die Stellenwerte werden also durch aufeinanderfolgende Multiplikationen mit 16 erzielt. Die ersten fünf sind:

65536   4Ø96   256   16   1

"Jetzt Moment mal!" schreit nun wohl alles. "Das sind scheußliche Zahlen; außerdem hat die größte Ziffer bei Basis 16 den Wert 15. Das wird doch viel zu kompliziert."

Nur Geduld. Das Problem von Ziffern, die größer sind als 9, lösen wir dadurch, daß wir den Werten 1Ø–15 die Buchstaben A–F zuteilen. Die Zahl 2AD in Hexadezimal wird demnach so in Dezimal verwandelt:

$$
\begin{array}{ccc}
2 & A & D \\
\end{array}
$$

$\times 1 \longrightarrow 13 \qquad (D \equiv 13)$

$\times 16 \longrightarrow 16\emptyset \qquad (A \equiv 1\emptyset)$

$\times 256 \longrightarrow \underline{512}$

$= 685$

Nun zur angenehmen Seite von Hex, wie die gebräuchliche Abkürzung lautet. Da 16 einer der binären Stellenwerte ist (nämlich der fünfte), ergibt sich, daß jede Hexziffer einer Zahl ersetzt werden kann durch die vier Binärziffern, die sie darstellen. (Übrigens dauert es fast gleich lange, "Binärziffer" und "Hexadezimal" auszusprechen; aus diesem Grund kürzt man normalerweise zu "Hex" . . .) Die folgende Tabelle zeigt die Umwandlungen:

Dezimal	Hexadezimal	Binär
Ø	Ø	ØØØØ
1	1	ØØØ1
2	2	ØØ1Ø
3	3	ØØ11
4	4	Ø1ØØ
5	5	Ø1Ø1
6	6	Ø11Ø
7	7	Ø111
8	8	1ØØØ
9	9	1ØØ1
1Ø	A	1Ø1Ø
11	B	1Ø11
12	C	11ØØ
13	D	11Ø1
14	E	111Ø
15	F	1111

Eine ausführliche Tabelle ist in Anhang 1 enthalten.

Nehmen wir nun an, wir wollten 9Ø41 in eine Hexzahl verwandeln. Zuerst entnehmen wir zweimal 4Ø96, dann ein paarmal 256, und so weiter auf folgende Art und Weise:

$$
\begin{array}{r}
9Ø41 \\
2 \times 4Ø96 = 8192 - \\
\hline
849
\end{array}
$$

$$
\begin{array}{r}
3 \times \quad 256 = \quad 768 - \\
\hline
81
\end{array}
$$

$$
\begin{array}{r}
5 \times \quad 16 = \quad 8Ø - \\
\hline
1
\end{array}
$$

$$
\begin{array}{r}
1 \times \quad 1 = \quad 1 - \\
\hline
Ø
\end{array}
$$

Der Hexadezimal-Wert ist 2351.

Nun schreiben wir nur die Zifferncodes aus dem Array ab:

2	3	5	1
ØØ1Ø	ØØ11	Ø1Ø1	ØØØ1

was die binäre Entsprechung von 9041 ist; Sie brauchen die vier Blöcke nur noch zusammenzufügen und haben dann 00100011–01010001.

Die Umwandlung Hexadezimal/Binär ist so leicht, daß wir die Zahlen häufig sehr oft selbst dann in Hex belassen, wenn wir sie schließlich binär brauchen. Fehler beim Abschreiben langer Folgen von 0 und 1 unterlaufen ja sehr leicht.

UMWANDLUNG DURCH DEN COMPUTER

Hier ein Programm zur Umwandlung von Dezimal in Hexadezimal. Es teilt die Zahl der Reihe nach immer wieder durch 16 und sieht sich den Rest jedesmal an, zieht Ziffern also in entgegengesetzter Folge zur oben gezeigten heraus.

```
1     DIM HEX$(4)
20    LET P=4
30    LET HEX$="0000"
40    PRINT "EINGABE DEZIMALZAHL (MAX:65535)"
50    INPUT ZN
60    LET N=INT(ZN/16)
70    LET HEX$(P)=CHR$(ZN-16*N+28)
80    LET ZN=N
90    LET PE=P-1
100   IF ZN > 0 THEN GOTO 60
110   PRINT "HEXWERT IST"; HEX$
```

Das Ergebnis wird stets als vierstellige Zahl dargestellt, und zwar mit vorne aufgefüllten Nullen, wenn weniger geltende Ziffern vorhanden sind als 4. Das Programm funktioniert dann nicht, wenn das Ergebnis mehr als 4 Stellen enthält, aber das ist, wie wir noch sehen werden, für unsere Zwecke gerade ideal.

Hier der Code für die umgekehrte Umwandlung (Hexadezimal/-Dezimal):

```
140   PRINT "EINGABE 4 STELLEN SEDEZIMALZAHL"
150   INPUT HEX$
160   LET ZN=0
170   FOR P=1 TO 4
180   LET ZN=ZN*16+(CODE(HEX$(P))-28)
190   NEXT P
200   PRINT "DEZIMALWERT IST:"; ZN
```

Diese Routinen könnten wir mit einem kleinen Menü zusammenfügen:

```
 2  PRINT "DEZ/HEX UMWANDLER"
 3  PRINT "1)DEZ->HEX"
 4  PRINT "2)HEX->DEZ"
 5  PRINT "3)ENDE"
 6  PRINT "EINGABE 1,2 ODER 3"
 7  INPUT SEL
 8  IF SEL=1 THEN GOSUB 2∅
 9  IF SEL=2 THEN GOSUB 14∅
1∅  IF SEL=3 THEN STOP
```

und in den Zeilen 12∅ und 21∅ brauchen wir natürlich jeweils RETURN.

12 POSITIV UND NEGATIV

Für den Umgang mit negativen Zahlen bedient der Computer sich eines raffinierten Tricks.

Nachdem wir vom Umgang mit Binärzahlen etwas gesehen haben, wollen wir uns wieder damit befassen, wie sie im Computerinneren behandelt werden. In der Regel wird eine Zahl mit einer festen Anzahl von Bits dargestellt, oft 16 oder 24 oder 32, je nach Bauart des Geräts. Diese Bitzahl nennt man die *Wortgröße* des Computers.

Sehen wir uns an, welche Zahlen in ein Wort von 4 Bits aufgenommen werden können:

4-Bit-Schema	Dezimalwert
0000	0
0001	1
0010	2
0011	3
0100	4
0101	5
0110	6
0111	7
1000	8
1001	9
1010	10
1011	11
1100	12
1101	13
1110	14
1111	15

Man erkennt leicht, warum in der Praxis umfangreichere Wortgrößen bevorzugt werden; ein Gerät, das nur die Zahlen 1 bis 15 darstellen kann, dürfte kaum befriedigen. Es gibt aber noch andere Probleme. Diese Schreibweise kann weder Bruchwerte (etwa 7.14) noch negative Zahlen wiedergeben.

Das Problem mit den Brüchen lassen wir außer acht, weil die meisten Maschinencode-Routinen nur ganze Zahlen verwenden, aber die Art, wie mit negativen Zahlen umgegangen wird, ist wichtiger.

Das geht ganz einfach: Wenn Sie die Binärdarstellung einer positiven Zahl in eine negative verwandeln wollen, tun Sie zwei Dinge.

1   Sie wandeln alle 0 in 1 und alle 1 in 0 um (man nennt das drolligerweise "die Bits kippen").

2   und Sie fügen dem Resultat eine 1 an.

Ein Beispiel: Sie wollen –3 haben.

In einem 4 Bit-Wort ist $3 = 0011$
Wenn Sie die Bits kippen, erhalten Sie: 1100
Nun 1 hinzu: +1
         1101

1101 steht also für –3. Man spricht hier von *Zweierkomplement* von 0011.
    Ich will nicht im Einzelnen erklären, warum das geht, aber Sie können sich selbst davon überzeugen, daß es in jedem Fall folgender Art zutrifft:
    Wenn wir 3 zu –3 (oder 5 zu –5 oder jede beliebige Zahl zu ihrem Minuswert) addieren, müßten wir Null erhalten. Also:

   0011   (=3)
+ 1101   (=–3)
 10000

   111   (Nicht vergessen, daß in Binär $1+1=0$ Übertrag 1 ist!)

Wir erhalten demnach durchaus *nicht* 0000, aber die niederwertigen 4 Bits *sind* Null, und wenn wir ein 4-Bit-Wort einarbeiten, fällt das höherwertige Bit am Ende einfach weg. (Wenn Sie einen passenden Vergleich suchen, denken Sie an einen Auto-Kilometerzähler mit 3 Ziffern. Erreicht er 999, und Sie fahren noch einen Kilometer mehr, dann zeigt er 000 an; eine "1" ist am linken Ende "heruntergefallen").
    Anders ausgedrückt: Wir müssen uns das so vorstellen:

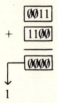

Das geht immer, vorausgesetzt, die Zahl der Bits bleibt gleich. Vergessen Sie nicht, vorne mit Nullen aufzufüllen, um die Normallänge der Bitzahl zu erreichen, *bevor* Sie das Zweierkomplement berechnen.
    Schreiben wir die 4-Bit-Werttabelle jetzt unter Einschluß der Negativzahlen um:

Dezimal	Binär	Zweierkomplement	Dezimal
Ø	ØØØØ	ØØØØ	Ø
1	ØØØ1	1111	−1
2	ØØ1Ø	111Ø	−2
3	ØØ11	11Ø1	−3
4	Ø1ØØ	11ØØ	−4
5	Ø1Ø1	1Ø11	−5
6	Ø11Ø	1Ø1Ø	−6
7	Ø111	1ØØ1	−7
8	1ØØØ	1ØØØ	−8
9	1ØØ1	Ø111	−9
1Ø	1Ø1Ø	Ø11Ø	−1Ø
11	1Ø11	Ø1Ø1	−11
12	11ØØ	Ø1ØØ	−12
13	11Ø1	ØØ11	−13
14	111Ø	ØØ1Ø	−14
15	1111	ØØØ1	−15

Wir erkennen sofort ein Problem: Jedes Bit-Schema kommt zweimal vor, so daß beispielsweise 1ØØ1 die Bedeutung 9 oder −7 haben kann. Wir müssen den Wertebereich weiter einschränken. Ich habe um den Bereich, den wir tatsächlich darstellen wollen, eine gestrichelte Linie gezogen. Wenn Sie in beiden Bereichen das ältere (ganz links stehende) Bit betrachten, wird Ihnen auffallen, daß es "Ø" sein muß, wenn die Zahl positiv, und "1", wenn sie negativ ist. Offenkundig eine sehr nützliche Unterscheidung.

Der Bereich, den wir in einem 4-Bit-Wort unterbringen können, reicht deshalb von −8 bis +7. Bei 5 Bits ging er von −16 bis +15, bei 6 Bits von −32 bis +31, und so weiter.

Ein 16 Bit-Wort (von Bedeutung, was den Z80 betrifft) umfaßt den Bereich −32768 bis +32767. In Anhang 1 findet sich ein Array der Zweierkomplemente für 8 Bit-Wörter.

13 MASCHINENARCHITEKTUR

Es ist leichter, mit einem vereinfachten Phantasiecomputer anzufangen. Der ZX80 hat Ähnlichkeit mit ihm, ist aber komplizierter: erfahren Sie das Wesentliche hier!

Genug von Zahlen. Jetzt wollen wir uns ansehen, wie der Computer sie knackt. Dazu müssen wir mehr wissen über den inneren Ablauf des Prozesses – also über die *Architektur*.

Der ZX80-Prozessor ist ja nun das Ergebnis von rund fünfundzwanzig Jahren Computerentwicklung und ein ziemlich raffiniertes Ding, für den Anfänger eigentlich nicht das Ideale. Ich möchte deshalb einen einfachen Prozessor beschreiben, der in den späten vierziger Jahren gebaut worden sein könnte (aber nicht wurde), um die wichtigen Begriffe darzustellen, die für eigentlich alle heutigen Geräte bedeutsam sind, ohne mich mit den Dingen abgeben zu müssen, auf die wir später (ab Kapitel 16) eingehen wollen.

Unterstellen wir, daß unser imaginärer Computer einen Speicher von 16 Bit-Wörtern und eine Anzahl von 16 Bit-Spezialregistern wie unten dargestellt besitzt:

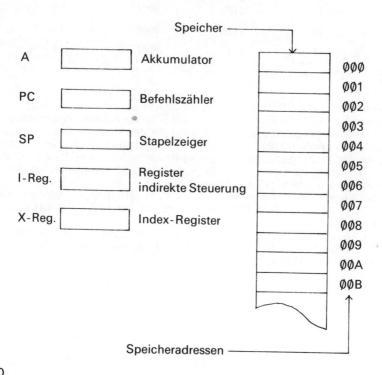

Sehen wir uns zuerst den Speicher an. In BASIC hätten wir jeden dieser Speicherplätze nach Gusto benennen können, aber so entgegenkommend ist die Maschine als solche nicht. Sie besteht darauf, jeden Platz ganz stur zu numerieren, wobei sie, wie schon gezeigt, bei Null anfängt. Diese Zahlen werden *Speicheradressen* genannt, und ich habe sie nach dem Hexadezimalsystem numeriert, obwohl man stets im Gedächtnis behalten sollte, daß die Codierung letzten Endes binär erfolgen wird.

Was kann in einem Speicherwort untergebracht werden? Nun, jede denkbare Kombination von 16 Bits. Das liegt nahe, aber der Punkt, worauf ich hinaus will, ist der, daß diese 16 Bits all das bedeuten können, was wir ihnen an Bedeutung zulegen wollen. Wenn sie die codierte ganze Zahl eines Zweierkomplements bedeuten sollen, enthält ein Wort eine Zahl im Bereich von -32768 bis 32767. Sollen sie eine positive ganze Zahl ohne Vorzeichenbit bedeuten, dann liegt die Zahl im Bereich $\emptyset$ bis 65535. Wie können wir das Wort in zwei 8 Bit-Felder zerlegen, von denen jedes für ein alphabetisches, Interpunktionsoder Grafik-Symbol steht. Wie Tweedledee (oder war es Tweedledum? Siehe Seite 196) aus "Alice im Wunderland" gesagt hat: "Wenn *ich* ein Wort gebrauche, dann bedeutet es genau das, was ich will, daß es bedeuten soll – nicht mehr und nicht weniger." Manchmal habe ich das Gefühl, daß Lewis Carroll seiner Zeit voraus war.

Nun zu den Spezialregistern. Für den Anfang nur das A-Register. Das wird jedesmal dann verwendet, wenn Sie Arithmetik betreiben. Das Resultat jeder Rechenarbeit, die Sie vom Computer verlangen, wird in das A-Register gestellt. (Man sagt übrigens oft *Akkumulator* dazu). Die meisten arithmetischen Operationen arbeiten mit zwei Werten; es hat keinen Sinn, vom Computer zu verlangen, er solle $3+$ berechnen, man muß ihm schon sagen, wozu 3 addiert werden soll. Einer dieser Werte muß im A-Register sein, bevor die Additionsoperation ausgeführt wird. Sie können also einen Befehl schreiben wie

ADD(1A3)

Die Maschine faßt den Sinn so auf:

1   Addiere den Inhalt von Speicherplatz 1A3 zum Inhalt des A-Registers. (Die Klammern um 1A3 zeigen an, daß der *Inhalt* von 1A3 und nicht die *Zahl* $\emptyset$1A3 addiert werden soll.
2   Stell das Resultat in das A-Register zurück.

Wir haben eben unseren ersten Befehl auf Maschinenstufe geschrieben. Das ist zwar noch nicht direkt Maschinencode, kommt der Sache aber schon näher. Sehen Sie sich das ganz allgemein an. Es besteht aus einem Operationscode ADD und einer Adresse (1A3). So werden viele Befehle aussehen. Übrigens ist das Leben zu kurz, als daß man dauernd "Operationscode" sagen könnte; man sagt allgemein nur *Opcode*. Gemeint ist damit der Betriebs- und Arbeitscode.

EIN ADDITIONSPROGRAMM

Denken wir über eine Folge von Maschinenbefehlen nach, die dem BASIC-Befehl

LET R = B + C

entsprechen würden.

Als erstes müßten wir R, B und C konkrete Adressen zuteilen. Nehmen wir an, das wären der Reihe nach 1Ø3, 1Ø4 und 1Ø5. Wir müssen den Inhalt von 1Ø4 ins A-Register übertragen. Erfinden wir dafür einen LD (für Lade-Akkumulator)-Befehl:

LD(1Ø4)

und addieren wir den Inhalt von 1Ø5 hinzu

ADD(1Ø5)

Nun brauchen wir noch eine Methode, den Inhalt des A-Registers nach 1Ø3 zurückzuspeichern. Wir erfinden also einen "Speicher"-Befehl:

ST(1Ø3)

Jetzt haben wir ein einfaches Programm auf Maschinenebene, das aus drei Befehlen besteht:

LD(1Ø4)	(lade B in A-Register)
ADD(1Ø5)	(addiere C)
ST(1Ø3)	(stell das Resultat nach R)

Wie veranlassen wir die Maschine, ein solches Programm zu fahren?

Wir gehen allgemein davon aus, daß ein Programm im Computer gespeichert wird, *bevor* es zur Ausführung kommt. Wenn Sie den BASIC-Befehl

1Ø   PRINT "HALLO WELT"

schreiben wollten, wären Sie ja wohl ein bißchen betroffen, falls sofort nach Drücken von NEWLINE die Meldung «HALLO WELT» erschiene. Sie würden unterstellen, daß das aufbewahrt wird, bis Sie es brauchen. Aus dem gleichen Grund muß auch ein Programm auf Maschinenebene zuerst gespeichert werden. Wo wäre die Speicherung eines Befehls natürlicher als in einem Speicherwort? (Ein Wort hat die Bedeutung, die Sie ihm beilegen – wissen Sie das?) Das setzt freilich voraus, daß die Opcodes LD, ADD und so weiter als Bitfolgen codiert werden müssen, aber dazu brauchen wir nicht mehr zu leisten, als auf eine völlig willkürliche Weise ein Array von Bitfolgen zu erfinden, das etwa so aussieht:

Mnemotechnischer Opcode	Binärcode
ADD	ØØØØ
LD	ØØØ1
ST	ØØ1Ø

Jedesmal, wenn uns ein neuer Opcode einfällt, der gebraucht wird, fügen wir ihn dem Array an.

Ich ging oben davon aus, daß alle Opcodes einen Binärcode aus 4 Bits haben. Das läßt 16 verschiedene Anordnungen und damit 16 unterschiedliche Befehle zu. Nach modernen Maßstäben ist das ein kleiner Befehlsvorrat, aber für unseren gedachten Computer reicht er aus. Wir haben im Wort insgesamt 16 Bits, also bleiben 12 für den Adreßteil des Befehls.

Danach sieht LD(1Ø4) im Inneren des Computers folgendermaßen aus:

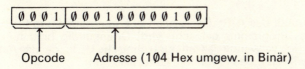

Opcode   Adresse (1Ø4 Hex umgew. in Binär)

Wenn Sie eine Bitfolge gesehen haben, kennen Sie alle, deshalb wollen wir von jetzt an die Hexadezimal-Versionen von Befehlen schreiben. Das ist um eine Spur weniger mühsam.

DER BEFEHLSZÄHLER

Wir wollen unser Programm aus 3 Befehlen vom Platz ØFF aus speichern:

	ØFE
11Ø4	ØFF
Ø1Ø5	1ØØ
21Ø3	1Ø1
	1Ø2
	1Ø3
	1Ø4
	1Ø5
	1Ø6

Nun brauchen wir eine Methode, um dem Computer zu sagen: "Fang damit an, daß du den Befehl in ØFF ausführst, dann befolge den in 1ØØ und schließlich den in 1Ø1." Dazu ist das PC-Register oder der *Befehlszähler* da. Er dient dem Computer als eine Art Lesezeichen. Wir fahren das Programm, indem wir den PC auf die Adresse des ersten Befehls initialisieren. Während der Computer diesem Befehl gehorcht, wird der PC automatisch um 1 erhöht, so daß er bei Rückkehr des Programms zur Prüfung von PC geht, den nächsten Befehl ausführt, und immer so weiter.

Die Sache hat aber einen Haken. Während der Ausführung des letzten Befehls (in 1Ø1) wird der PC wie üblich um 1 aufgestockt. Sieht der Computer dort wieder nach, so findet er 1Ø2 und läuft los, um den dortigen Befehl auszuführen. Was für einen Befehl? In 1Ø2 haben wir keinen hineingesetzt. Ah!

153

Aber in 1Ø2 muß eine Bitfolge sein, die noch vom vorherigen Programm stammt oder eben beim Einschalten des Geräts erzeugt worden ist. Der Computer wird diese Folge wie einen Befehl behandeln, weil wir das von ihm verlangt haben. Dann läuft er durch die Plätze 1Ø3, 1Ø4 und 1Ø5, wo wir Daten speichern! Ist die Zahl in 1Ø4 beispielsweise 2ØFF, wird der Computer das als

ST(ØFF)

auslegen und den Inhalt des A-Registers nach ØFF übertragen, wodurch der erste Befehl unseres Programms gelöscht wird! Offenkundig brauchen wir einen "Halt"Befehl (ich verwende das mnemotechnische HLT), der das Aktualisieren des PC unterbindet. Das Programm lautet also nun:

LD(1Ø4)

ADD(1Ø5)

ST(1Ø3)

HLT

Das ist ein ganz wichtiger Punkt. Eben deshalb, weil wir Wörter verwenden, die bei verschiedenen Gelegenheiten verschiedene Bedeutung haben, müssen wir sehr sorgfältig darauf achten, welche Folgerungen der Computer aus dem ziehen wird, was wir ihm sagen. Wenn wir ihn auffordern, den Inhalt eines Platzes zum A-Register zu addieren, wird er davon ausgehen, daß dieser Platz eine Zahl enthält. In gleicher Weise kann jede Bitfolge einen Befehl darstellen. Wenn der PC auf einen Platz zeigt, wird dessen Inhalt als Befehl ausgeführt.

Die Regel: *Daten und Programme klar getrennt halten.* Wenn Sie das nicht tun, müssen Sie damit rechnen, in regelmäßigen Abständen vor unlösbare Rätsel gestellt zu werden. Wie schon angedeutet, kann ein ganzes Programm während des Laufs spurlos verschwinden!

14 SPRÜNGE UND SUBROUTINEN

Weitere Befehle: Funktionen von Befehlszähler und Stapel.

Bis jetzt sieht unsere Befehlsliste noch etwas mager aus. Wir haben LD und ST, die im Speicher Verschiebungen bewirken, ADD, also recht einfache Arithmetik, und können das Ganze mit HLT zum Stehen bringen.

Wir pulvern die Rechenfähigkeit durch Hinzufügen von SUB ein wenig auf, das den Inhalt eines Platzes vom A-Register abzieht, aber das ist alles, was wir erhalten. Kein Multiplizieren, kein Dividieren, schon gar keine Quadratwurzeln.

Was wir in Wahrheit brauchen, ist eine Reihe von Verzweigungsbefehlen, die dem IF . . . THEN von BASIC entsprechen . . .

SPRÜNGE

Zu einem Befehl außerhalb der üblichen Folge zu springen, ist ziemlich leicht – uns geht es darum, den Inhalt von PC zu verändern. Dazu nehmen wir einen Befehl wie:

JP 416   (spring zu 416)

Bei jeder Ausführung setzt der Befehl 416 in den PC. Dem Computer wird "vorgemacht", der nächste Befehl befinde sich in 416. Er geht dann weiter zu 417, 418 etc., bis er auf den nächsten Sprungbefehl stößt. Selbstverständlich kann nach dem JP-Opcode jede Adresse stehen.

Dieser Befehl hat mehr Ähnlichkeit mit GOTO als mit einem IF . . . THEN . . . Was wir brauchen, ist ein Befehl, der den PC nur dann neu setzt, wenn irgendeine Bedingung erfüllt wird. Der einfachste Test, den wir anstellen können, ist die Prüfung, ob das A-Register Null enthält.

JPZ 2A7   (spring zu 2A7 nur, wenn das A-Register $\emptyset$ enthält)

Ein anderer wäre:

JPN 14E   (spring zu 14 E nur, wenn der Inhalt des A-Registers negativ ist)

Das ist das Mindeste, was wir uns leisten können, weil wir jetzt dadurch auf eine positive (nicht Null betragende) Zahl prüfen können, daß wir klären, wann das Programm weder auf JPZ- noch auf JPN-Befehle springt.

SUBROUTINEN UND STAPEL

Weil wir schon bei dem Thema sind, wie innerhalb des Programms die Steuerung von einem Platz zum anderen übertragen wird: Wie wäre es mit einer Entsprechung zu GOSUB und RETURN von BASIC?
Wir verwenden einen Befehl:

CALL 2Ø5   (rufe die Subroutine auf, die mit 2Ø5

beginnt)

Was leistet er? Nun, offenkundig setzt er 2Ø5 in den PC, aber dafür könnten wir auch JP verwenden. CALL erfüllt eine zweite Funktion: Es speichert die Adresse des Befehls nach dem CALL; wenn es auf ein "return" stößt (Opcode: RET), kann es die gespeicherte Adresse zurück in den PC laden und das Hauptprogramm dort fortsetzen, wo es aufgehört hat. Da tritt das SP-Register in sein Recht. Wir verwenden einen Teil des Speichers als Stapel (erinnern Sie sich noch an Stapel?), und SP zeigt auf die Oberseite des Stapels. Bei der Ausführung eines CALL-Befehls wird die Return-Adresse (die Adresse des CALL+1) auf den Stapel gesetzt. Tritt das RET auf, wird der Stapel abgenommen und in den PC gestellt. Hier ein Beispiel:

Das CALL wird gleich ausgeführt werden:

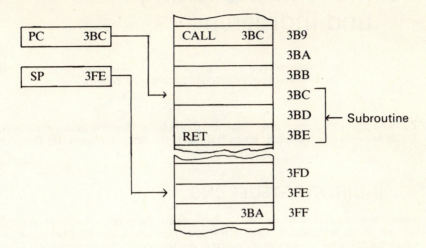

Ausgeführt; Die Returnadresse ist auf dem Stapel. Das Programm geht die Subroutine durch bis zum RET, worauf:

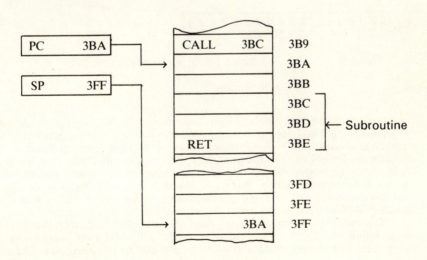

Die Steuerung wird wieder dem Hauptprogramm übertragen.

15 Indirekte Steuerung und Indizieren

Der Privatdetektiv verfolgt eine Spur. Wie man den Inhalt einer Adresse dazu benützt, auf eine andere zu zeigen.

Zu behandeln sind noch zwei Register. Beide haben vergleichbare Funktionen, beide können den Adreßteil eines Befehls verändern, während das Programm läuft.

INDIREKTE STEUERUNG

Sehen wir uns zuerst an, wie das I-Register so etwas bewerkstelligt. Wir erfinden einen neuen Opcode "LDI" oder "laden indirekt". Wie HLT besitzt er keine eigene Adresse. Für den Computer ist er genau wie ein LD, nur wird das höhere Bit des Adreßfeldes auf "1" gesetzt. Dieses Bit wird *"indirekte Flagge"* (oder "indirektes Kennzeichen") genannt und zeigt dem Computer lediglich an, daß indirekte Steuerung in Kraft ist. Die Binärform des LDI-Befehls sieht danach so aus:

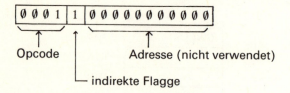

Der Hexcode ist 18ØØ. Wenn der Computer diesem Befehl begegnet, nimmt er die jeweilige Zahl im I-Register als die effektive Adresse. Enthält das I-Register also 1E4 und wird ein LDI-Befehl ausgeführt, so ist die Wirkung genau dieselbe, als hätte der Befehl LD 1E4 gelautet. Mit anderen Worten: Das I-Register wirkt als Speicherzeiger, und wir können ihn nach Herzenslust umherschieben, wenn wir damit Arithmetik treiben. Das heißt, Werte in das A-Register zu versetzen, weil das der einzige Ort ist, wo wir rechnen können. Wir erfinden also einen Opcode XAI für "vertausche Inhalt A-Register mit Inhalt I-Register".
  Die indirekte Flagge kann natürlich für jeden Befehl gesetzt werden, der einen Adreßteil besitzt. Wir können also STI, JPI, ADDI etc. verwenden; in jedem dieser Fälle werden dann die letzten drei Stellen des Hexcodes 8ØØ sein.

EIN BEISPIEL

Sehen wir uns ein Beispiel an, das diese Überlegungen nutzt. Angenommen, wir wollen ein 1D-Feld der Länge 2Ø initialisieren, das die Zahlen 2, 4, 6, 8 . . .

4∅ enthalten soll. Anders ausgedrückt: Wir wollen eine Maschinencode-Entsprechung für den BASIC-Programmbaustein:

```
FOR C=1 TO 2∅
LET A(C)=C*2
NEXT C
```

Damit das funktioniert, bedarf es einer Reihe von Werten, die irgendwo im Speicher sein müssen. Das sind: 1 (weil die Schleifenzählung in Einerschritten erfolgt), 2 (weil das die Erhöhung für den Arrayinhalt ist) und 2∅ (die man braucht, um das Schleifenende zu testen). Im Augenblick möchte ich mich nicht damit befassen, wo diese Zahlen genau gespeichert werden sollen, deshalb lasse ich zu, daß vorübergehend Adressen mit Namen bezeichnet werden (genau wie BASIC-Namen). Wir werden diese Zahlen natürlich umwandeln müssen, wenn wir schließlich zum Maschinencode kommen. Das ist eine Anwendung des ersten Jonesschen Computergesetzes: "Drum verschiebe nie auf morgen, was du übermorgen kannst besorgen." Wir wollen also davon ausgehen, daß die Zahlen, die wir brauchen, an den Plätzen mit den Namen N1, N2 und N2∅ verfügbar sind. Ebenso wollen wir einen Platz BASE mit der Adresse des ersten Arrayelements und einen namens COUNT einführen, der als Schleifenzähler dient.

Als erstes stellen wir das I-Register darauf ein, daß es auf die Unterseite des Arrays zeigt:

```
LD BASE
XAI
```

Dann setzen wir COUNT auf 1:

```
LD N1
ST COUNT
```

Das verdoppeln wir (indem wir es in das A-Register zurückaddieren) und speichern es an den Platz, auf den das I-Register zeigt. (Wir sagen abgekürzt, daß wir *"durch"* das I-Register speichern").

```
ADD COUNT
STI
```

Wir "entdoppeln" den Wert im A-Register wieder, ziehen 2∅ ab und stellen fest, ob das Resultat Null ist. Wenn das der Fall ist, schließen wir ab mit:

```
SUB COUNT
SUB N2∅
JPZ OUT
```

OUT ist eine weitere, noch unbestimmte, Adresse. Wir wissen noch nicht, wo sie ist, weil wir nicht wissen, wo das Programm aufhört, also ist es erneut von Nutzen, ihr vorübergehend einen Namen beizulegen.

Tritt die Verzweigung nicht ein, erhöhen wir COUNT um 1:

LD COUNT

ADD N1

ST COUNT

und erhöhen das I-Register um 1:

XAI

ADD N1

XAI

Das laufende COUNT ist jetzt wieder im A-Register, so daß wir mit einer Schleife zur Verdoppelungsoperation zurückkehren können.

JP LOOP

vorausgesetzt, wir geben dem Befehl "ADD COUNT" die symbolische Adresse "LOOP". Tun wir das dadurch, daß wir dem Befehl seine symbolische Adresse voransetzen und einen Doppelpunkt anfügen:

LOOP: ADD COUNT

Dasselbe können wir tun, um die ursprünglichen Werte zu setzen, die wir brauchen, indem wir einen neuen Opcode HEX definieren, der einem verlangten Wert einfach ein Wort anhängt. In Wahrheit ist das gar kein Opcode, weil er nicht einem Maschinenbefehl entspricht. Wir reden deshalb von einer Pseudo-Operation. Das ganze Programm sieht so aus (die Zahlen ganz links und ganz rechts brauchen Sie vorerst noch nicht zu beachten):

Ø2Ø		LD	BASE	1 Ø33
Ø21		XAI		A ØØØ
Ø22		LD	N1	1 Ø3Ø
Ø23		ST	COUNT	2 Ø32
Ø24	LOOP:	ADD	COUNT	Ø Ø32
Ø25		STI		2 8ØØ
Ø26		SUB	COUNT	4 Ø32
Ø27		SUB	N2Ø	4 Ø31
Ø28		JPZ	OUT	6 Ø47
Ø29		LD	COUNT	1 Ø32

Ø2A	ADD	N1	Ø Ø3Ø
Ø2B	ST	COUNT	2 Ø32
Ø2C	XAI		A ØØØ
Ø2D	ADD	N1	Ø Ø3Ø
Ø2E	XAI		A ØØØ
Ø2F	JP	LOOP	5 Ø24
Ø3Ø N1:	HEX	ØØØ1	Ø ØØ1
Ø31 N2Ø:	HEX	ØØ14	Ø Ø14
Ø32 COUNT:	HEX	ØØØØ	Ø ØØØ
Ø33 BASE:	HEX	ØØØØ	Ø ØØØ

Die einzige symbolische Adresse, die in der linken Spalte nicht auftaucht und deshalb weiterhin unbestimmt bleibt, ist OUT. Darüber zerbrechen wir uns später den Kopf.

Die Programmform, die wir jetzt haben, ist abgefaßt im sogenannten *Assemblercode*. Bei verfeinerten Computern gibt es ein *Assemblerprogramm*, dessen Funktion darin besteht, das Ganze für uns in echten Maschinencode zu verwandeln.

ASSEMBLER VON HAND

Leider besitzt weder unser imaginärer Computer noch der ZX81 ein solches Programm. Wir müssen das also selbst machen. Wir brauchen ein Array der Opcodes und ihre entsprechenden Hexwerte:

Opcode	Hexadezimal
ADD	Ø
LD	1
ST	2
HLT	3
SUB	4
JP	5
JPZ	6
JPN	7
CALL	8
RET	9
XAI	A

Außerdem müssen wir wissen, wo das Programm anfängt. Das ist eine mehr oder weniger willkürliche Entscheidung, also wollen wir das bei Ø2Ø unterstellen. Da jeder Befehl 1 Wort besetzt, können wir die Adresse jedes Befehls niederschreiben. Wie Sie sehen, habe ich das auf der linken Seite des Programms getan. Jetzt können wir die Opcodes und Adressen durch ihre Hex-Entsprechungen ersetzen. Aus LD BASE wird so 1Ø33, weil BASE nun als Ø33 identifiziert ist. Die rechte Kolonne zeigt den vollständigen Code.

Der einzige Befehl, der einer weiteren Erläuterung bedarf, ist JPZ OUT, codiert als 6Ø47. Weshalb steht OUT gerade bei Ø47? Es könnte auch anderswo sein, aber Ø47 ist der erste Platz, wo es überhaupt sein kann. Der Grund: Das Array besetzt den Raum von Ø33 bis Ø46 (zwanzig Wörter), und wir wollen ja aus gutem Grund nicht im Datenbereich des Programms herumtappen.

DAS INDEX-REGISTER

Wenn das X-Register in Gebrauch ist, wird die echte Befehlsadresse dadurch gebildet, daß man dem Inhalt des X-Registers das Adreßarray anfügt. Beispiel: Wenn das X-Register 4ØØ enthält, hat der Befehl LDX ØØ5 dieselbe Wirkung wie LD 4Ø5.

Wir klauen noch ein Bit des Adreßfelds, um anzuzeigen, wann Indizierung stattfindet; demzufolge sieht der Befehl LDX ØØ5 folgendermaßen aus:

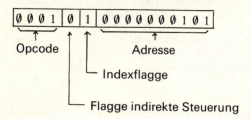

In Hex ist das 14Ø5.

In Wirklichkeit können Sie mit dem Indizieren nicht mehr erreichen als mit indirekter Steuerung, nur wird Arithmetik automatisch mit Adressen betrieben und die Arbeit nicht Ihnen überlassen.

16 ENDLICH: DER Z80!

Die konkrete Architektur des Z80-Mikroprozessors, Herz (oder Hirn?) Ihres ZX81.

Tut mir leid, daß Sie die letzten zehn, zwölf Seiten durchackern mußten, ohne irgend etwas ausprobieren zu können, aber wenn Sie den Sinn wirklich verstanden haben, werden Sie feststellen, daß es keinerlei Mühe macht, den ZX80 zu begreifen.

Bevor wir uns mit der Architektur des Z80 abgeben (bedaure, ganz stimmt die Kapitelüberschrift nicht!) wollen wir uns einige Probleme des Prozessors ansehen, den ich vorhin beschrieben habe.

Erstens läßt der 4 Bit-Code nur 16 verschiedene Befehle zu. (Na gut, wir haben ein bißchen geschwindelt, als wir die Flaggen für indirekte Steuerung und Indizierung ins Adreßfeld übergreifen ließen, aber das heißt wiederum, daß wir Adreßgröße und damit maximale Speichergröße verringert haben!) Der ZX80 verfügt über 694 Befehle! Jedem seine eigene Bitfolge zuzuteilen, heißt, daß wir ein 8 Bit-Feld (1 Byte) brauchen und sogar dann noch ein bißchen "frisieren" müssen.

Zweitens verwendet unser imaginärer Computer den Speicherplatz ziemlich sorglos. Manche Befehle verwenden nicht das Adreßfeld (z. B. HLT, LDI, STI), so daß eine Folge solcher Befehle in jedem Wort 10 Bits vergeudet. Der ZX80 umgeht dieses Problem dadurch, daß er verschiedene Befehle mit verschiedenen Längen zuläßt. Manche Befehle haben kein Adreßfeld und sind gerade 1 Byte lang. Andere besitzen ein Adreßfeld von 1 Byte Länge und sind damit 2 Bytes lang. Wieder andere haben ein 2 Bytes langes Adreßfeld bei einer Gesamtlänge von 3 Bytes. Es gibt sogar Befehle, die Opcodes von 2 Bytes haben! Das bedeutet, daß der PV nicht für jeden ausgeführten Befehl um 1 erhöhen kann. Er muß inkrementieren um die Befehlslänge.

Drittens: Wir müssen stets mit 16 Bit-Wörtern umgehen, was unbequem ist, wenn wir mit Zeichen zu tun haben, (die in der Regel je ein Byte besetzen). Es wäre also schön, 8-Bit- *und* 16 Bit-Operationen zulassen zu können.

Viertens: Daß nur ein einziges Allzweckregister (das A-Register) vorhanden ist, kann ärgerlich werden. Das führt oft dazu, daß Zwischenresultate vorübergehend wieder im Speicher abgelegt werden müssen, während irgendeine andere Berechnung ausgeführt wird. Der Z80 hat eine Reihe von Allzweck-Registern, allerdings hängt, wie wir sehen werden, die Frage danach, wie viele sind, davon ab, wofür wir sie verwenden.

163

DIE REGISTER

Hier die Registerorganisation:

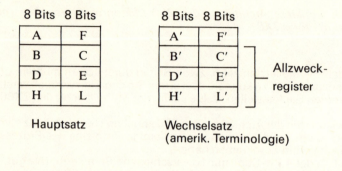

8 Bits	8 Bits
A	F
B	C
D	E
H	L

Hauptsatz

8 Bits	8 Bits
A'	F'
B'	C'
D'	E'
H'	L'

Allzweck-register

Wechselsatz
(amerik. Terminologie)

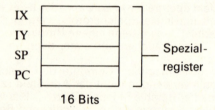

IX
IY
SP
PC

Spezial-register

16 Bits

Lassen Sie den Wechselsatz einmal beiseite.

Die Register sind paarweise vorhanden, was darauf hindeutet, daß sie entweder als 8 Bit- oder als 16 Bit-Register verwendbar sind. So können wir uns beispielsweise auf das B-Register (8 Bits) oder das C-Register (8 Bits) oder das BC-Register (16 Bits) beziehen. Die Register B, C, D, E, H und L können alle auf diese Weise benützt werden (*nur paarweise* als BC, DE, HL), aber die Register A und F sind ausschließlich 8 Bit-Register und können nicht kombiniert werden. Bei den 16 Bit-Paaren ist, wie Sie sich denken können, das höherwertige Byte das linke (B, H, D).

Es gibt zwei Index-Register, IX und IY, einen Stapelzeiger (SP – Stack Pointer) und einen Befehlszähler (PC – Program Counter). Was, keine indirekte Steuerung? In Wirklichkeit kann jedes der 16 Bit-Allzweck-Register-Paare (BC, DE oder HL) für indirekte Steuerung verwendet werden, aber der Einfachheit halber benützen wir dafür stets HL.

Es gibt zwei Befehlssätze, einen für den Umgang mit 8 Bit-Operationen, den anderen für 16 Bit-Operationen. Wir beginnen mit den 8 Bit-"Lade"-Befehlen.

17 LADEN

Wie man Daten von einer Stelle zur anderen verschiebt ...
und ein paar Worte über Adressierungsweisen.

Sehen wir uns die "Lade" (LD) - Operation als ein Beispiel der 8 Bit - Gruppe an. Sie ähnelt stark der LD-Anweisung in unserem imaginären Computer, doch sind zwei zusätzliche Adressierungsarten zulässig: *Register an Register* und *Sofort*. Damit sind es insgesamt fünf, da *direkt, indirekt* und *indiziert* verfügbar bleiben.

1   *Direktes Adressieren*
Das sieht ganz so aus wie bei unserem imaginären Gegenstück, nur müssen wir, da es mehr als ein Register gibt, angeben, welches Register geladen werden soll:

LD A, (ØF1C)

Das lädt den Inhalt von ØF1C in das A-Register. Beachten Sie, daß die Bewegung der Gepflogenheit entsprechend von rechts nach links erfolgt, so daß wir schreiben können:

LD(ØF1C), A

Gemeint ist damit "übertrage den Inhalt des A-Registers in ØF1C". (In der Tat ist das A-Register das *einzige* 8 Bit-Register, das direkt adressiert werden kann.)

2   *Indirektes Adressieren*
Auch das ist einfach. Da wir für indirekte Steuerung nur HL verwenden, lautet das Befehlsformat:

LD A,(HL)

mit der Bedeutung "lade das A-Register *durch* das (d. h. von der Adresse im) HL-Register". Um Daten in die andere Richtung weiterzugeben, könnten wir verwenden

LD(HL),A

Das stellt den Inhalt von A in die *in* HL enthaltene Adresse. (Für diesen Befehl sind auch andere Register als A zulässig).

3   *Indizierte Adressierung*
Hier müssen wir angeben, welches Indexregister in Gebrauch ist, und das Aumaß der Versetzung anzeigen:

LD A,(IX+2E)

Beachten Sie, daß ich bei direkter Adressierung eine Adresse von 4 Hex-Ziffern verwendet habe, weil für die Adresse 16 Bits (2 Bytes) zugelassen sind. Der Versetzungswert in einem indizierten Adreßbefehl muß aber in 1 Byte passen, also habe ich nur zwei Hexziffern genommen.

4   *Register an Register*
Wir können Daten zwischen Registern folgendermaßen übertragen:

LD D,B

Das bedeutet: "Lade den Inhalt von B in D".

5   *Sofort*
Hier werden Daten selbst und nicht die Adressen von Daten in das Adreßfeld gestellt . . . Wir können also schreiben:

LD B,Ø7

mit der Bedeutung: "Setze die Zahl 7 in B". Beachten Sie auch hier, daß die Zahl zwei Hexziffern umfaßt, weil sie im Einzelbyte des B-Registers gespeichert werden muß. Achten Sie ferner darauf, daß ein "LD" in Wahrheit eine *Kopie* ist: Die Zahlen bleiben in den ursprünglichen Adressen oder Registern, aber ins Ziel wird eine Kopie davon gesetzt.

HEX-CODES

Sehen wir uns nun an, wie alle diese Befehle in Hex aussehen; ein vollständiges Listing finden Sie in Anhang 5.

1   LD A,(ØF1C)

Zuerst schlagen wir den Opcode für den Befehl LDA, (nn) nach. (Das nn bezeichnet eine 2 Byte-Adresse allgemein.) Er lautet 3A. Man möchte also annehmen, der Befehl sei so zu codieren:

3A ØF1C

Leider ergibt sich eine kleine Komplikation durch die Art, wie der Z80 über Zahlen denkt; er möchte das niederwertige Byte einer Adresse als erstes haben. Deshalb müssen wir die *Adreßbytes* austauschen:

3 A 1CØF

Das ist ein wenig ärgerlich, aber daran gewöhnen Sie sich bald. Für 2 Byte-Zahlen in Z80-Befehlen ist das eine Regel ohne Ausnahme: *zuerst das niederwertige Byte, dann das höherwertige*: Daher die vielen PEEK X+256*PEEK(X+1) im Handbuch von Sinclair.
    Der Befehl LD(nn),A hat den Code 32, also wird

LD(ØF1C) zu 32 1CØF

2   LD A,(HL)

Das ist einfach. Es gibt keinen Adreßteil, also ist das nur ein 1 Byte-Opcode. Wenn Sie nachschlagen, werden Sie feststellen, daß er mit 7E codiert ist.
Auf die gleiche Weise wird LD(HL),A als 77 codiert.

3   LD A,(IX+2E)

Der allgemeine Befehl ist LD A,(IX+d), wobei d eine Versetzung von 1 Byte (bei Zweierkomplementschreibung) anzeigt und der Code DD7E lautet. (Beachten – ein Opcode von 2 Bytes!) Der Befehl ist demnach:

DD 7E2E

wobei das Byte 2E die in diesem Fall gewählte Versetzung ist.

4   LD D,B

Auch hier kein Problem. Der Code ist 5Ø.

5   LD B,Ø7

Der Opcode ist Ø6, der Befehl lautet demnach Ø6Ø7.

18 ARITHMETIK

Für den Anfang hier ein Maschinencode-Programm zum Addieren von zwei Zahlen – und ein einfaches BASIC-Ladeprogramm, mit dem man Maschinensprache leicht schreiben und fahren kann.

Wie steht es mit der Algebra? Es gibt einen ADD- und einen SUB-Befehl. Beide beziehen sich auf das A-Register und können jede Adressiermethode außer der direkten verwenden.

Wir wollen also einmal versuchen, ein Programm zu schreiben, das die Zahlen 4 und 7 addiert. Folgendes würde funktionieren:

LD A,Ø4   (setze 4 ins A-Register)

LD B,Ø7   (setze 7 ins B-Register)

ADD A,B   (addiere sie und stell das Resultat ins A-Register)

Speichern Sie jetzt das Resultat irgendwo:

LD(43ØØ),A

Hier Programm, Hex-Code und Dezimalentsprechung:

Programm	Hex	Dezimal
LD A,Ø4	3EØ4	62Ø4
LD B,Ø7	Ø6Ø7	Ø6Ø7
ADD A,B	8Ø	128
LD(43ØØ),A	32ØØ43	5ØØØ67

Ladeprogramm

Nun bleibt noch das Problem, diesen Code in den ZX81 zu laden und ihn anschließend auszuführen. Da wir eine Reihe von Maschinencode-Routinen machen wollen, wird es sich lohnen, ein BASIC-Programm zu schreiben, das Maschinencode lädt und dann ausführt.

Das ist verhältnismäßig einfach. Im Prinzip brauchen wir den Benutzer nur zu fragen, wo im Speicher er den Code hinstellen will, dann der Reihe nach jedes Codebyte aufrufen und mit POKE an den passenden Platz setzen. Dann fahren wir das Programm, indem wir die USR-Funktion aufrufen. Schließlich gehen wir mit PEEK an alle Programmplätze und Datenbereiche, um uns zu vergewissern, daß das Programm noch intakt ist (denken Sie daran, daß man ein Programm versehentlich überschreiben kann) und die Ergebnisse richtig sind. Naheliegenderweise ist es sinnvoll, Daten- und Programmbereiche als Nachbarn zu haben. Wir wollten also folgende Gepflogenheit einführen: Der Datenbereich geht dem Programmbereich stets voran und ist am Anfang mit Nullen geladen. Wir beginnen also damit, daß wir beim Benutzer die Größe seines Datenbereichs (als Anzahl von Bytes) in Erfahrung bringen.

Es gibt noch ein Problem: Laut Sinclair-Handbuch müssen alle Routinen, die mit USR aufgerufen werden, auf die gleiche Weise aufhören:

LD A,1E	3E1E	62 30
LD I,A	ED47	237 71
LD IY,4000	FD210040	253 330064
RET	C9	201

(In Wahrheit ist das abschließende RET entscheidend). Wir sprechen vom *normierten Ende*. Wir können also ebensogut dafür sorgen, daß das Programm diesen Code am Ende der Routine automatisch generiert. Hier das Ladeprogramm in seiner simpelsten Form. (Bei 1K können Sie Speicherplatz durch Verkürzung der PRINT-Sätze sparen).

```
10    PRINT "BASE ADRESSE:□";
20    INPUT B
30    PRINT B
40    PRINT "ZAHL DER DATENBYTES:□";
50    INPUT D
60    PRINT D
70    FOR I=0 TO D-1
80    POKE B+I,0
90    NEXT I
100   LET A=B+D
110   PRINT "CODE:"
120   INPUT C
130   IF C< 0 THEN GOTO 180
140   PRINT C
150   POKE A,C
160   LET A=A+1
170   GOTO 120
180   CLS
190   FOR I=1 TO 9
200   POKE I-1+A,M(I)
210   NEXT I
```

Die letzten drei Zeilen gehen davon aus, daß das Feld M im Befehlsmodus (also ohne Zeilennummern) aufgebaut worden ist durch:

DIM M(9)

LET M(1)=62

LET M(2)=3∅

LET M(3)=237

LET M(4)=71

LET M(5)=253

LET M(6)=33

LET M(7)=∅

LET M(8)=64

LET M(9)=2∅1

(Das sind die obenerwähnten Codes für normierte "Programmende-Routinen").

Sie können diese Werte aber auch mit einer FOR-Schleife in M eingeben und die Schleife vor dem Sichern löschen. Das ist aber wohl genau so langwierig. Ob so oder so, vergessen Sie nicht, das Programm mit GOTO 1∅ und nicht mit RUN zu fahren, damit die Arraywerte erhalten bleiben.

Jetzt müssen wir das Programm ausführen:

220   LET Y=USR(B+D)

(Nicht vergessen, daß B+D die Stelle ist, wo das Programm anfängt. Bis dahin stehen nur Daten). Der Wert, den USR zurückreicht, hier Y, wird in der Regel nicht gebraucht, muß aber vorhanden sein, damit der Syntax des Statements entsprochen wird. Er enthält das, was sich beim Rücksprung aus der Maschinencode-Routine im BC-Registerpaar befunden hat.

Schließlich sehen wir uns den Zustand des Programms und seiner Daten an:

230   FOR I=B TO A+8

240   PRINT I,PEEK I

250   NEXT I

DER LAUF

Nun zum Lauf des Programms. Als erstes muß die Maschinencode-Routine mit dem BASIC-System vereinbar sein. Wenn wir unachtsam gewesen sind, wird BASIC unsere wehrlose kleine Routine bei der ersten Gelegenheit niedermachen, weil es im Speicher dauernd auf eine Art und Weise umherschiebt, die nicht leicht vorauszuberechnen ist. Ein Ausweg aus diesem Dilemma: Man redet BASIC ein, die Oberseite des Speichers befinde sich unter dem Platz, wo sie in Wirklichkeit ist, und nutzt das dadurch entstehende "Dach" für Programme, die wir aufbewahren wollen. Dazu besetzen wir durch POKE die Bytes 16388 und 16389 (sie bilden gemeinsam ein System, das RAMTOP genannt wird, Cdt. Oberseite des Speichers mit wahlfreiem Zugriff) mit der Adresse, von der aus wir unser Programm starten wollen. Oder anders ausgedrückt: Das ist die erste Adresse, die BASIC nicht zur Verfügung steht. Wie üblich, enthält das jüngere Bit den am wenigsten bedeutsamen Wert. Nehmen wir ein Beispiel von einem 1 K-Computer: RAMTOP enthält danach zu Beginn den Hexwert 44ØØ. Wenn wir ein 256 (Dezimal)-Byte-Dach zuteilen wollen, müssen wir RAMTOP auf 43ØØ setzen, also:

POKE 16388,Ø   [=ØØ Hex]

POKE 16389,67   [=43 Hex]

(Übrigens ist 43ØØ Hex=17152 Dezimal, und Sie können das POKE 16388 weglassen, wenn Sie nicht vorher aus irgendeinem Grund seinen üblichen Wert Ø verändert haben).

Jetzt tippen wir NEW, weil BASIC nur dann bemerkt, daß RAMTOP sich verändert hat, wenn NEW ausgeführt wird. Als nächstes laden Sie das "Lader"-Programm und fahren es. Tippen Sie auf seine Anforderung BASE ADRESSE 17152 und auf ZAHL DER DATENBYTES 1. Geben Sie schließlich den Maschinencode ein (64, 4, 6, 7 etc.) und schließen Sie mit einem negativen Wert, einem Begrenzer, ab (siehe dazu Computer Shop, Band 1), der beim Laden nicht beachtet wird, aber "Ende des Codelistings" signalisiert.

Das System antwortet damit, daß es den Inhalt der Bytes ab 17152 anzeigt. In 17512 ist 11, die Summe von 4 und 7, was uns nicht weiter überraschen sollte, weil wir verlangt haben, daß das Resultat dort gespeichert wird, und es sich außerdem um das Byte handelt, das wir für Daten reserviert haben. Der Rest des "Speicherabzugs" bestätigt nur, daß das Programm richtig gespeichert ist.

Experimentieren Sie durch Veränderung der hinzugefügten Werte. (Geben Sie mit POKE einfach neue Werte in 17154 und 17156 ein und fahren Sie mit GOTO 22Ø fort). Oder stellen Sie das Resultat irgendwo anders hinein – etwa nach 17153. Sehen Sie, wie das Programm sich verändert?

Versuchen Sie vor allem 24Ø zu 1ØØ (Dezimal) zu addieren. Das Ergebnis ist nicht 34Ø! Warum nicht?

Stellen Sie sich das binär vor:

```
24Ø          1 1 1 1 Ø Ø Ø Ø
1ØØ      +   Ø 1 1 Ø Ø 1 Ø Ø
             _____
           ⌐— Ø 1 Ø 1 Ø 1 Ø Ø  =  84
         |
         |   1 1
         ↓
   1
```

Die Addition generiert eine 1 im neunten Bit, das in einem 8 Bit-Byte keinen Platz hat, so daß sie am Ende herunterfällt und das angegebene Resultat um den Wert dieses neunten Bits zu klein ist – also um 256. Keine Überprüfung hat stattgefunden, keine hilfreiche Fehlermeldung ist angezeigt worden. Wer Maschinencode schreibt, ist auf sich allein gestellt. Was man nicht selber testet, erfährt man nicht.

EIN VERBESSERTES LADEPROGRAMM

Für diesen ersten Versuch hatte ich ein Programm geliefert, das *Dezimal*-Opcodes lud, und zwar zu dem Zweck, daß Sie sich auf das Mechanische konzentrieren konnten, ohne mit Hex-Codes belastet zu werden. Hex ist aber viel praktischer. LADER ist auf nachfolgende Weise abzuändern, damit es Hex annimmt: es wird mit dem Dezimal/Hex-Umwandler in Kapitel 11 kombiniert. Verändern Sie die Zeilen 12Ø, 13Ø, 14Ø, 15Ø so:

```
12Ø   INPUT C$
13Ø   IF C$="S" THEN GOTO 18Ø
14Ø   PRINT C$
15Ø   POKE A,16*(CODE C$(1)−28)+CODE C$(2)−28
```

Die Prozedur ist dieselbe wie vorher, aber jetzt tippen Sie bei jeder Eingabe den Hexcode ein: 3E, dann Ø4, dann Ø6, etc. Lassen Sie die Nullen nicht weg. Beenden Sie die Eingaben mit "S" statt des bisherigen Begrenzers in Gestalt einer "negativen Zahl".

Bei der obigen Beschreibung bin ich davon ausgegangen, daß Sie vielleicht nur 1K Speicherplatz haben. Maschinencode ist natürlich ein nützlicher Platzsparer bei 1K, aber jeder, der ernsthaft Interesse hat, wird natürlich über 16K verfügen. Außerdem brauchen einige unserer späteren Routinen bei Verwendung der Displaydatei mindestens 4K. Wenn Sie sich bei 16K ein 256 Byte-Dach reservieren wollen, gehen Sie so vor:

```
POKE 16389,127

NEW
```

Laden Sie jetzt den Maschinencode. Ersetzen Sie Hex 43ØØ durch Hex 7FØØ und 17152 Dezimal durch 32152 Dezimal. Anhang 2 enthält eine Tabelle für die Zuteilung von Speicherplatz in 256 Byte-Blöcken bei 16K. Von jetzt an nenne ich nur noch die Hexcodes. Sie können entweder LADER wie oben abändern oder nach Anhang 1 von Hex in Dezimal umwandeln. Da Letzteres mühsam ist und sehr leicht Fehler unterlaufen, empfehle ich nachdrücklich das Erstere.

Ein wirklich vielseitiger LADER ist in Anhang 6 unter dem Titel HELPA aufgeführt.

EIN NÜTZLICHER KNIFF

Es ist wirklich ärgerlich, daß der ZX81 ein NEW braucht, bevor er Veränderungen in RAMTOP erkennt. Sie sind halb damit fertig, ein BASIC-Programm einzugeben, das später von Maschinencode begleitet werden soll . . . ach verdammt! Sie haben vergessen, Speicherplatz zuzuteilen.

Wenn Sie das nutzen, was ich Ihnen bis jetzt gesagt habe, können Sie jetzt nur noch auf Band sichern, RAMTOP neu setzen, mit LOAD wieder eingeben und weitermachen. Es gibt aber *doch* einen Weg, so etwas zu vermeiden. Man muß eine ROM-Routine verwenden. (Wie ich an anderer Stelle schon erwähnt habe, glaube ich nicht, daß es die richtige Methode ist, Maschinencode zu lernen, wenn man eine Liste von ROM-Routineadressen auswendig lernt, um sie aufrufen zu können, aber das ist hier doch so nützlich, daß ich eine Ausnahme machen möchte).

Angenommen, Sie wollen ein 256 Byte-Dach zuteilen und Ihr kostbares BASIC unberührt lassen. Geben Sie über die Tastatur ein

POKE 16389,127   [Platz reservieren]

PRINT USR 1040   [Von ROM aufrufen]

Sie erhalten eine Auflistung, das Programm kommt zum Stillstand. Starten Sie neu mit RUN (bei dieser Methode gehen Ihre Variablen ohnehin verloren). Das wär's. Um verschiedene Dachgrößen zu erhalten, verändern Sie das 127 (und gehen mit POKE 16388 an das niederwertige Byte, wenn es nicht Null ist).

Sie können das in einem Programm verwenden, aber es wird nach USR 1040 stehenbleiben und muß manuell neu gestartet werden. Direkt eingegebene Variable gehen verloren.

Sie können Maschinencode in anderen Plätzen als über RAMTOP speichern; vergleiche dazu Kapitel 22. Aber alle Methoden haben ihre Nachteile.

19 EIN TEILSATZ VON Z80-BEFEHLEN

Es gibt 694 Z80-Befehle. Hier eine Auswahl der wichtigeren und relativ leicht zugänglichen mit einer Schilderung dessen, was sie leisten.

Ich werde nicht jeden einzelnen der 694 Opcodes beschreiben, über die der Z80 verfügt; das wäre ebenso mühsam wie überflüssig. (Vergleiche aber Anhang 4). Wir sehen uns einen Teil von etwa 4∅ Befehlsarten an (der rund 23∅ konkrete Befehle umfaßt). Leider können nicht alle von ihnen sämtliche Adressiermethoden nutzen. Hier eine Tabelle, aus der man rasch erkennen kann, was welche Befehle zu nutzen vermögen; die Opcodes stehen in Anhang 5.

Adresse Modus	LD	ADD ADC / SUB SBC / AND / OR / XOR / CP	INC / DEC / SLA / SRA / SRL	JR / JRC / JRNC / JRZ / JRNZ / DJNZ	JP	JPZ / JPNZ / JPC / JPNC / JPP / JPM	LD	ADD / ADC / SBC	INC / DEC / PUSH / POP
Register	LD r, s	ADD A, r	INC r					ADD HL, r	INC r
Sofort	LD r, n	ADD A, n			JP nn	JPZ nn	LD r, nn		
Direkt	LD A, (nn) / LD (nn), A						LD HL, (nn) / LD (nn), HL		
Indirekt	LD A, (HL) / LD (HL), A	ADD A, (HL)	INC (HL)		JP (HL)				
Indiziert	LD A, (IY + d) / LD (IY + d), A	ADD A, (IY + d)	INC (IY + d)	JR d					

8 Bit-Operationen   16 Bit-Operationen

Die Schreibweise in der Tafel bedarf einer Erläuterung. Manche Opcodes werden fremdartig erscheinen, aber damit befassen wir uns später. Abgesehen davon sind die Gepflogenheiten folgende:

1   Jeder Eintrag in der Tafel zeigt ein Beispiel für das Format der Befehlsart. Jeder andere Opcode in dieser Spalte kann an seine Stelle treten.

2   "r" oder "s" bezeichnet jedes beliebige Register. Ob das ein 8 Bit- oder 16 Bit-Register ist, hängt davon ab, in welchem Teil der Tafel der Befehl sich befindet. Beispiel: Im LD r,s-Befehl sind r und s beliebige 8 Bit-Register (A, B, C, D, E, H oder L), aber in ADD HL r ist "r" ein Register aus BC, DE, HL, SP.

3   "n" ist jede 8 Bit-Zahl, "nn" jede 16 Bit-Zahl.

4   Wenn ein Register ausdrücklich angegeben ist, wie in LD A,(nn), handelt es sich um das einzige Register, das für diesen Zweck genutzt werden kann.

Das ist ein krasse Vereinfachung. Manchmal sind auch andere Register nutzbar, aber es kommt darauf an, daß der Befehlssatz, den ich gezeigt habe, immer zulässig ist. Über die Erweiterung Ihres Wortschatzes an Befehlen können Sie sich dann den Kopf zerbrechen, wenn Sie mit dieser Gruppe mühelos umzugehen vermögen.

5   "d" ist jede 8 Bit-Zahl, aber sie wird stets einem 16 Bit-Wert zuaddiert. Mit anderen Worten: Es handelt sich um eine indizierte Versetzung.

Sehen wir uns jetzt die neuen Opcodes an:

AND

Diese Operation nimmt den Inhalt des A-Registers und ein zweites 8-Bit-Feld und geht sie Bit für Bit durch. Nur wenn zwei zusammengehörige Bits beide "1" sind, stellt sie an dieser Position eine "1" in das A-Register zurück, sonst eine "∅".

Beispielsweise hat AND A,∅7 folgende Wirkung:

A-Register vor Operation:	∅ ∅ 1 1 ∅ 1 ∅ 1
∅7:	∅ ∅ ∅ ∅ ∅ 1 1 1
A-Register nach dem AND:	∅ ∅ ∅ ∅ ∅ 1 ∅ 1

Sehen Sie, wie die drei niederwertigen Bits übertragen worden sind? Sie können AND also dazu benützen, den Teil eines Bytes auszuwählen.

OR

Das wirkt ähnlich wie AND, aber diesmal ist das Bit, das am Ende herauskommt, dann eine "1", wenn eines der beiden ursprünglichen Bits eine "1" ist. OR A,∅5 ergibt demnach:

A-Register vorher:	∅ 1 ∅ ∅ 1 ∅ 1 1
∅5:	∅ ∅ ∅ ∅ ∅ 1 ∅ 1
A-Register nachher:	∅ 1 ∅ ∅ 1 1 1 1

Bestimmte Bits werden also ohne Rücksicht auf ihren Anfangswert zu "1" gezwungen.

XOR

Hier müssen die ursprünglichen Bitwerte verschieden sein, damit das Ergebnis eine "1" sein kann. XOR A, B3 ergibt:

A-Register vorher	∅ 1 ∅ 1 1 ∅ 1 ∅
B3:	1 ∅ 1 1 ∅ ∅ 1 1
A-Register nachher:	1 1 1 ∅ 1 ∅ ∅ 1

Das ist besonders nützlich, wenn man ein Register von 0 nach 1 und wieder zurückkippen will. Enthält das A-Register anfangs 0, so kippt jedesmal, wenn der Befehl XOR A,01 ausgeführt wird, der Wert im A-Register. (0 zu 1, zurück zu 0, wieder zu 1 und so weiter).

CP

Das ist der Befehl "Vergleiche". Der Inhalt des A-Registers wird verglichen mit dem eines anderen 8 Bit-Feldes. Das wirft aber ein Problem auf: Wie wird das Ergebnis des Vergleichs mitgeteilt?

Dafür ist das F (Flaggen- oder Kennzeichen)-Register da. Jedes Bit des F-Registers enthält Information über die Wirkung des letzten Befehls, sie zu ändern. (Nicht alle Befehle verändern sie).

Die Flaggen, die uns am meisten interessieren, sind die Übertrag-, Null-, Überlauf- und Vorzeichen-Flaggen. CP kann jede davon verändern, aber die bedeutsamste hier ist die Nullflagge, die dann gesetzt wird, wenn die beiden miteinander verglichenen Werte gleich sind.

Ist der Inhalt des A-Registers *kleiner* als der des mit ihm verglichenen Bytes, wird die Vorzeichen-Flagge gesetzt. Das heißt soviel wie: "Das Resultat ist negativ". Mehr brauchen Sie über die Flaggen im Augenblick nicht zu wissen; das ist ein tiefgründiges Thema, sobald man sich näher damit befaßt.

DIE SPRÜNGE

Alle bedingten Sprünge verzweigen je nach dem Inhalt der Flaggen (oder eben nicht). So verlangt beispielsweise JPZ "spring, wenn die Nullflagge gesetzt ist". Nun läßt sich erkennen, wie die CP-Anweisung genutzt werden kann. Nehmen wir einmal an, wir möchten sehen, ob ein bestimmtes Byte, auf das HL zeigt, Hex 1E enthält. Wenn das der Fall ist, wollen wir zu 447B springen. Der Code dafür:

```
LD A,1E    3E1E

CP A,(HL)  BE

JPZ 447B   CA7B44
```

Sämtliche anderen Sprünge verhalten sich ähnlich. JPNZ sagt "spring zu einem Nicht-Null-Resultat", JPM "spring zu einem Minus-Resultat", JPNC "spring nicht zu einem Übertrag" (Übertragsflagge *nicht* gesetzt) und so weiter. Alle haben aber eines gemeinsam, nämlich, daß die Sprungadresse feststeht. Anders ausgedrückt: Wenn wir aus irgendeinem Grund möchten, daß eine Routine im Speicher irgendwo anders abläuft als dort, wo wir sie anfangs geladen hatten, müssen alle Sprungadressen geändert werden. Der Z80 bewältigt das auf geschickte Weise dadurch, daß er "relative Sprünge" (JR) zuläßt. Das heißt: Man kann von der Stelle aus, an der man sich befindet, soundsoviele Bytes vorwärts (oder rückwärts) springen. Diese Versetzung ist (in Zweierkomplement-Schreibweise, siehe Anhang 1) in 1 Byte enthalten, so daß die überspringbare Versetzung 128 Bytes rückwärts und 127 Bytes vorwärts nicht übersteigen kann.

176

Die Versetzung wird von der Stelle aus berechnet, zu welcher der PC-Wert als nächstes gegangen *wäre*, wenn kein Sprung stattgefunden hätte, also zur Adresse des nächsten Befehls im Programm. Demnach:

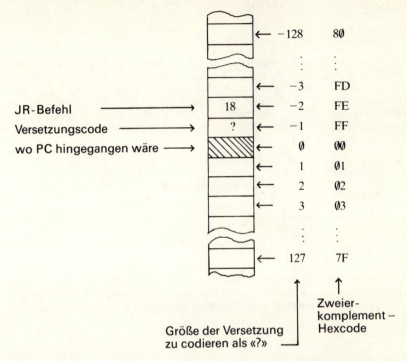

JR-Befehl ⟶ 18

Versetzungscode ⟶ ?

wo PC hingegangen wäre ⟶

	← −128	80
	⋮	⋮
	← −3	FD
	← −2	FE
	← −1	FF
	← 0	00
	← 1	01
	← 2	02
	← 3	03
	⋮	⋮
	← 127	7F

Größe der Versetzung zu codieren als «?»

Zweier-komplement – Hexcode

Hier ein Beispiel. Wir wollen jedes Speicherbyte der Reihe nach auf das erste Auftreten von Hex 1E untersuchen. Nehmen wir der Einfachheit halber an, daß sich die Startadresse schon in HL befindet. Wir könnten schreiben:

```
          LD A,1E
LOOP:     CP A,(HL)
          INC HL
          JRNZ SCHLEIFE
```

Zwei Punkte bedürfen der Erklärung. Erstens habe ich eine neue Anweisung eingeschmuggelt: INC. Das ist die Abkürzung für INCrement. Sie fügt dem Inhalt des angegebenen Registers einfach 1 hinzu; die Vergleichsoperation befaßt sich also stets mit dem nächsten Speicherbyte, weil HL bei jeder Schleife um 1 erhöht wird. (Übrigens leistet DEC, abgekürzt für DECrement, genau das Gegenteil). Der zweite Punkt ist der, daß es keinen auffälligen Unterschied zwischen JRNZ LOOP und JPNZ LOOP gibt. Dieser wird erst deutlich, sobald wir die Befehle in Maschinencode *assemblieren*. Nehmen wir an, der Code wird in Hex 4300 geladen:

177

Adresse		Befehl	Hexcode
43ØØ		LD A,1E	3E1E
43Ø2	LOOP:	CP A,(HL)	BE
43Ø3		INC HL	23
43Ø4		JRNZ LOOP	2ØFC

Warum steht FC im Adreßteil der JRNZ-Anweisung? Das kommt so: Bei der Ausführung des JRNZ-Befehls wird der PC um 2 erhöht, weil es sich um einen 2 Bit-Befehl handelt. Der PC steht also nun bei 43Ø6. Wir möchten zu LOOP springen, das auf 43Ø2 ist, 4 Bytes zurück – oder 4 Bytes entfernt, um die Denkweise des Z80 zu übernehmen. Nun ist 4 in Binär ØØØØØ1ØØ und wir erzeugen – 4 durch Kippen der Bits und Anfügen von 1 (Zweierkomplement, ja?) Demnach:

```
Ø Ø Ø Ø Ø 1 Ø Ø
                    die Bits kippen
1 1 1 1 1 Ø 1 1
            +1      1 hinzufügen
1 1 1 1 1 1 Ø Ø
    F     C         in Hex umwandeln
```

Noch etwas, das Ihnen Kopfzerbrechen bereiten könnte: INC HL verändert die Flaggen nicht, also kann man nach der Inkrementierung gefahrlos testen.
Dasselbe Programm mit absoluten Sprüngen hätte so ausgesehen:

Adresse		Befehl	Hexcode
43ØØ		LD A,IE	3E1E
43Ø2	LOOP:	CP A,(HL)	BE
43Ø3		INC HL	23
43Ø4		JPNZ LOOP	C2Ø243

Beachten Sie, daß die JPNZ-Anweisung 3 Bytes umfaßt, weil sie eine ganze 16 Bit-Adresse enthält; und vergessen Sie nicht, die 2 Bytes dieser Adresse auszutauschen!
   In der Gruppe Sprünge gibt es noch einen sehr bedeutsamen Befehl, den ich noch nicht erwähnt habe, nämlich DJNZ. Er dekrementiert das B-Register um 1 und springt (relativ) nur dann, wenn das Resultat nicht Null ist.
   Angenommen, unser kleines Programm "Suche nach 1E" sollte nur einen Bereich von einhundert (Hex 64) Bytes Länge absuchen und die Schleife dann verlassen, gleichgültig, ob ein 1E gefunden worden ist oder nicht:

```
            LD B,64              Ø64Ø

            LD A,1E              3E1E

LOOP:       CP A,(HL)            BE

            JPZ HABDICH          CA . . . (Adresse für HABDICH)

            INC HL               23

            DJNZ LOOP            1ØF9
```

Die Schleife wird hundertmal ausgeführt, es sei denn, sie stößt auf ein 1E, worauf ein Sprung zu HABDICH erfolgt. DJNZ wirkt also genauso wie eine einfache FOR-Schleife in BASIC.

Beachten Sie, daß bei *allen* relativen Sprungbefehlen JR, JRC, JRNZ und JRZ die Sprunggröße auf dieselbe Weise berechnet wird. In Anhang 1 finden Sie eine Tabelle von Zweierkomplement-Hexcodes für das Codieren von Sprüngen per Hand; unser Dienstprogramm HELPA in Anhang 6 erarbeitet während der Abfassung des Codes relative Sprünge automatisch für Sie.

ADC UND SBC

Das sind die Befehle "ADD mit Übertrag" und "SUB mit Übertrag". Ich habe vorher erwähnt, daß es im Flaggenregister eine Übertragsflagge gibt. Sie wird gesetzt, wenn durch eine arithmetische Anweisung aus einem Register ein Übertrag generiert wird. Der ADC-Befehl wirkt genau wie ADD, nur addiert er 1 mehr, wenn durch eine vorherige Operation das Übertragsbit gesetzt worden ist. Die SBC-Anweisung wirkt genauso, nur zieht sie die Übertragsflagge ab.

DIE VERSCHIEBUNGEN

Die Verschiebebefehle SLA, SRA und SRL haben allesamt die Wirkung, Bitfolgen zu verschieben.

SLA verschiebt die Folge um 1 Bit nach links. Wenn also das B-Register

```
| Ø Ø 1 Ø 1 1 Ø Ø |
```

enthält und SLA B ausgeführt wird, kommt heraus:

```
| Ø 1 Ø 1 1 Ø Ø Ø |
```

(Beachten Sie, daß rechts mit einer Null aufgefüllt wird).

Da ØØ1Ø11ØØ=44 und Ø1Ø11ØØØ=88 in Dezimal, können Sie erkennen, daß das die Wirkung hat, mit 2 zu multiplizieren.

Ein weiteres SLA B ergibt:

```
| 1 Ø 1 1 Ø Ø Ø Ø |
```

Da das höhere Bit jetzt 1 ist, wird es als negative Zahl gesehen, gesetzt wird die Vorzeichenflagge. Für den Programmierer ergibt sich, daß der Wert (176) nicht in ein Byte hineinpaßt, wir es also mit einem Überlauf zu tun haben.

Verschiebungen nach rechts wirken ganz ähnlich, aber ein wichtiger Punkt ist zu beachten: SRL füllt das höherwertige Bit mit einer Null auf, SRA dagegen mit dem, was vorher da war.

Zum Beispiel

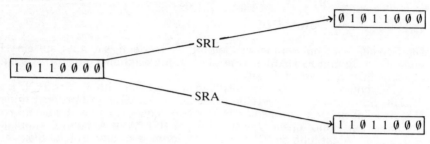

Der Grund: SRL ist eine *logische Rechtsverschiebung* und verschiebt die Bitfolge, ohne sie zu verändern. SRA ist eine *arithmetische Rechtsverschiebung* und behandelt die Operation als "teile durch 2". Wenn nun eine negative Zahl durch 2 geteilt wird, sollte auch das Ergebnis negativ bleiben, also müssen wir das Vorzeichenbit erhalten.

PUSH UND POP

Sie werden sich an die Ausdrücke vermutlich aus unserer Behandlung der Stapel erinnern. PUSH heißt, Informationen in den Stapel einspeichern, POP, Sie aus ihm entnehmen. Sie werden hier genau auf dieselbe Weise verwendet und gestatten uns Zugang zum Maschinenstapel auf andere Weise als durch einen Aufruf mit einer Subroutine.

Das kann nützlich sein, wenn man vorübergehend Werte sichern will. Nehmen Sie einmal an, Sie hätten in BC einen Wert, den Sie später wieder brauchen, im Augenblick möchten Sie BC aber für etwas anderes verwenden. Sie können schreiben:

PUSH BC

. . .

Code

für

BC

. . .

POP BC

Das macht man oft auch vor einer Subroutine CALL, damit es keine Rolle spielt, welche Register die Subroutine verwendet: die Daten des Rufprogramms können dann nicht beeinträchtigt werden. Sie sehen Code der folgenden Art:

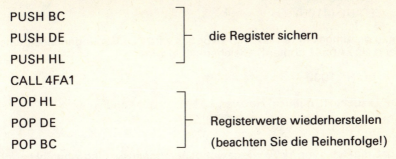

```
PUSH BC  ⎤
PUSH DE  ⎥  die Register sichern
PUSH HL  ⎦

CALL 4FA1

POP HL   ⎤
POP DE   ⎥  Registerwerte wiederherstellen
POP BC   ⎦  (beachten Sie die Reihenfolge!)
```

unter der Voraussetzung, daß das A-Register durch die Routine behandelt wird, so daß wir es nicht zu sichern brauchen.

Warnung

Wenn Sie ihn nicht bewußt verändern, wird der Stapelzeiger SP entsprechend dem Operationssystem des Z80 gesetzt. Es schadet nicht, ihn auf diesem Wert zu lassen, vorausgesetzt, Sie sorgen dafür, daß PUSH- und POP-Operationen sich paarweise aufheben, so daß SP beim Verlassen der Maschinencode-Routine zu seinem ursprünglichen Wert zurückkehrt. In gleicher Weise müssen sich CALL und RET-Operationen entsprechen. (USR generiert ein CALL, dem das abschließende RET entspricht, das durch die LADER-Routine am Ende angefügt wird.)

EINE 16-BIT-EIGENHEIT

Ein Merkmal der 16 Bit-Operationen (vor allem PUSH, POP, LD), das man unbedingt begriffen haben muß, ist die Reihenfolge, in der Bytes von einem Register in den Speicher und umgekehrt übertragen werden. Das ist so:

LD(41Ø5),HL

wird, wenn HL 1E4F enthält, folgende Wirkung haben:

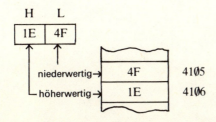

Anders ausgedrückt: Das am wenigsten bedeutsame oder "niederwertige" Byte im Register wird in die angegebene Adresse geladen, das bedeutsamste oder "höherwertige" Byte in das Byte danach. Dagegen hätte

LD HL,(41Ø5)

genau die umgekehrte Wirkung. (NB: das wird den Gepflogenheiten entsprechend als 2AØ541 codiert!) Gleichermaßen wird

LD HL 1ØØØ

(ein Versuch, HL mit dem Hexwert 1ØØØ zu laden) codiert als

21ØØ1Ø

so daß die Bytes von 1ØØØ wie gewohnt übertragen werden, obwohl es sich um Daten und nicht um eine Adresse handelt.

ZUSAMMENBRÜCHE

Wenn ein BASIC-Programm zusammenbricht, entsteht kaum Schaden: Sie können auf die eine oder andere Weise immer heraus, ohne das Programm zu verlieren. Zusammenbrüche bei Maschinencode sind jedoch spektakulärer und überaus ärgerlich. Spektakulär deshalb, weil sie ihre Anwesenheit oft durch die Darbietung abstrakter Kunst auf dem ganzen Bildschirm mitteilen, und ärgerlich, weil man (beim ZX81) nur dadurch herauskann, daß man den Stromstecker zieht und den Inhalt von RAM verliert. Wollen Sie einen Zusammenbruch sehen, um sich selbst ein Bild zu machen? Na gut, versuchen Sie es mit diesem kleinen Programm:

    1 REM X

    2 POKE 16514,118

    3 RAND USR 16514

Ein Maschinencode-Zusammenbruch. Fangen Sie neu an! Sie werden verblüfft sein von der Vielfalt der "Zusammenbruchs-Anzeigen"...

Der Bildschirm wird leer, und der Computer reagiert nicht mehr auf die Tastatur. Das liegt daran, daß er eine ROM-Routine verwendet, um das Keyboard abzutasten, das BASIC-Operationssystem beim USR-Aufruf eines Maschinencode-Programms aber nicht in Betrieb ist. Sobald ein Zusammenbruch eintritt, sitzen Sie fest. Ziehen Sie den Stecker heraus und fangen Sie von vorne an. (Der ROM-Inhalt kann aber auf keinen Fall verändert werden, so daß Sie sich keine Sorgen um Dauerschäden zu machen brauchen! Wer zu leiden hat, sind Sie, nicht der ZX81!) Es gibt aber einige einfache Vorsichtsmaßnahmen, die zu beachten sich lohnt.

1 Überprüfen Sie gewissenhaft alle Maschinencode-Listings und vergewissern Sie sich, daß Sie sie richtig eingegeben haben.

2 Verwenden Sie *niemals* HALT (Hexcode 76).

3 Achten Sie darauf, daß CALL- und RET-Operationen sich ebenso ergänzen wie PUSH und POP.

4 Sichern Sie mit SAVE auf Band, was Sie können, bevor Sie USR aufrufen, es sei denn, daß nicht viel verloren gehen kann. (Unsere Dienstprogramme HELPA und DOWNLOAD gestatten das auf recht nützliche Weise).

20 EIN MULTIPLIKATIONS-PROGRAMM IN MASCHINENCODE

Maschinencode kennt keinen Befehl für das Multiplizieren von Zahlen; es geht aber doch, wenn Sie Arithmetik, Logik und Verschiebungen kombinieren. Wird schon tiefgründiger . . .

Wir wollen jetzt ein paar einfache Routinen schreiben. Erinnern Sie sich, daß ich davon sprach, der Z80 hätte keinen Multiplikationsbefehl? Schreiben wir eine Subroutine, die ihn ersetzt.

EIN BEISPIEL

Als erstes sollten wir uns die Art des Problems vor Augen führen. Das geht am besten mit einem Beispiel. Wir halten es so einfach wie möglich und arbeiten in 8 Bit-Registern. Wenn wir also 9 mit 13 multiplizieren wollen, sieht das so aus:

```
  0 0 0 0 1 0 0 1
× 0 0 0 0 1 1 0 1
```

Wir können das als übliche Langmultiplikation behandeln, aber weil das in Binär steht, geht das sogar leichter als gewohnt. Wenn die laufende Ziffer, mit der wir multiplizieren, 1 ist, schreiben Sie die oberste Zeile ab, wenn Null, tun Sie nichts:

```
  0 0 0 0 1 0 0 1   P
× 0 0 0 0 1 1 0 1   Q
  0 0 0 0 1 0 0 1
  0 0 1 0 0 1 0 0
  0 1 0 0 1 0 0 0
  0 1 1 1 0 1 0 1
```

Natürlich mußten wir bei jedem Schritt rechts Nullen anfügen, wie wir es bei einer Multiplikation im Dezimalsystem auch machen würden. Beim Maschinencode entspricht das einer Verschiebung nach links. Ich nenne die Zahlen der Vereinfachung halber P und Q.

Während P nach links verschoben wird, empfiehlt es sich, Q nach rechts zu verschieben, weil wir auf diese Weise immer wieder nur das niederwertigere Bit von Q darauf untersuchen müssen, ob P hinzuaddiert werden muß oder nicht.

PROZEDUR

Unterstellen wir, daß P und Q in den Registern D und E stehen. Die Prozedur:

1   A-Register auf Null setzen.
2   Wenn das niederwertigere Bit von   ⎤   diese Schritte
     E 1 ist, D nach A addieren.   ⎬ — achtmal wieder-
3   nach links verschieben.   ⎥   holen
4   E nach rechts verschieben.   ⎦

Hier ein erster Codierversuch:

```
LD A,ØØ

LDB,Ø8
```

Das erste Schritt liegt nahe; der zweite setzt B als Schleifenzähler in Verbindung mit einem DJNZ, das am Ende angefügt werden soll. Wir wollen nun das jüngere Bit von E testen. Das geht derzeit nur dadurch, daß wir ein Maskenbyte (ØØØØØØØ1) mit einer AND-Operation verwenden. Setzen wir also das C-Register auf diese Folge:

```
LD C,Ø1                    (Hexcodierung siehe unten)
```

AND ist nur mit dem A-Register möglich, was seinen derzeitigen Inhalt löscht, also sichern wir ihn zuerst in L:

```
LOOP: LD L,A
```

holen das niederwertigere Bit von E heraus und stellen das A-Register wieder her:

```
LD A,C

AND A,E

LD A,L
```

Wenn das Resultat des AND Null war, müssen wir um den "addiere D in A"-Teil von Schritt 2 so herumspringen:

```
JRZ SHIFT
```

(Beachten Sie: Da LD sich auf die Flaggen nicht auswirkt, bezieht das JRZ sich nach wie vor auf AND). Sonst führen Sie das ADDIERE aus:

```
ADD A,D
```

Nun die Verschiebungen:

```
SHIFT: SLA,D

       SRA E
```

und prüfen, ob die Schleife schon oft genug gelaufen ist:

DJNZ LOOP

RET

DER CODE

Hier das ganze Ding:

Adresse		Befehl	Hexcode
ØØØØ		LD A,ØØ	3EØØ
ØØØ2		LD B,Ø8	Ø6Ø8
ØØØ4		LD C,Ø1	ØEØ1
ØØØ6	LOOP:	LD L,A	6F
ØØØ7		LD A,C	79
ØØØ8		AND A,E	A3
ØØØ9		LD A,L	7D
ØØØA		JRZ SHIFT	28Ø1
ØØØC		ADD A,D	82
ØØØD	SHIFT:	SLA D	CB 22
ØØØF		SRA E	CB2B
ØØ11		DJNZ LOOP	1ØF3
ØØ13		RET	C9

Wenn Sie dieses Programm ausprobieren wollen, müssen Sie dafür sorgen, daß die Register D und E die Werte enthalten, die miteinander multipliziert werden sollen. Sie könnten dem Programm also etwa Folgendes voransetzen:

```
LD HL, 43ØØ      21ØØ43
LD D,(HL)        56
INC HL           23
LD E,(HL)        5E
```

dann POKE 43ØØ (Hex) und 43Ø1 (Hex) mit den zu multiplizierenden Werten, bevor das Programm aufgerufen wird. Diese beiden Bytes werden natürlich die zwei Nullbytes am Beginn der Routine sein, so daß das LD HL,43ØØ bei 43Ø2 anfängt. Beachten Sie, daß ich dem Programm keine konkreten Adressen zugeteilt, sondern einfach bei Null angefangen habe. Der Grund: Alle Sprünge sind relativ, so daß es nicht auf konkrete Adressen ankommt, sondern nur auf die Versetzungen. So können Sie bei 16K alle 43 oben durch 7F ersetzen und mit einem 256 Byte-Dach arbeiten.

Sie müssen die Antwort auch *ausgeben*. Im Augenblick sitzt sie nämlich nur im A-Register. Eine einfache Lösung besteht darin, die Antwort in die Displaydatei zu stecken (Einzelheiten darüber im nächsten Kapitel); Sie fügen den folgenden Code am Ende an, und zwar *anstelle* des C9(RET)-Befehls, der nur deshalb vorhanden ist, weil ich sagte, das solle eine *Sub*routine werden.

ØØ13	LD HL(D-FILE)	2AØC4Ø
ØØ16	INC HL	23
ØØ17	LD(HL)A	77

Setzen Sie das ans Ende, fügen Sie die Bytes Ø7 und Ø8 vorne an (oder später mit POKE), geben Sie ein durch LADER mit 2 Datenbytes. In der oberen Ecke des Bildschirms wird der Buchstabe "S" erscheinen. Der Code für S ist 56, und das ist das Produkt der beiden Zahlen Ø7 und Ø8, die Sie mit POKE eingegeben haben. Eine elegantere Displayroutine wäre natürlich schön. Denken Sie an PRINT USR oder lesen Sie das nächste Kapitel und schreiben Sie eine. Für einen Test reicht diese Methode aber aus.

BIT

Ich muß nun ein Geständnis ablegen: Man kann auf einfachere Weise prüfen, ob das niederwertigere Bit von E 1 enthält. Es gibt einen Befehl BIT Ø,E, der das bewirkt. So wird aus:

LOOP:	LD L,A	6F
	LD A,C	76
	AND A,E	A3

einfach:

LOOP:	BIT Ø,E	CB43

Das LD A,L muß ebenfalls verschwinden.

Warum ich Ihnen das nicht gleich gesagt habe? Hm. Ich hatte versprochen, nur solche Befehle zu verwenden, die in der Tafel erscheinen, ein Versprechen, das ich jetzt gebrochen habe. Aber dabei konnte ich einen wichtigen Punkt deutlich machen, nämlich: Man kann auf befriedigende Weise etwas erreichen, ohne den gesamten Befehlssatz zu kennen.

Das war ein eher theoretisches Beispiel; ich habe es gewählt, weil mehrere gebräuchliche Befehle auf herkömmliche, wenn auch nicht unbedingt naheliegende Weise verwendet werden, will damit aber nicht behaupten, daß Sie größeren Bedarf an 8 Bit-Multiplikationen mit ganzen Zahlen haben werden.

21 DIE DISPLAYDATEI

Um Grafik mit Maschinencode steuern zu können, müssen Sie wissen, wo das Display gespeichert und wie es zu verändern ist. Den ganzen Bildschirm auf Negativschrift umstellen oder Zeichenzeilen zeichnen – und das im Handumdrehn!

Dann also zu nützlicheren Dingen. Hängt Ihnen das auch zum Hals heraus, daß Grafikzeilen bei BASIC im Schneckentempo gezeichnet werden? Mal sehen, ob wir eine Maschinencode-Subroutine schreiben können, die von jedem beliebigen Punkt auf dem Bildschirm aus gerade Zeilen zeichnet, die horizontal, vertikal oder diagonal laufen.

Das ist wenigstens das Ziel. Befassen wir uns in leicht zu bewältigenden Schritten mit dem Problem. Wir müssen augenscheinlich etwas davon wissen, wie der ZX81 Displays bewältigt, bevor wir etwas auf den Bildschirm kriegen können. Wie Sie aus dem Handbuch wohl schon ersehen haben, gibt es einen Speicherbereich, der *Displaydatei* heißt; daraus wird das Bildschirmdisplay generiert. Wir brauchen in diesem Bereich lediglich Zeichenwerte zu speichern, um sie angezeigt zu bekommen.

Die Position der Displaydatei ist nicht starr festgelegt. (Sie hängt von der Programmgröße ab.) Es gibt aber einen Zeiger auf ihr erstes Byte, genannt D-FILE, und D-FILE hat die Hexadresse 4ØØC, Dezimal 16396. Die Displaydatei beginnt also bei PEEK 16396+256*PEEK 16397.

Auch die Größe der Anzeigedatei ist nicht festgelegt. (Jedenfalls nicht bei 1K-Systemen. Bei 16K ist das zwar üblich, aber nicht garantiert. Man tut also gut daran, nichts zu unternehmen, was sich auf eine solche Vermutung stützt, wenn man es vermeiden kann.) Die Displaydatei beginnt mit einem Newlinezeichen und beendet auch jede Zeile mit einem solchen. Der Zustand der Displaydatei wäre beispielsweise nach folgenden Befehlen:

```
1Ø   CLS
2Ø   PRINT "ABC"
3Ø   PRINT "□□□DEF"
```

dieser:

<ABC<□□□

DEF< < < < < < < < < < < < < < < < < < < < < < ...

bei 1K, oder bei 16K dann, wenn RAMTOP auf unter 3¼K gesenkt worden ist. Bei größerem Speicher wird er mit den "fehlenden" Leerstellen ausgepolstert. (Ich verwende " < ", um NEWLINE darzustellen, und "□" für SPACE.)

So läßt sich zwar elegant Speicherplatz sparen, wenn nur ein kleiner Teil des Bildschirms genutzt wird, unser Problem vereinfacht das aber nicht.

EIN ZEICHEN ANZEIGEN

Versuchen wir einmal etwas Einfaches, etwa, ein Grafiksymbol in die obere linke Ecke des Bildschirms zu setzen. Ist der Schirm zu Beginn leer, befinden sich in der Displaydatei eben 25 Newlines. Für uns geht es also darum, die zweite (wo im obigen Beispiel das "A" steht) mit dem von uns ausgewählten Symbol zu überschreiben.

Als erstes laden wir HL mit einem Zeiger zur Displaydatei. Dieser heißt D-FILE und steht an 4ØØC Hex:

    LD HL,(4ØØC)   2AØC4Ø

Dann geben wir HL einen Stoß zu dem Zeichen danach:

    INC HL   23

Das Grafikzeichen (meinetwegen Hex 88) setzen wir in das A-Register:

    LD A,88   3E88

und diesen Wert schließlich dorthin, worauf HL zeigt:

    LD (HL),A   77

Das klappt zwar gut, aber bevor wir die Idee weiterspinnen, sollten wir gründlich nachdenken. Schließlich haben wir eben eine der Zeilen überschrieben, die von einer der Systemroutinen des ZX81 ohne Zweifel dazu benützt wird, das Display zu bewältigen. Früher oder später bringen wir diese Routine in Verwirrung, wenn sie nicht mehr genug neue Zeilen zum Spielen hat. Überschreiben wir ein Zeichen, das schon im Display ist, tritt dieses Problem natürlich nicht auf. So könnten wir das A, B oder C des ersten Beispiels verändern, ohne die Newlines in irgendeiner Weise zu beeinträchtigen. Ein Ausweg besteht also darin, den Teil des Bildschirms, auf den wir es abgesehen haben, mit Leerstellen auszufüllen. Bei einer 16K-Maschine mit RAMTOP über 3¼K bewirkt das CLS; es erzeugt 24 Zeilen von je 32 Stellen. Bei einem Computer mit 1K könnten wir, um die oberen fünf Zeilen auf Leerstellen zu setzen, schreiben:

    1Ø   FOR L=1 TO 5
    2Ø   FOR C=1 TO 32
    3Ø   PRINT "☐"
    4Ø   NEXT C
    5Ø   PRINT
    6Ø   NEXT L

VIDEO-INVERSION ODER NEGATIVSCHRIFT

Nun wollen wir mehr Ehrgeiz entwickeln.

Langweilt es Sie, immer dasselbe Display sehen zu müssen? Wie wäre es mit Weiß auf Schwarz? Verfassen wir eine Routine zur Inversion der Display-datei. Das Prinzip ist einfach: Gehen Sie die Datei durch und setzen Sie jedes Zeichen in Negativschrift, ausgenommen NEWLINEs. Zum Vergleich die Routine in BASIC:

```
1∅   LET D=PEEK 16396+256*PEEK 16397

2∅   LET B=22

3∅   LET D=D+1

4∅   LET P=PEEK D

5∅   IF P=118 THEN GOTO 1∅∅

6∅   POKE D,P+128-256*(P-127)

7∅   GOTO 3∅

1∅∅  LET B=B-1

11∅  IF B=∅ THEN STOP

12∅  GOTO 3∅
```

Displaydatei in Negativschrift

Tippen Sie das ein, bauen Sie ein hübsches Display auf und fahren Sie das Ding. Na ja, gut, ein bißchen *langsam*, nicht? Mit Maschinencode sollte das schneller gehen. Die Maschinensprache verfährt nach einem ganz ähnlichen Schema wie das BASIC-Programm:

190

∅∅∅∅		LD B, Zeilenzahl	∅616
∅∅∅2		LD HL,(D-FILE)	2A∅C4∅
∅∅∅5	LOOP:	INC HL	23
∅∅∅6		LD A,(HL)	7E
∅∅∅7		CP A, Newline	FE76
∅∅∅9		JRZ,SKIP	28∅5
∅∅∅B		ADD A,128 Dezimal	C68∅
∅∅∅D		LD (HL),A	77
∅∅∅E		JR,LOOP	18F5
∅∅1∅	SKIP:	DJNZ LOOP	1∅F3
∅∅12		(normiertes Ende über LADER anfügen)	

Die Adressen sind relative: Laden Sie das, wie gewohnt, mit LADER. Die relativen Sprunggrößen (unterstrichen) müssen am Ende mit Hilfe der Tabelle in Anhang 1 getrennt berechnet werden.)
Zeigen Sie jetzt ein hübsches Display mit einer BASIC-ROUTINE an und rufen Sie über USR den obigen Maschinencode auf. Das geht nun wirklich schnell! Beachten Sie, wie die Mnemotechnik des Maschinencodes dem BASIC-Programm entspricht. Und noch ein Vorteil der Maschinensprache: Fügen Sie dem Code 128 (Hex 8∅) an, um Bildinversion zu erreichen und machen Sie sich keine Sorgen, ob Sie 256 überschreiten, weil die zusätzliche Übertragsziffer am Registerende einfach herunterfällt. (NB: Bei 1K erscheint nicht das ganze Display negativ. Warum nicht? Welcher Teil wird umgewandelt?)

ZEILEN ZEICHNEN

Um eine horizontale Zeile von 1∅ Zeichen Länge in der obersten Zeile des Displays zu erhalten, könnten wir den folgenden Code ausführen:

	LD A,88	3E88	anzuzeigenden Wert setzen
	LD B,∅A	∅6∅A	Schleifenzähler setzen
	LD HL,(4∅∅C)	2A∅C4∅	auf erstes Zeichen in Display-
			datei zeigen
	INC HL	23	
LOOP:	LD (HL),A	77	Display
	INC HL	23	auf nächstes Zeichen zeigen
	DJNZ LOOP	1∅FC	alles noch einmal

Wenn wir das im Display an irgendeiner anderen Stelle machen wollen, brauchen wir nur den Wert in HL zu verändern, um mit angemessenem Abstand zu beginnen. Im Prinzip ist es leicht, die notwendige Versetzung zu berechnen. Stellen wir uns die Displaydatei so vor:

```
                 1                   2                   3
Spalte →   Ø 1 2 3 4 5 6 7 8 9 Ø 1 2 3 4 5 6 7 8 9 Ø 1 2 3 4 5 6 7 8 9 Ø 1
Reihe Ø  >□□□□□□□□□□□□□□□□□□□□□□□□□□□□□□□□□□□>
  ↓   1   □□□□□□□□□□□□□□□□□□□□□□□□□□□□□□□□□□□>
      2   □□□□□□□□□□□□□□□□□□□□□□□□□□□□□□□□□□□>
      3   □□□□□□□□□□□□□□□□□□□□□□□□□□□□□□□□□□□>
      4   □□□□□□□□□□□□□□□□□□□□□□□□□□□□□□□□□□□>
      .
      .
      .
```

und so weiter

Wenn HL nach dem Laden aus D-FILE erhöht wird, so daß er auf Spalte Ø, Reihe Ø zeigt, multiplizieren wir einfach die gewünschte Zeilennummer mit 33 und fügen die Spaltennummer an. Das heißt:

Versetzung = Reihe * 33 + Spalte

Wir könnten unter der Voraussetzung, daß der Reihenwert 7 nie übersteigt, hier unseren 8 Bit-Multiplikator verwenden. Es gibt aber einen eleganteren Weg:

Versetzung = Reihe * (32+1) + Spalte

            = Reihe * 32 + Reihe + Spalte

Obwohl dieser Ausdruck für die Versetzung komplizierter zu sein scheint als der erste, besitzt er den Vorteil, daß die Multiplikation jetzt im Quadrat stattfindet $2(2^5)$, wir die Reihe also nur noch fünfmal nach links verschieben müssen, um "Reihe*32" zu bestimmen.

Gehen wir jetzt davon aus, daß der Reihenwert im E-Register und der Spaltenwert im C-Register verfügbar seien. Wir können den Abstand so berechnen:

```
           LD B,Ø5        Ø6Ø5
SHIFT:     SLA E          CB23
           DJNZ SHIFT     1ØFC
```

Halt! So leicht geht es nun doch nicht! Dieser Codebaustein verschiebt den Inhalt von Register E in der Tat 5mal nach links, und das ist fein, wenn "Reihe*32" kleiner ist als 255. Es könnte sehr leicht aber auch höher sein, und dann läuft Register E über. Wir brauchen also ein 16 Bit-Register. Wenn wir DE verwenden, kann der obige Code als Grundlage für die Routine dienen, man muß aber Verschiedenes hinzufügen. Als erstes muß dafür gesorgt werden, daß D zu Beginn Null enthält. Zweitens: Wir möchten, daß die Bits, die am linken Ende von E herunterfallen, in D erscheinen und sich dort verschieben. Das Folgende funktioniert:

	LD D,∅∅	16∅∅	D löschen
	LD B,∅5	∅6∅5	Schleifenzähler in B laden
SHIFT:	SLA D	CB 22	DE nach links
	SLA E	CB 23	verschieben
	JRNC EOL	3∅∅1	Geh ohne Übertrag zum
			Schleifenende
	INC D	14	stell Übertrag in das jüngere
			Bit von D
EOL:	DJNZ SHIFT	1∅F7	auf Schleifenende testen

Das wollen wir nun in HL hineintun, nachdem wir es zuerst mit der Adresse des ersten Zeichens in der Displaydatei geladen haben:

	LD HL,(4∅∅C)	2A∅C4∅
	INC HL	23
	ADD HL,DE	19

Leider müssen wir jetzt den Reihenwert in HL einfügen, aber die Kopie von E ist durch die Verschiebungen gelöscht worden. In Wahrheit kein Problem, weil wir den Reihenwert von BASIC vermutlich dadurch auf die gewohnte Weise weitergegeben haben, daß wir ihn kurz vor Beginn der Maschinencode-Routine durch POKE auf den Byte setzten, wo er noch verfügbar ist. Wir brauchen also nur D auf Null zu setzen, E mit diesem Byte zu laden und noch einmal ADD HL,DE hinzuzufügen. Das wirft aber die Frage auf: "Hätte man das eleganter lösen können?"
Allerdings:

	LD HL,(4∅∅C)	2A∅C4∅	Adresse des ersten Zeichens
	INC HL	23	in Displaydatei berechnen
	LD D,∅∅	16∅∅	Reihenwert
	ADD HL,DE	19	dazuaddieren
	LD B,∅5	∅6∅5
	......	
	wie vorher		32*Reihe berechnen
	......	
EOL:	DJNZ SHIFT	1∅
	ADD HL,DE	19	in HL stellen
	ADD HL,BC	∅9	Spaltenwert in HL einfügen

193

Nun führen wir die Routine "eine Zeile zeichnen" einfach so aus wie zuvor:

	LDA,88	3E88	(oder beliebig)
	LD B,ØA	Ø6ØA	
LOOP:	LD (HL),A	77	
	INC HL	23	
	DJNZ LOOP	1ØFC	

Die bereinigten Hexcodes werden unten angegeben.

In der Routine ist kein Test enthalten, der überprüft, ob die gezeichnete Linie nicht über den rechten Displayrand hinausgeht. Eine solche Prüfung sollte natürlich enthalten sein, weil am Zeilenende sonst alle möglichen Rücksprünge gelöscht werden. Am einfachsten ginge das, wenn man testen würde, ob das Zeichen, das wir überschreiben wollen, ein neuer Zeilenanfang ist. Wenn ja, dann tun Sie es nicht.

Diese Routine liefert wegen der INC HL-Anweisung in der Schleife eine horizontale Zeile. Wenn Sie HL durch einen anderen Wert als 1 verändern, erhalten wir andere Anordnungen. Geben Sie INC HL zweimal, zeigt beispielsweise jede zweite Displayposition das Zeichen an. Wenn Sie bei jeder Schleife in HL 33 (Dezimal) eingeben, erhalten wir eine vertikale Zeile. Durch 34 (Dezimal) bei jeder Schleife in HL wird sie diagonal.

Sie können sich eine ganze Bibliothek solcher Routinen anlegen und, wenn Sie diese oder jene Zeile haben wollen, sie einfach aufrufen.

LISTING

Hier der vollständige Code. Diesmal geben wir uns im Listing nicht mit Adressen ab; sie sind (erneut dank *relativer* Sprünge) nicht wichtig.

	LD C,ØØ	ØEØØ
	LD E,ØØ	1EØØ
	LD HL,(4ØØC)	2AØC4Ø
	INC HL	23
	LD D,ØØ	16ØØ
	ADD HL,DE	19
	LD B,Ø5	Ø6Ø5
SHIFT:	SLA D	CB22
	SLA E	CB23
	JRNC EOL	3ØØ1
	INC D	14

```
EOL:        DJNZ SHIFT       1ØF7

            ADD HL,DE        19

            ADD HL,BC        Ø9

            LD B,ØØ          Ø6ØØ

            LD A,ØØ          3EØØ

LOOP:       LD (HL),A        77

            LD DE,ØØØØ       11ØØØØ

            ADD HL,DE        19

            DJNZ LOOP        1ØF9
```

Die unterstrichenen Nullen müssen, bevor die Routine aufgerufen wird, wie folgt mit POKE eingegeben werden:

Startadresse+1:	Beginn Spalte (z. B.: Ø5 für Spalte 5)
Startadresse+3	Beginn Reihe (z. B. Ø7 für Reihe 7)
Startadresse+25:	Zahl der zu plottenden Zeichen (z. B. ØA)
Startadresse+27:	Code der Grafikzeichen (z. B. 86 für ■)
Startadresse+3Ø:	Wert, zwischen Plots in HL gestellt (z. B. Ø1 für horizontale, 21 für vertikale, 2Ø oder 22 für diagonale Zeilen)
Startadresse+31:	normalerweise nicht verwendet, außer der einzufügende Wert übersteigt 255, sonst auf ØØ setzen.

Sobald Sie das geladen und verfolgt haben, was es leistet, denken Sie einmal darüber nach, wie Sie das in BASIC-Programme einbauen können, etwa, um eine Folge von Quadraten (wie das RECHTECKE ZEICHNEN auf Seite 43 von Computer Shop, Band 1) zu generieren. Verwenden Sie RND, um die linke obere Ecke (Spalte und Reihe) und die Seitenlänge zu finden. Geben Sie dann über POKE die relevanten Adressen in die Maschinencode-Routine ein und rufen Sie sie über USR auf. Tun Sie das viermal, um die vier Seiten des (offenen) Rechtecks zu erhalten. Vergessen Sie nicht, die Größen zu testen, damit alles auf den Bildschirm paßt!

22 WOVON ICH NOCH NICHTS ERZÄHLT HABE

Ein paar neue, wichtige Befehle: Blocksuche und Blockübertragung. Die Wechselregister. Und Programme, um begrenzte Bereiche des Bildschirms mit SCROLL rasch auf und ab und seitwärts zu rollen.

Alles hübsch der Reihe nach – in Wirklichkeit war es Humpty-Dumpty (siehe Seite 151).

Ich habe an bestimmten Stellen dieses Kapitels vereinfacht (sogar zu stark vereinfacht) und entschuldige mich nicht dafür. Maschinencode ist ja nicht gerade das Allereinfachste; sämtliche Merkmale und Eigenschaften mit einem Schlag aufzuführen, würde nur Verwirrung stiften. Wenn Sie sich aber schon andere Bücher über Z8Ø-Maschinencode oder in Zeitschriften Maschinencode-Listings für den ZX81 angesehen haben, werden Sie sich wohl fragen, warum ich vieles auf scheinbar so unsinnige Weise anstelle.

Ich will versuchen, die Sache wieder ins Lot zu rücken.

BLOCKSUCHE

Erstens: Es gibt ein paar sehr wirksame Befehle, die einen ganzen Speicherblock absuchen. Ich nehme CPDR, die Abkürzung für "compare, decrement and repeat" (zu deutsch: "vergleiche, dekrementiere – also vermindere – und wiederhole"), als Beispiel.

Wenn ich einen Codeteil wie diesen schreibe:

	LD BC,Ø1ØØ	Ø1ØØ1
	LD HL,5ØØØ	21ØØ5Ø
	LD A,Ø5	3EØ5
	CPDR	EDB9
NEXT:	– –	

geschieht Folgendes:

Sobald die CPDR-Anweisung auftritt, wird der Wert im A-Register mit dem Inhalt des Bytes verglichen, auf das HL zeigt. Sind sie gleich, geht die Steuerung auf NEXT: über. Sind sie es nicht, werden BC und HL jeweils um 1 dekrementiert, das "Vergleiche" wird wiederholt, bis eine Entsprechung gefunden ist oder bis BC Null enthält. Mit anderen Worten: Diese 4 Befehle sagen: "Finde das erste Vorkommen eines Bytes, das Ø5 enthält, von der Adresse 5ØØØ (Hex) bis hinunter zu Adresse 4FØØ und laß HL darauf zeigen. Wenn es keines gibt, stell BC auf Null."

196

Mein erstes Beispiel für die Anwendung von Sprüngen, eine kleine Schleife "Vergleiche", hätte also viel einfacher sein können. Allerdings wären damit dann auch keine Sprünge zu erläutern gewesen!

BLOCKÜBERTRAGUNG UND VERSCHIEBEN DES BILDSCHIRMINHALTS

Zweitens: Es gibt auch *Blockübertragungs*-Befehle LDIR und LDDR, die für die Verschiebung von Datenblöcken im Speicher unentbehrlich sind. Beispiel: LDIR. Zur Verwendung des Befehls laden Sie

● HL mit der Adresse des ersten Bytes, das übertragen werden soll
● DE mit der Adresse des ersten Zielbytes
● BC mit der Zahl der Bytes, die verschoben werden sollen.

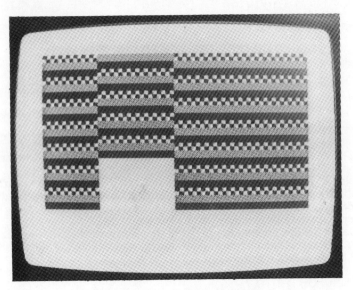

Teilverschiebung des Bildschirminhalts

LDIR überträgt dann das erste Byte, inkrementiert HL und DE, dekrementiert BC und setzt das fort, bis BC bei Ø ist. LDDR ist ähnlich, dekrementiert aber HL und DE (und, wie gehabt, auch BC). Damit Sie LDIR in Aktion sehen können, hier eine sehr nützliche Routine, mit der Sie ein Band auf dem Bildschirm wegrollen können, während das Übrige an seinem Platz bleibt.

	SPALTE	Ø7 ØØ	⎤ Daten
	BREITE	Ø9 ØØ	⎦ setzen
	LD A,ØØ	3EØØ	⎤
	LD HL,(D-FILE)	2AØC4Ø	für Blocküber-
	LD DE,(SPALTE)	ED5BØØ7F	tragung vor-
	ADD HL,DE	19	bereiten
	INC HL	23	⎦
LOOP:	LD D,H	54	⎤
	DL E,L	5D	Teil einer
	LD BC,ØØ21	Ø1 21 ØØ	Zeile nach
	ADD HL,BC	Ø9	oben ver-
	PUSH HL	E5	schieben
	LD BC,(BREITE)	ED4BØ27F	
	LDIR	EDB2Ø	⎦
	POP HL	E1	⎤ teste und
	INC A	3C	wiederhole, bis
	CPA,16	FE16	letzte Zeile
	JRNZ,LOOP	2ØED	⎦ erreicht ist

Die Zahlen in SPALTE und BREITE können durch POKE verändert werden: hier habe ich für ein Abrollen gesorgt, das in Spalte 7 beginnt und die Breite 9 hat. Das bedeutet, daß die Spalten 7, 8, 9, 1Ø, 11, 12, 13, 14, 15 abrollen, die übrigen aber nicht. Vor der Startadresse stehen 4 Datenbytes.

Damit Sie das erleben können, müssen Sie etwas liefern, das auch wirklich *rollt*; ein leerer Bildschirm ist nicht sehr aufregend! Eine Möglichkeit ist die, LADER ein paar Zeilen anzufügen:

```
212  FOR I=1 TO 7
214  PRINT "AAAAAAAAAAAAAAAAAAAAAAAAAAAAAAAAAAAA
     BBBBBBBBBBBBBBBBBBBBBBBBBBBBBBBBBBBB
     CCCCCCCCCCCCCCCCCCCCCCCCCCCCCCCCCCCC";
216  NEXT I
```

Und wenn Sie mehr als eine Zeile rollen wollen, setzen Sie den USR-Befehl in eine Schleife:

```
218  FOR I=1 TO 13
22Ø  LET Y=USR(B+D)
222  NEXT I
```

Experimentieren Sie. Setzen Sie verschiedene Muster auf den Bildschirm, bevor Sie rollen.

Die unterstrichene 16 kann verändert werden (aber nur zu einem kleineren Wert), damit das Abrollen nur bis zu einer bestimmten Reihe erfolgt. Wenn Sie den Anfang verändern, können Sie ein Rechteck auswählen und dieses rollen. Sie müssen sich überlegen, was mit der untersten Zeile geschieht, sonst wird sie einfach am selben Platz wieder gesetzt.

Sie *können* auch mit BASIC Teile des Bildschirminhalts verschieben, aber das läuft so langsam, daß es uninteressant ist.

SEITWÄRTS ROLLEN

Hier noch eine nützliche Routine der gleichen Art. Sie rollt den ganzen Bildschirm seitwärts weg, so, als sei das Display zylindrisch. In jeder Displayzeile wird das erste Zeichen auf den Stapel gesetzt, der Rest verschoben, dann das erste wieder abgenommen und am oberen Ende aufgesetzt. Das wiederholt sich bei allen Displayzeilen.

	LD A,Ø	3EØØ	Schleifenzähler setzen
	LD HL,(D-FILE)	2AØC4Ø	für Blocküber-
	INC HL	23	tragung der ersten
	LD D,H	54	Zeile
	LD E,L	5D	initialisieren
	INC HL	23	
LOOP:	PUSH AF	F5	Schleifenzähler sichern
	LD A,(DE)	1A	
	PUSH AF	F5	
	LD BC,31 dec	Ø11FØØ	eine Reihe
	LDIR	EDBØ	um eine Stelle
	POP AF	F1	nach links drehen
	DEC HL	2B	
	LD (HL),A	77	
	POP AF	F1	Schleifenzählung
	INC A	3C	inkrementieren

199

INC HL 3 MAL	232323	⎤ nächste Reihe
INC DE ZWEIMAL	1313	⎦ berücksichtigen
CP A,22 dec	FE 16	⎤ Sprung, falls
JRNZ LOOP	2ØEA	⎦ Schleifenzählung nicht auf letzter Reihe

Damit es besonders schön wird, betten Sie das in eine BASIC-Schleife ein, so daß der Schirm mehrmals wegrollt, und sorgen für ein schönes Display zum Abrollen. Ein Beispiel:

```
212  FOR I=Ø TO 21

214  PRINT AT I,I; "SCROLL"

216  NEXT I

22Ø  LET Y=USR(B+D)

222  GOTO 22Ø
```

Zur Beachtung: In Maschinencode können Sie die 22. und 23. Reihe des Bildschirms anzeigen, die normalerweise für Fehlermeldungen reserviert sind; die vorletzte Zeile Maschinencode ändern Sie dann so ab:

```
CP A,24 dec      FE18
```

Dazu noch eine Bemerkung: Wenn Sie einen Bildschirm mit 24 Reihen als Teil eines BASIC-Programms verwenden, kann es vorkommen, daß die beiden untersten Zeilen dem Operationssystem ins Gehege geraten und einen Zusammenbruch herbeiführen.

DOWNLOAD, Anhang 7, bietet ein weiteres Beispiel für Blockübertragung.

MNEMOTECHNIK

Ich sollte noch erwähnen, daß manche Leute ein bißchen andere mnemotechnische Opcodes verwenden als die von mir beschriebenen. Beispiel: Wo ich LD A,(nn) schreibe, heißt es bei anderen Leuten LD (nn). Ursache dafür: Das A-Register kann als einziges direkt geladen werden; man muß es also nicht unbedingt eigens angeben. Ich halte es aber für eine nützliche Gedächtnisstütze, es jedesmal zu nennen.

WECHSELREGISTER

Ich habe erwähnt, daß es Wechselregister gibt, und mich dann nicht mehr damit befaßt. Sie können jederzeit auch ohne sie auskommen, und übermäßig nützlich sind sie auch nicht. Rechnen kann man mit ihnen nicht. Ihr wesentlichster

Nutzen besteht darin, daß sie vorübergehend den Inhalt des Hauptteils sichern, während Sie irgendeine Routine fahren, die den Inhalt des Hauptregisters auf eine Weise verändert, die Sie nicht brauchen können. Das geschieht durch den Austausch der Inhalte von Haupt- und Wechselsätzen vor und noch einmal nach der störenden Routine:

EX AF,AF′	Ø8	vertausche AF mit AF′
EXX	D9	vertausche BC, DE,HL mit BC′,DE′,HL′
CALL . . .	CD—	rufe störende Routine auf
EX AF,AF′	Ø8	Register
EXX	D9	wiederherstellen

Dasselbe können Sie natürlich bewirken, wenn Sie den Registerinhalt, der gesichert werden soll, vor dem CALL mit PUSH auf den Stapel schieben und ihn nachher mit POP wieder abnehmen.

Im Rechen- und Displaymodus (SLOW) benutzt das ZX81-System die A′- und F′-Register. Verwenden Sie diese Register also nur dann, wenn Sie mit FAST fahren. Außerdem wird das X-Register benützt – nehmen Sie deshalb für das Indizieren IY. Ebenso geht mein LADER-Programm davon aus, daß die Register I und IY stets mit 1E und 4ØØØ geladen werden müssen, wie es im Handbuch von Sinclair steht; in der Regel ist das aber unnötig, und Sie können diese Befehle vielleicht weglassen. Aber das RET *ist* notwendig.

FLAGGEN

Ich habe die technischen Einzelheiten des F-Registers gemieden. Hier aber eine kurze Zusammenfassung. Wenn Sie mehr wissen wollen, greifen Sie nach einem der Maschinencode-Bücher auf dem Markt.

Das F-Register hat Platz für acht Flaggen, verwendet aber nur sechs seiner verfügbaren Bits. Diese Flaggen sind:

C	Übertrag (Carry)
Z	Null (Zero)
S	Vorzeichen (Sign)
P/V	Parität/Überlauf (Parity/Overflow)
H	Halber Übertrag (Half-Carry)
N	Subtraktion (Subtract)

Sie sind im Register folgendermaßen angeordnet:

S	Z	X	H	X	P/V	N	C

wobei X "nicht benützt" bedeutet.

Die Übertragsflagge wird betroffen hauptsächlich von Additions-, Subtraktions-, Dreh- und Schiebebefehlen. Wie das geht, haben wir schon gesehen.

Die Nullflagge wird von enorm vielen Befehlen betroffen. Grob gesprochen: Wenn irgend etwas (außer LD, INC, DEC) den Inhalt von A verändert, wird, falls A Null ist, die Nullflagge (auf 1) gesetzt, im anderen Fall neu (auf $\emptyset$) gesetzt. BIT setzt die Flagge, wenn das angegebene Bit Null ist. CP setzt die Flagge nach dem Ergebnis eines Vergleichs oder setzt sie zurück.

Die Vorzeichen-Flagge speichert das Vorzeichenbit des Resultats der gerade ausgeführten Operation: 1 für negativ, $\emptyset$ für positiv.

Die P/V-Flagge wirkt bei arithmetischen oder logischen Befehlen verschieden. Bei Arithmetik wird sie gesetzt, wenn in der Zweierkomplement-Arithmetik ein *Überlauf* vorliegt (d.h., wenn die Summe zweier positiver Zahlen am Ende des Akkumulators überläuft und ein scheinbar negatives Ergebnis liefert). Bei einer logischen Operation wird sie auf $\emptyset$ gesetzt, wenn das Byte in A eine *gerade* Zahl von Bytes besitzt, die 1 entsprechen, und auf 1, wenn die Zahl der 1 entsprechenden Bits *ungerade* ist. Die Eigenschaft ungerade/gerade der 1 entsprechenden Bits nennt man die *Parität* des Bytes.

Die H- und N-Flaggen werden nur für binärcodierte Dezimalrechnungen verwendet und können vernachlässigt werden.

ROM-ROUTINEN

Ich muß mich auch schuldig bekennen, hin und wieder das Rad neu erfinden zu haben. Damit ist gemeint: Der BASIC-Interpreter im ROM muß Routinen aufrufen, wie wir sie entwickelt haben. Warum *rufen* wir sie also nicht einfach, statt selbst welche zu schreiben? Generell ist die Antwort die, daß es viel vernünftiger gewesen wäre, das zu tun, weil das viel Mühe und, was fast genauso wichtig ist, Speicherplatz spart. Aber: Was *dieses* Buch angeht, ist es mein Ziel gewesen, Ihnen vom Z80-Maschinencode zu berichten und, soweit das überhaupt geht, die besonderen Eigenschaften des ZX81 außer acht zu lassen. Wenn alle Beispiele nur Aufrufe von Adressen im ROM gewesen wären, hätten Sie nicht viel lernen können! Selbstverständlich muß man wissen, wo die ROM-Routinen sind, wenn man sie nutzen will. Darüber gibt es gute Bücher wie Ian Logans "Sinclair ZX81 ROM Disassembly" oder Toni Bakers "Mastering Machine Code on your ZX81". Dort wird auf viel mehr Einzelheiten eingegangen, als ich hier wegen Platzmangels ausbreiten kann. Man geht da aber viel schneller vor, und ROM-Routinen stehen dort im Vordergrund.

SINNVOLLE ANWENDUNG VON MASCHINENCODE

Schließlich möchte ich noch auf zwei Dinge zurückkommen, die ich zu Anfang nicht weiterverfolgt habe. Es war die Rede davon, weshalb ein Maschinencode-Programm schneller läuft als BASIC. Dafür gibt es noch andere Gründe als den, daß BASIC Anweisungen jedesmal erst übersetzen muß, wenn sie ausgeführt werden. Ich will das an einem Beispiel erklären:

BASIC	Maschinencode
1Ø FOR I=2Ø TO 1 STEP−1	LD B,14
....	LOOP: ....
5Ø NEXT I	DJNZ LOOP

In beiden Fällen wird bei jeder Ausführung der Schleife eine Variable um 1 vermindert oder dekrementiert. Dieser Prozeß ist bei BASIC aber viel komplizierter als im Maschinencode. Der Grund: Da BASIC sich zeitweise mit Dezimalwerten befassen muß, geht es davon aus, daß es das die ganze Zeit über zu tun hat, und zieht deshalb 1.ØØØØØØØØ ab, was nicht einfacher ist, als 1.58712684 abzuziehen. Die angewendete Prozedur ist in der Tat recht kompliziert und zeitraubend. Maschinencode dagegen verwendet einen einzigen, seinem Zweck angepaßten Befehl. Das geht etwa 1ØØmal schneller.

Der andere zunächst zurückgestellte Punkt: Maschinencode kann mehr Speicherplatz beanspruchen, als das Gegenstück in BASIC. Das folgende Beispiel soll zeigen, woran das liegt:

BASIC	Maschinencode	Zahl der Bytes
3Ø IF R=P AND P=Q THEN		
LET P=W	LD HL, 5ØØØ	3
	LD A, (HL)	1
	LD HL, 5ØØ1	3
	SUB A, (HL)	1
	JRNZ NEXTBIT	2
	LD HL, 5ØØ1	3
	LD A, (HL)	1
	LD HL, 5ØØ2	3
	SUB A, (HL)	1
	JRNZ NEXTBIT	2
	LD HL, 5ØØ1	3
	LD A, (5ØØ3)	3
	LD (HL), A	1
NEXT BIT:		27 GESAMT

Maschinencode unterstellt, daß R, P, Q und W in den Bytes 5ØØØ, 5ØØ1, 5ØØ2 und 5ØØ3 enthalten sind. In der Praxis wäre das nicht ganz so einfach, weil jede Zahl 5 Bytes besetzt und das SUB in Wirklichkeit ein CALL zu einer Fließkomma-Subtraktionsroutine wäre. Jedenfalls würde der konkrete Code mindestens ebensoviele und vermutlich sogar mehr als die angegebenen 27 Bytes brauchen. Die entsprechende BASIC-Zeile besetzt nur 18 Bytes, eines für jedes Symbol (IF, =, W, AND, und so weiter), für die Zeilennummer 4, für den Zeilenbegrenzer 1. Je komplexer die BASIC-Anweisung, desto mehr Speicherplatz kostet die Maschinencode-Version.

WO MAN MASCHINENCODE NOCH SPEICHERN KANN

Der Hauptnachteil beim Speichern von Code über RAMTOP ist der, daß man ihn nicht sichern kann. Der Vorteil: Man kann dafür anderes darunter speichern. Aber für die Sicherung des Codes gibt es Alternativen.

Ein beliebter Kniff besteht darin, das Ganze in einer REM-Anweisung zu speichern, der ersten Zeile eines BASIC-Programms. Das erste Zeichen nach dem REM hat Adresse 16514. Sie schreiben Ihr BASIC-Programm also mit dem Anfang

    1   REM XXXXXX...X

und so vielen X-Zeichen, daß der Code hineinpaßt, dann geben Sie den Maschinencode mit POKE ein. Ich habe das zu Beginn dieses Abschnitts getan, als ich SCHNELLE KASSEN vorführte. Der Code wird festgelegt durch RAND USR 16514 (oder LET Y=USR 1651, etc.) und kann gesichert werden; außerdem wird er durch RUN nicht gelöscht.

Zu Ihrer Erbauung liefert Anhang 7 ein Maschinencode-Programm DOWNLOAD, das, verbunden mit HELPA, den Code automatisch in eine REM-Anweisung setzt – ja, sogar in ein anderes Programm!

Den Code kann man ferner in einem Zeichenstring speichern, der (über die Systemvariable VARS) leicht aufzufinden ist, vorausgesetzt, Sie stellen ihn als erste vereinbarte Variable auf – beginnen also mit einer Stringtabelle, die groß genug ist:

    1 DIM A$(79)   (um 79 Bytes aufzunehmen)

und setzen den Maschinencode, wenn Sie den String aufbauen, in A$(1), A$(2) etc. Die Startadresse ist 6+PEEK 16400+256*PEEK 16401. Der größte Nachteil dabei: RUN oder CLEAR löschen Ihren Code. Und die Startadresse wandert manchmal. Andererseits: Sie können eine REM-Anweisung zwar ungefährdet mit LIST anzeigen (auch wenn das Resultat wenig Sinn ergibt), aber es ist klug, nicht mit EDIT zu arbeiten oder am selben Platz eine neue Zeile hineinschreiben zu wollen, um die alte loszuwerden. Unter bestimmten Umständen (vor allem dann, wenn es sich um einen langen Code handelt), können Sie auf diese Weise einen Zusammenbruch herbeiführen.

DEBUGGING

Es gibt im Maschinencode keine eingebauten Debugging-Einrichtungen; HELPA hilft Ihnen zwar dabei, Code zu redigieren, ist aber eigentlich nicht dazu gedacht, Fehler auszumerzen. (Das gilt auch für einige andere Programme, die laut Werbung für das "Debugging" von Maschinencode geeignet sein sollen!)

In diesem Stadium stellen Sie am besten auf ganz altmodische Weise mit Papier und Bleistift einen *Schreibtischtest* an (siehe Computer Shop Band 1, Seite 55). Natürlich können Sie Protokollierungsanweisungen in Maschinencode einfügen, aber Vorsicht bei Veränderungen von Adressen und Sprunggrößen.

Ein nützlicher (wenngleich scheinbar plumper) Trick ist der, die Routine zuerst in BASIC zu schreiben und in *dieser* Form von Fehlern zu befreien. Verwenden Sie dabei nur BASIC-Befehle, die dem Maschinencode entsprechen. (Das heißt: *Ahmen* Sie den Maschinencode in BASIC nach.) Das geht, wenn überhaupt, zwar langsam, aber man kann so ein Debugging vornehmen.

Für die wirklich Ehrgeizigen bietet sich hier eine Aufgabe an. Die Idee: HELPA durch eine Routine EINZELSCHRITT zu verbessern, die das Programm Befehl für Befehl durcharbeitet und die Register auf dem Bildschirm anzeigt. Sie müssen *a)* eine Maschinencode-Routine schreiben, um mit PUSH alle Register auf den Stapel zu setzen und sie dann in Hex auf dem Bildschirm anzuzeigen; *b)* eine Routine anfügen, die eine Keyboard-Eingabe verlangt; *c)* zwischen jeder Zeile des Maschinencode-Programms ein CALL zu dieser Routine schreiben (verwenden Sie die **-Begrenzer in HELPA, um anzugeben, wo), und *d)* erarbeiten, wie Sie zu BASIC zurückkehren können, wenn Sie das wollen.

Für *b)* brauchen Sie eine ROM-Routine bei Adresse Ø2BB (aufgerufen durch CD BBØ). Sie setzt einige Zahlen in das HL-Register, die von der jeweils gedrückten Taste abhängen: So ergibt Taste Z beispielsweise FBFE. (Jetzt haben Sie alles, was Sie brauchen, aber um Zeit zu sparen, gibt es bei Ø7BD noch eine andere Routine, die den Zeichencode in HL setzt, wenn das Resultat von Ø2BB vorher in BC geladen wird.) Daran hängt noch wesentlich mehr. Ich schlage vor, daß Sie das erst zu schreiben versuchen, wenn Sie alles andere in diesem Band verdaut haben.

PROBELAUF EINER ROUTINE ZUR ZEILEN-NEUNUMERIERUNG

Als Beispiel für Debugging mit Hilfe eines Schreibtischtests erzähle ich Ihnen von meinem ersten Versuch, eine Routine zur Neunumerierung eines BASIC-Programms zu schreiben, und wie sie von Fehlern befreit wurde. Da es in der Tat der erste Versuch war, wollte ich mich auf nichts Raffiniertes einlassen; ich dachte einfach an eine Routine, um das BASIC-Programm durchzugehen und die Zeilen 1Ø, 2Ø, 3Ø, ... in Zehnerschritten zu numerieren. Als das lief, bildete ich mir ein, es verfeinern zu können (wahlfreier Start und Abschluß, beliebige Schrittgröße, etc.)

Will man das bewirken, so muß man wissen, wie die BASIC-Zeilen gespeichert werden. Sie besetzen einen Block von Adressen, der bei 165Ø9 beginnt und unmittelbar vor dem in D-FILE gespeicherten Wert endet. Und jede Zeile hat folgende Form:

NS	NJ	LJ	LS	Code für Zeile incl. Marken	NEWLINE

Hier ist NS das höherwertigere und NJ das niederwertigere Byte der Zeilennummer (in 2 Byte-Hex), LJ, LS das niederwertigere und das höherwertigere Byte der Zeichenzahl im BASIC-Befehl dieser Zeile. Beachten Sie die Reihenfolge der Bytes – das ist *kein* Irrtum.

Beispielsweise wird das Programm

1   REM

5   PRINT A

(wir brauchen es für den Schreibtischtest) folgendermaßen gespeichert:
(hw: höherwertig, nw: niederwertig)

Adresse	Inhalt	Bemerkungen
16509	0	hw. Byte der ersten Zeilennummer
16510	1	nw. Byte der ersten Zeilennummer
16511	2	nw. Byte der Zeilenlänge
16512	0	hw. Byte der Zeilenlänge
16513	234	Merkzeichen für REM
16514	118	NEWLINE
16515	0	hw. Byte der zweiten Zeilennummer
16516	5	nw. Byte der zweiten Zeilennummer
16517	3	nw. Byte der Zeilenlänge
16518	0	hw. Byte der Zeilenlänge
16519	245	Merkzeichen für PRINT
16520	38	Code für A
16521	118	NEWLINE
16522	118	NEWLINE, das Displaydatei beginnt
16523	0	Erstes Zeichen in Displaydatei
....		

Sie sollten das alles dadurch prüfen, daß Sie das kleine Testprogramm oben eintippen und im Befehlsmodus 16509 etc. mit POKE eingeben. Stellen Sie außerdem fest, ob D-FILE 16522 enthält, indem Sie PRINT PEEK 16396+256*PEEK 16397 verlangen.

Unsere Aufgabe besteht nun darin, den BASIC-Bereich nach Zeilennummern abzusuchen und sie zu ändern. Beachten Sie, daß die Zeilennummern (abgesehen von 16509–16510) die zwei Bytes *nach* einem NEWLINE sind. Sie müssen also immer wieder nach NEWLINE suchen, zwei Bytes inkrementieren und verändern, wiederholen und fortsetzen, bis Sie ans Ende des BASIC-Bereichs gelangen.

Das führte zu folgendem Code:

```
                 LD HL, (D-FILE)  2AØC4Ø
                 LD BC, 165Ø9     Ø17D4Ø
                 SBC HL, BC       ED42
                 LD B, H          44
                 LD C, L          4D
                 DEC BC           ØB
                 LD HL, 165Ø9     217D4Ø
                 LD DE, 1Ø DEC    11ØAØØ
                 JR: RENUMBER     1816
LOOP:            LD A,Ø           3EØØ
                 CPA, B           B8
                 JRNZ SKIP        2ØØ5
                 CPA, C           B9
                 JRNZ SKIP        2ØØ2
                 JR END           18 1B
SKIP:            INC HL           23
                 DEC BC           ØB
                 PUSH BC          C5
                 LD A, (HL)       7E
                 LD B, NEWLINE    Ø676
                 CPA, B           B8
                 POP BC           C1
                 JRNZ LOOP        2ØEC
FOUND:           INC HL           23
                 DEC BC           ØB
RENUMBER:        LD (HL), D       72
                 INC HL           23
                 DEC BC           ØB
                 LD (HL), E       73
                 PUSH HL          E5
```

```
          LD HL, 1Ø DEC   21ØAØØ

          ADC HL, DE      ED5A

          LD D, H         54

          LD E, L         5D

          POP HL          E1

          JR LOOP         18DB

END:      [übliches Ende]
```

Der erste Codeblock setzt HL zur Startadresse 16509 und lädt BC mit der Länge des BASIC-Bereichs; um gegen Schwierigkeiten am Ende zu sichern, wird BC hier dekrementiert. LOOP ist für alles zuständig; zuerst prüft die Schleife, ob BC schon bei Ø ist, und sucht, wenn das nicht der Fall ist, nach einem NEWLINE. Findet sie eines, geht sie weiter zu FOUND, das HL eine Stelle weiterrückt, bereit für RENUMBER. Das verändert die Zeilennummer und stellt 1Ø zu DE, bereit für die nächste Zeile. Sobald BC bei Ø ist, läuft die Routine bis END.

Das war also die Theorie. In der Praxis führte das zu einem dekorativen Zusammenbruch.

Was war falsch?

Um das herauszufinden, stellte ich bei dem kleinen Prüfprogramm einen Schreibtischtest an. Er ist in eher rätselhafter Form unten zusammengefaßt. Es kommt darauf an, Schritt für Schritt durchzugehen und festzustellen, was mit den Registern, dem Stapel und den Daten im BASIC-Bereich geschieht. Während Sie das durcharbeiten, zeigen aufeinanderfolgende Zeilen an, wie die Register sich verändern; um aber Platz zu sparen, habe ich dort, wo das geht, vieles in eine Zeile gepackt. Sie brauchen Bleistift und Papier; stellen Sie die Tabelle selbst auf und vergleichen Sie mit der meinen.

A	F	B	C	D	E	H	L	STAPEL
		16509				16522		
							13	
		13						
		12		1Ø		16509		

(An dieser Stelle findet ein Sprung zu RENUMBER statt. Die Adressen 16509 und 1651Ø erhalten die neuen Werte Ø, 1Ø . . . Bei den Registern geht es inzwischen so weiter:)

A	F	B	C	D	E	H	L	STAPEL
		∅	11			16510		16510
						10		
					20	20		
						16510		−
∅	✓ x	∅	10			16511	∅	10
2		118						
∅	x ✓	∅	10					−
	x	∅	9			16512	∅	9
∅		118						
∅	x ✓	∅	9					−
	x	∅	8			16513	∅	8
234		118						
∅	x ✓	∅	8					−
	x	∅	7			16514	∅	7
118		118						
	✓							

A	F	B	C	D	E	H	L	STAPEL
		∅		7				−
		∅		6		16515		
		∅		5		16516		
						10		16516
					30	30		
						16516		−
∅	✓ x	∅		4		16517	∅	4
3		118						
∅	x	∅		4				−
	✓ x	∅		3		...16518	0	3
∅		118						
∅	x	∅		3				−
	✓ x	∅		2		16519	∅	2
245		118						
∅	x	∅		2				−
	✓ x	∅		1		16520	∅	1
38		118						
(*) ∅	x	∅		1				−
	✓ x	∅		∅		16521	∅	∅
118		118						

Und jetzt sehen wir – wenn Sie noch mitgekommen sind! – daß wir in der Tinte sitzen. BC ist um eine Spur zu spät auf Null gekommen; das Programm ist dabei, in die *Displaydatei* zu wandern und daran zu arbeiten, und es hat den Sprung zu END verfehlt. Das Problem? BC war von Anfang an um einen Wert zu groß. Wäre BC um Eins kleiner gewesen, hätten wir an der mit (*) markierten Zeile Null erreicht und wären bis ans Ende gekommen.

Das Heilmittel: BC zwischen Zeilen 7 und 8 des Maschinencode-Programms um eins mehr dekrementieren, damit DEC BC . . . ∅B wiederholt wird. Das ist alles!

Probieren Sie es aus! Laden Sie die verbesserte Version, wie gewohnt, über RAMTOP; drücken Sie NEW; fügen Sie ein Programm mit unregelmäßigen Zeilennummern in folgender Art ein:

```
73    REM

122   PRINT P

8∅∅1  RETURN

8∅∅2  PLOT 3, 5

8∅∅3  REM

9997  STOP
```

und verlangen Sie dann RAND USR 32512 (oder wo Sie es hingestellt haben).

Verwenden Sie das, wenn HELPA bei Ihnen läuft, dazu, HELPA neu zu numerieren. Das geht erstaunlich schnell.

Die Routine ist so, wie sie dasteht, nicht perfekt. Sie bewirkt nichts bei GOTO- oder GOSUB-Zeilennummern, wir müssen also nach der Neunumerierung redigieren. Außerdem gibt es noch einen undurchsichtigeren Fehler: eine Zeile, die lange genug ist, kann in ihren "Zeilenlängen"-Bytes eine 118 haben, und die Routine dreht dort, so, wie sie geschrieben ist, durch. Hier also zwei Aufgaben: Schützen Sie gegen die "Macke" der langen Zeile, und sorgen Sie dafür, daß GOTO und GOSUB automatisch bewältigt werden.

Eine letzte Moral: Beachten Sie, wo hier der Fehler aufgetreten ist. *Nicht* im komplizierten Teil der Routine, wo die Hauptarbeit stattfand, sondern in der Bedingung für das Ende der Arbeit. Diese Art von "Grenzproblem" ist eine ständige Fehlerquelle beim Programmieren. Wenn Sie das, was Sie tun wollen, an den "Rändern" nicht sehr sorgfältig ausarbeiten, können Sie sich ganz leicht verirren.

ANHÄNGE

1 UMWANDLUNG HEX/DEZIMAL

	0	1	2	3	4	5	6	7	8	9	A	B	C	D	E	F	
8	−128	−127	−126	−125	−124	−123	−122	−121	−120	−119	−118	−117	−116	−115	−114	−113	↑
9	−112	−111	−110	−109	−108	−107	−106	−105	−104	−103	−102	−101	−100	−99	−98	−97	
A	−96	−95	−94	−93	−92	−91	−90	−89	−88	−87	−86	−85	−84	−83	−82	−81	Zweierkomplement
B	−80	−79	−78	−77	−76	−75	−74	−73	−72	−71	−70	−69	−68	−67	−66	−65	
C	−64	−63	−62	−61	−60	−59	−58	−57	−56	−55	−54	−53	−52	−51	−50	−49	
D	−48	−47	−46	−45	−44	−43	−42	−41	−40	−39	−38	−37	−36	−35	−34	−33	
E	−32	−31	−30	−29	−28	−27	−26	−25	−24	−23	−22	−21	−20	−19	−18	−17	
F	−16	−15	−14	−13	−12	−11	−10	−9	−8	−7	−6	−5	−4	−3	−2	−1	
0	0	1	2	3	4	5	6	7	8	9	10	11	12	13	14	15	
1	16	17	18	19	20	21	22	23	24	25	26	27	28	29	30	31	
2	32	33	34	35	36	37	38	39	40	41	42	43	44	45	46	47	
3	48	49	50	51	52	53	54	55	56	57	58	59	60	61	62	63	
4	64	65	66	67	68	69	70	71	72	73	74	75	76	77	78	79	
5	80	81	82	83	84	85	86	87	88	89	90	91	92	93	94	95	
6	96	97	98	99	100	101	102	103	104	105	106	107	108	109	110	111	
7	112	113	114	115	116	117	118	119	120	121	122	123	124	125	126	127	
8	128	129	130	131	132	133	134	135	136	137	138	139	140	141	142	143	
9	144	145	146	147	148	149	150	151	152	153	154	155	156	157	158	159	
A	160	161	162	163	164	165	166	167	168	169	170	171	172	173	174	175	gewöhnlich
B	176	177	178	179	180	181	182	183	184	185	186	187	188	189	190	191	
C	192	193	194	195	196	197	198	199	200	201	202	203	204	205	206	207	
D	208	209	210	211	212	213	214	215	216	217	218	219	220	221	222	223	
E	224	225	226	227	228	229	230	231	232	233	234	235	236	237	238	239	
F	240	241	242	243	244	245	246	247	248	249	250	251	252	253	254	255	↓

2 SPEICHERRESERVIERUNGS-TABELLEN

Für die Reservierung von 256-Byte-Blöcken bei 16K RAM gelten folgende Adressen. Lassen Sie den Inhalt von Adresse 16388 bei Null.

Zahl der 256 Byte-Blöcke	Größe des reserv. Bereichs	POKE 16389	Startadresse Bereich	
			Dezimal	Hex
0	0	128	32768	8000
1	256	127	32512	7F00
2	512	126	32256	7E00
3	768	125	32000	7D00
4	1024	124	31744	7C00
5	1280	123	31488	7B00
6	1536	122	31232	7A00
7	1792	121	30976	7900
8	2048	120	30720	7800
9	2304	119	30464	7700
10	2560	118	30208	7600
11	2816	117	29952	7500
12	3072	116	29696	7400
13	3328	115	28440	7300
14	3584	114	29184	7200
15	3840	113	28928	7100
16	4096	112	28672	7000
17	4352	111	28416	6F00
18	4608	110	28160	6E00
19	4864	109	27904	6D00
20	5120	108	27648	6C00

3 ADRESSEN FÜR SYSTEMVARIABLE

Diese Tabelle gibt die Hex- und Dezimaladressen für eine Reihe nützlicher Systemvariablen. Die Funktionen finden Sie im Sinclair-Handbuch.

Variable	Zahl der Bytes	Hex	Dezimal
ERR-SP	2	4002	16386
RAMTOP	2	4004	16388
D-FILE	2	400C	16396
DF-CC	2	400E	16398
VARS	2	4010	16400
E-LINE	2	4014	16404
STKBOT	2	401A	16410
STKEND	2	401C	16412
BERG	1	401E	16414
MEM	2	401F	16415
LAST-K	2	4025	16421
SEED	2	4032	16434
FRAMES	2	4034	16436
MEMBOT	30	405D	16477
(RAMTOP) gewöhnlicher Wert 1 K	2	4400	17408
(RAMTOP) gewöhnlicher Wert 16 K	2	8000	32768

4 ZUSAMMENFASSUNG DER Z80 BEFEHLE

Eine Liste aller mnemotechnischen Opcodes mit einer Kurzbeschreibung ihrer Wirkungen. Bei den im Buch genauer beschriebenen Befehlen findet sich ein Seitenhinweis. Die Auswirkungen auf die Flaggen sind weggelassen worden; man findet sie in Bänden, die sich ausführlicher mit Maschinencode befassen.

ADC	S. 179	Addiere, eingeschlossen die Übertragsflagge. Speichere in A oder HL.
ADD	S. 168	Addiere, ohne Übertragsflagge zu beachten. Speichere in A oder HL.
AND	S. 175	Logisches AND auf zusammengehörige Bits; Speichere in A.
BIT	S. 187	BIT b, r setzt die Nullflagge nach dem Wert des b-ten Bits des Bytes in Register r. Die Bits haben innerhalb jedes Bytes die Reihenfolge 76543-21∅.
CALL	S. 156	Ruft eine Subroutine auf. Es gibt bedingte Aufrufe, bezeichnet durch die zusätzlichen Buchstaben C (aufrufen, wenn die C-Flagge gesetzt ist); M (wenn die Vorzeichenflagge gesetzt ist – "das Resultat (eines Vergleichs) ist negativ"); NC (wenn die Übertragsflagge nicht gesetzt ist); NZ (wenn die Nullflagge nicht gesetzt ist); P (wenn die Vorzeichenflagge nicht gesetzt ist – "das Resultat ist positiv"); PE (wenn die Paritätsflagge gesetzt ist: übergehen); PO (wenn die Paritätsflagge nicht gesetzt ist: ebenfalls übergehen); Z (wenn die Nullflagge gesetzt ist). Flaggen siehe Seiten 38, 176.
CCF		Komplement-Übertragsflagge (d. h. vertausche ∅ und 1).
CP	S. 176	Vergleiche: Setzt die Flaggen, als handele es sich um eine Subtraktion von A, läßt A aber unverändert.
CPD	S. 196	Vergleiche und dekrementiere. Vergleiche durch HL, dann dekrementiere HL und BC.
CPDR	S. 196	Vergleiche, dekrementiere, wiederhole: Blocksuche. Wie CPD, aber Wiederholung, bis das Resultat des Vergleichs entweder ∅ oder BC bei ∅.
CPI	S. 196	Wie CPD, nur daß HL inkrementiert; BC dekrementiert weiterhin.
CPIR	S. 196	Wie CPDR, inkrementiert aber HL.
CPL		Komplement (Kippbits) des A-Registers.
DAA		Dezimal-Anpassungsakkumulator. Verwendet bei binär codierten Dezimalwerten: übergehen.
DEC	S. 177	Dekrementiere: verringere Wert um 1.
DI		Sperre Unterbrechungen. Übergehen.
DJNZ	S. 179	Dekrementiere, spring, wenn nicht Null. Dekrementiere B und spring relativ, falls die Nullflagge nicht gesetzt ist. Verwendet bei Schleifen wie einer BASIC-FOR/NEXT.
EI		Entsperre Unterbrechungen. Übergehen.
EX	S. 201	Vertausche Werte. Befehle mit (SP) vertauschen die Register HL, IX oder IY mit der Stapeloberseite.

EXX	S. 201	Vertausche alle drei Registerpaare BC, DE, HL mit den Ersatzregistern BC′, DE′, HL′.
HALT		Warte auf Unterbrechung. Außer, Sie haben Hardware angeschlossen und wissen, was Sie tun, NICHT VER-WENDEN, weil das Programm ewig wartet.
IM		Unterbrechungsmodus. Übergehen.
IN		Eingabe von einem Gerät device. Übergehen.
INC	S. 178	Inkrementiere: erhöhe Wert um 1.
IND, INDR, INI, INIR		Eingabebefehle analog zu LDD; LDDR, LDI, LDIR. Übergehen.
JP	S. 196	Spring. Varianten mit zusätzlich C, M, NC, NZ, P, PE, PO, Z sind bedingte Sprünge mit Bedingungen wie für CALL.
JR	S. 176	Spring relativ – gefolgt von einer 1 Byte-Distanzierung. Bedingte Varianten sind nur C, NC NZ, Z.
LD	S. 165	Lade. Kann alle fünf Adressiermodalitäten verwenden.
LDD		Nicht dasselbe wie LD D! Lade, worauf HL zeigt in das, worauf DE zeigt: dekrementiere BC, DE, HL.
LDDR	S. 197	Lade, dekrementiere, wiederhole: Blockübertragung. Leiste LDD, bis BC bei Null ist. Kopiert einen Speicherblock, dessen Länge in BC gespeichert ist, aus dem, worauf HL zeigt, dort hinein, worauf DE zeigt.
LDI	S. 197	Wie LDD, außer daß HL und DE inkrementieren: BC dekrementiert weiterhin.
LDIR	S. 197	Wie LDDR, außer daß HL und DE inkrementieren.
NEG		Negativ: verändere das Vorzeichen des Inhalts von A.
NOP		Keine Operation. Leiste 1 Zeitzyklus lang gar nichts – d. h. vergeude Zeit. Nützlich für zeitweilige Löschung von Befehlen beim Debugging: unschädlich und hilfreich.
OR	S. 175	Logisches OR auf Bits. Speichere in A.
OTDR, OTIR, OUT, OUTD, OUTI		Verschiedene Ausgaben. Übergehen.
POP	S. 138	Entnimm aus dem Stapel in angegebenes Register.
PUSH	S. 138	Gib vom Register auf Stapel ein.
RES		Um ein Bit zurückversetzen – d. h. zu Null machen.
RET	S. 156	Spring von Subroutine zurück. Bedingte Rücksprünge, den Möglichkeiten für CALL entsprechend, sind möglich. (Bedingungen für ein CALL müssen denen für ein RET nicht entsprechen!)
RETI,	RETN	Spring zurück von Unterbrechungs-Subroutinen. Übergehen.
RL		Dreh nach links: wie eine Verschiebung, außer, daß die Übertragsflagge eingeschlossen ist, als wäre sie Bit Nummer 8.
RLA		Dreh linken Akkumulator. Wie RL A, aber mit einer anderen Wirkung auf die Flaggen.
RLC		Nicht dasselbe wie RL C! Dreh nach links, stell Bit 7 aber in Übertrag *und* in Bit ∅.

RLCA		Wie RLC A, aber derselbe Flaggenunterschied wie bei RLA.
RLD		Ganz und gar nicht das, was Sie erwarten würden: dreh links dezimal. Verwendet für binär codiertes Dezimal: übergehen.
RR		Wie RL, aber nach rechts.
RRA		Wie RLA.
RRC		Wie RLC.
RRCA		Wie RLCA.
RRD		Wie RLD.
RST		Wie CALL, aber nur von Adressen $\emptyset$, 8, 1$\emptyset$, 18, 2$\emptyset$, 28, 3$\emptyset$, 38 (Hex). Sie befinden sich beim ZX81 alle im ROM: siehe Ian Logans Bücher in der Bibliographie. RST $\emptyset$ wirkt so, als schalte man vorübergehend den Strom ab.
SBC	S. 179	Subtrahiere und beachte die Übertragsflagge. Speichere in A oder HL.
SCF		Setz Übertragsflagge (auf 1).
SET		Setz ein Bit – d. h. mach es zu 1.
SLA	S. 179	Verschiebe links arithmetisch. Alle Bits rücken um 1 rauf; Bit $\emptyset$ wird $\emptyset$.
SRA	S. 179	Verschiebe rechts arithmetisch. Rücke Bits um 1 herunter; kopiere Bit 7 in 6 *und* 7.
SRL	S. 179	Verschiebe nach rechts logisch. Rücke Bits um 1 Stelle hinunter, mach Bit 7 zu Null.
SUB	S. 168	Subtahiere und beachte Übertrag nicht. Speichere in A. (Es gibt keinen Befehl SUB HL,r: wenn Sie einen haben wollen, setzen Sie Übertragsflagge neu und verwenden Sie SBC.)
XOR	S. 175	Ausschließliches OR auf jedem Bit. Speichere in A.

5 Z80-OPCODES

Nachfolgend eine vollständige Liste der Z8$\emptyset$-Opcodes, nach Mnemotechnik alphabetisch geordnet. In der Liste steht das Symbol n für jede Einzelbytezahl, nn für jede Zahl von 2 Bytes, und d ist eine Versetzung um 1 Byte in Zweierkomplement-Schreibweise. Beachten Sie, daß alle 2 Byte-Zahlen so codiert sind, daß das niederwertige ("jüngere") Byte *vor* dem hochwertigen ("senior") Byte kommt.

Beispiele:

LD BC, nn hat den Opcode $\emptyset$1 nn, also wird LD BC, 732 F codiert als $\emptyset$1 2F 73.

LD, A, (IY+d) hat den Opcode FD 7E, also wird LD A (IY+$\emptyset$7) codiert als FD 7E $\emptyset$7.

Die Tabelle der Opcodes basiert auf jener, die von Zilog Inc. herausgegeben wurde. Eine Liste nach numerischen Opcodes ist enthalten in Anhang A des Sinclair-Handbuchs; beachten Sie dort den Gebrauch von Kleinbuchstaben für Mnemotechnisches.

Instruction	Opcode	Instruction	Opcode	Instruction	Opcode
ADC A, (HL)	8E	BIT 1, A	CB4F	BIT 7, C	CB79
ADC A, (IX + d)	DD8Ed	BIT 1, B	BC48	BIT 7, D	CB7A
ADC A, (IY + d)	FD8Ed	BIT 1, C	CB49	BIT 7, E	CB7B
ADC A, A	8F	BIT 1, D	CB4A	BIT 7, H	CB7C
ADC A, B	88	BIT 1, E	CB4B	BIT 7, L	CB7D
ADC A, C	89	BIT 1, H	CB4C	CALL C, nn	DCnn
ADC A, D	8A	BIT 1, L	CB4D	CALL M, nn	FCnn
ADC A, E	8B	BIT 2, (HL)	CB56	CALL NC, nn	D4nn
ADC A, H	8C	BIT 2, (IX + d)	DDCBd56	CALL nn	CDnn
ADC A, L	8D	BIT 2, (IY + d)	FDCBd56	CALL NZ, nn	C4nn
ADC A, n	CEn	BIT 2, A	CB57	CALL P, nn	F4nn
ADC HL, BC	ED4A	BIT 2, B	CB50	CALL PE, nn	ECnn
ADC HL, DE	ED5A	BIT 2, C	CB51	CALL PO, nn	E4nn
ADC HL, HL	ED6A	BIT 2, D	CB52	CALL Z, nn	CCnn
ADC HL, SP	ED7A	BIT 2, E	CB53	CCF	3F
ADD A, (HL)	86	BIT 2, H	CB54	CP (HL)	BE
ADD A, (IX + d)	DD86d	BIT 2, L	CB55	CP (IX + d)	DDBEd
ADD A, (IY + d)	FD86d	BIT 3, (HL)	CB5E	CP (IY + d)	FDBEd
ADD A, A	87	BIT 3, (IX + d)	DDCBd5E	CP A	BF
ADD A, B	80	BIT 3, (IY + d)	FDCBd5E	CP B	B8
ADD A, C	81	BIT 3, A	CB5F	CP C	B9
ADD A,D	82	BIT 3, B	CB58	CP D	BA
ADD A, E	83	BIT 3, C	CB59	CP E	BB
ADD A, H	84	BIT 3, D	CB5A	CP H	BC
ADD A, L	85	BIT 3, E	CB5B	CP L	BD
ADD A, n	C6n	BIT 3, H	CB5C	CP n	FEn
ADD HL, BC	09	BIT 3, L	CB5D	CPD	EDA9
ADD HL, DE	19	BIT 4, (HL)	CB66	CPDR	EDB9
ADD HL, HL	29	BIT 4, (IX + d)	DDCBd66	CPI	EDA1
ADD HL, SP	39	BIT 4, (IY + d)	FDCBd66	CPIR	EDB1
ADD IX, BC	DD09	BIT 4, A	CB67	CPL	2F
ADD IX, DE	DD19	BIT 4, B	CB60	DAA	27
ADD IX, IX	DD29	BIT 4, C	CB61	DEC (HL)	35
ADD IX, SP	DD39	BIT 4, D	CB62	DEC (IX + d)	DD35d
ADD IY, BC	FD09	BIT 4, E	CB63	DEC (IY + d)	FD35d
ADD IY, DE	FD19	BIT 4, H	CB64	DEC A	3D
ADD IY, IY	FD29	BIT 4, L	CB65	DEC B	05
ADD IY, SP	FD39	BIT 5, (HL)	CB6E	DEC BC	0B
AND (HL)	A6	BIT 5, (IX + d)	DDCBd6E	DEC C	0D
AND (IX + d)	DDA6d	BIT 5, (IY + d)	FDCBd6E	DEC D	15
AND (IY + d)	FDA6d	BIT 5, A	CB6F	DEC DE	1B
AND A	A7	BIT 5, B	CB68	DEC E	1D
AND B	A0	BIT 5, C	CB69	DEC H	25
AND C	A1	BIT 5, D	CB6A	DEC HL	2B
AND D	A2	BIT 5, E	CB6B	DEC IX	DD2B
AND E	A3	BIT 5, H	CB6C	DEC IY	FD2B
AND H	A4	BIT 5, L	CB6D	DEC L	2D
AND L	A5	BIT 6, (HL)	CB76	DEC SP	3B
AND n	E6n	BIT 6, (IX + d)	DDCBd76	DI	F3
BIT 0, (HL)	CB46	BIT 6, (IY + d)	FDCBd76	DJNZ, d	10d
BIT 0, (IX + d)	DDCBd46	BIT 6, A	CB77	EI	FB
BIT 0, (IY + d)	FDCBd46	BIT 6, B	CB70	EX (SP), HL	E3
BIT 0, A	CB47	BIT 6, C	CB71	EX (SP), IX	DDE3
BIT 0, B	CB40	BIT 6, D	CB72	EX (SP), IY	FDE3
BIT 0, C	CB41	BIT 6, E	CB73	EX AF, AF'	08
BIT 0, D	CB42	BIT 6, H	CB74	EX DE, HL	EB
BIT 0, E	CB43	BIT 6, L	CB75	EXX	D9
BIT 0, H	CB44	BIT 7, (HL)	CB7E	HALT	76
BIT 0, L	CB45	BIT 7, (IX + d)	DDCBd7E	IM 0	ED46
BIT 1, (HL)	CB4E	BIT 7, (IY + d)	FDCBd7E	IM 1	ED56
BIT 1, (IX + d)	DDCBd4E	BIT 7, A	CB7F	IM 2	ED5E
BIT 1, (IY + d)	FDCBd4E	BIT 7, B	CB78	IN A, (C)	ED78
IN A, (n)	DBn	LD A, C	79	LD SP, HL	F9
IN B, (C)	ED40	LD A, D	7A	LD SP, IX	DDF9
IN C, (C)	ED48	LD A, E	7B	LD SP, IY	FDF9
IN D, (C)	ED50	LD A, H	7C	LD SP, nn	31nn
IN E, (C)	ED58	LD A, I	ED57	LDD	EDA8
IN H, (C)	ED60	LD A, L	7D	LDDR	EDB8
IN L, (C)	ED68	LD A, n	3En	LDI	EDA0
INC (HL)	34	LD B, (HL)	46	LDIR	EDB0
INC (IX + d)	DD34d	LD B, (IX + d)	DD46d	NEG	ED44

217

Instruction	Opcode
INC (IY + d)	FD34d
INC A	3C
INC B	04
INC BC	03
INC C	0C
INC D	14
INC DE	13
INC E	1C
INC H	24
INC HL	23
INC IX	DD23
INC IY	FD23
INC L	2C
INC SP	33
IND	EDAA
INDR	EDBA
INI	EDA2
INIR	EDB2
JP (HL)	E9
JP (IX)	DDE9
JP (IY)	FDE9
JP C, nn	DAnn
JP M, nn	FAnn
JP NC, nn	D2nn
JP nn	C3nn
JP NZ, nn	C2nn
JP P, nn	F2nn
JP PE, nn	EAnn
JP PO, nn	E2nn
JP Z, nn	CAnn
JR C, d	38d
JR, d	18d
JR NC, d	30d
JR NZ, d	20d
JR Z, d	28d
LD (BC), A	02
LD (DE), A	12
LD (HL), A	77
LD (HL), B	70
LD (HL), C	71
LD (HL), D	72
LD (HL), E	73
LD (HL), H	74
LD (HL), L	75
LD (HL), n	36n
LD (IX + d), A	DD77d
LD (IX + d), B	DD70d
LD (IX + d), C	DD71d
LD (IX + d), D	DD72d
LD (IX + d), E	DD73d
LD (IX + d), H	DD74d
LD (IX + d), L	DD75d
LD (IX + d), n	DD36dn
LD (IY + d), A	FD77d
LD (IY + d), B	FD70d
LD (IY + d), C	FD71d
LD (IY + d), D	FD72d
LD (IY + d), E	FD73d
LD (IY + d), H	FD74d
LD (IY + d), L	FD75d
LD (IY + d), n	FD36dn
LD (nn), A	32nn
LD (nn), BC	ED43nn
LD (nn), DE	ED53nn
LD (nn), HL	22nn
LD (nn), IX	DD22nn
LD (nn), IY	FD22nn
LD (nn), SP	ED73nn
LD A, (BC)	0A
LD A, (DE)	1A
LD A, (HL)	7E

Instruction	Opcode
LD B, (IY + d)	FD46d
LD B, A	47
LD B, B	40
LD B, C	41
LD B, D	42
LD B, E	43
LD B, H	44
LD B, L	45
LD B, n	06n
LD BC, (nn)	ED4Bnn
LD BC, nn	01nn
LD C, (HL)	4E
LD C, (IX + d)	DD4Ed
LD C, (IY + d)	FD4Ed
LD C, A	4F
LD C, B	48
LD C, C	49
LD C, D	4A
LD C, E	4B
LD C, H	4C
LD C, L	4D
LD C, n	0En
LD D, (HL)	56
LD D, (IX + d)	DD56d
LD D, (IY + d)	FD56d
LD D, A	57
LD D, B	50
LD D, C	51
LD D, D	52
LD D, E	53
LD D, H	54
LD D, L	55
LD D, n	16n
LD DE, (nn)	ED5Bnn
LD DE, nn	11nn
LD E, (HL)	5E
LD E, (IX + d)	DD5Ed
LD E, (IY + d)	FD5Ed
LD E, A	5F
LD E, B	58
LD E, C	59
LD E, D	5A
LD E, E	5B
LD E, H	5C
LD E, L	5D
LD E, n	1En
LD H, (HL)	66
LD H, (IX + d)	DD66d
LD H, (IY + d)	FD66d
LD H, A	67
LD H, B	60
LD H, C	61
LD H, D	62
LD H, E	63
LD H, H	64
LD H, L	65
LD H, n	26n
LD HL, (nn)	2Ann
LD HL, nn	21nn
LD I, A	ED47
LD IX, (nn)	DD2Ann
LD IX, nn	DD21nn
LD IY, (nn)	FD2Ann
LD IY, nn	FD21nn
LD L, (HL)	6E
LD L, (IX + d)	DD6Ed
LD L, (IY + d)	FD6Ed
LD L, A	6F
LD L, B	68
LD L, C	69
LD L, D	6A

Instruction	Opcode
NOP	00
OR (HL)	B6
OR (IX + d)	DDB6d
OR (IY + d)	FDB6d
OR A	B7
OR B	B0
OR C	B1
OR D	B2
OR E	B3
OR H	B4
OR L	B5
OR n	F6n
OTDR	EDBB
OTIR	EDB3
OUT (C), A	ED79
OUT (C), B	ED41
OUT (C), C	ED49
OUT (C), D	ED51
OUT (C), E	ED59
OUT (C), H	ED61
OUT (C), L	ED69
OUT (n), A	D3n
OUTD	EDAB
OUTI	EDA3
POPAF	F1
POP BC	C1
POP DE	D1
POP HL	E1
POP IX	DDE1
POP IY	FDE1
PUSH AF	F5
PUSH BC	C5
PUSH DE	D5
PUSH HL	E5
PUSH IX	DDE5
PUSH IY	FDE5
RES 0, (HL)	CB86
RES 0, (IX + d)	DDCBd86
RES 0, (IY + d)	FDCBd86
RES 0, A	CB87
RES 0, B	CB80
RES 0, C	CB81
RES 0, D	CB82
RES 0, E	CB83
RES 0, H	CB84
RES 0, L	CB85
RES 1, (HL)	CB8E
RES 1, (IX + d)	DDCBd8E
RES 1, (IY + d)	FDCBd8E
RES 1, A	CB8F
RES 1, B	CB88
RES 1, C	CB89
RES 1, D	CB8A
RES 1, E	CB8B
RES 1, H	CB8C
RES 1, L	CB8D
RES 2, (HL)	CB96
RES 2, (IX + d)	DDCBd96
RES 2, (IY + d)	FDCBd96
RES 2, A	CB97
RES 2, B	CB90
RES 2, C	CB91
RES 2, D	CB92
RES 2, E	CB93
RES 2, H	CB94
RES 2, L	CB95
RES 3, (HL)	CB9E
RES 3, (IX + d)	DDCBd9E
RES 3, (IY + d)	FDCBd9E
RES 3, A	CB9F
RES 3, B	CB98

Mnemonic	Code	Mnemonic	Code	Mnemonic	Code
LD A, (IX + d)	DD7Ed	LD L, E	6B	RES 3, C	CB99
LD A, (IY + d)	FD7Ed	LD L, H	6C	RES 3, D	CB9A
LD A, (nn)	3Ann	LD L, L	6D	RES 3, E	CB9B
LD A, A	7F	LD L, n	2En	RES 3, H	CB9C
LD A, B	78	LD SP, (nn)	ED7Bnn	RES 3, L	CB9D
RES 4, (HL)	CBA6	RRC (HL)	CB0E	SET 4, L	CBE5
RES 4, (IX + d)	DDCBdA6	RRC (IX + d)	DDCBd0E	SET 5, (HL)	CBEE
RES 4, (IY + d)	FDCBdA6	RRC (IY + d)	FDCBd0E	SET 5, (IX + d)	DDCBdEE
RES 4, A	CBA7	RRC A	CB0F	SET 5, (IY + d)	FDCBdEE
RES 4, B	CBA0	RRC B	CB08	SET 5, A	CBEF
RES 4, C	CBA1	RRC C	CB09	SET 5, B	CBE8
RES 4, D	CBA2	RRC D	CB0A	SET 5, C	CBE9
RES 4, E	CBA3	RRC E	CB0B	SET 5, D	CBEA
RES 4, H	CBA4	RRC H	CB0C	SET 5, E	CBEB
RES 4, L	CBA5	RRC L	CB0D	SET 5, H	CBEC
RES 5, (HL)	CBAE	RRC A	0F	SET 5, L	CBED
RES 5, (IX + d)	DDCBdAE	RRD	ED67	SET 6, (HL)	CBF6
RES 5, (IY + d)	FDCBdAE	RST 0	C7	SET 6, (IX + d)	DDCBdF6
RES 5, A	CBAF	RST 10H	D7	SET 6, (IY + d)	FDCBdF6
RES 5, B	CBA8	RST 18H	DF	SET 6, A	CBF7
RES 5, C	CBA9	RST 20H	E7	SET 6, B	CBF0
RES 5, D	CBAA	RST 28H	EF	SET 6, C	CBF1
RES 5, E	CBAB	RST 30H	F7	SET 6, D	CBF2
RES 5, H	CBAC	RST 38H	FF	SET 6, E	CBF3
RES 5, L	CBAD	RST 8	CF	SET 6, H	CBF4
RES 6, (HL)	CBB6	SBC A, (HL)	9E	SET 6, L	CBF5
RES 6, (IX + d)	DDCBdB6	SBC A, (IX + d)	DD9Ed	SET 7, (HL)	CBFE
RES 6, (IY + d)	FDCBdB6	SBC A, (IY + d)	FD9Ed	SET 7, (IX + d)	DDCBdFE
RES 6, A	CBB7	SBC A, A	9F	SET 7, (IY + d)	FDCBdFE
RES 6, B	CBB0	SBC A, B	98	SET 7, A	CBFF
RES 6, C	CBB1	SBC A, C	99	SET 7, B	CBF8
RES 6, D	CBB2	SBC A, D	9A	SET 7, C	CBF9
RES 6, E	CBB3	SBC A, E	9B	SET 7, D	CBFA
RES 6, H	CBB4	SBC A, H	9C	SET 7, E	CBFB
RES 6, L	CBB5	SBC A, L	9D	SET 7, H	CBFC
RES 7, (HL)	CBBE	SBC A, n	DEn	SET 7, L	CBFD
RES 7, (IX + d)	DDCBdBE	SBC HL, BC	ED42	SLA (HL)	CB26
RES 7, (IY + d)	FDCBdBE	SBC HL, DE	ED52	SLA (IX + d)	DDCBd26
RES 7, A	CBBF	SBC HL, HL	ED62	SLA (IY + d)	FDCBd26
RES 7, B	CBB8	SBC HL, SP	ED72	SLA A	CB27
RES 7, C	CBB9	SCF	37	SLA B	CB20
RES 7, D	CBBA	SET 0, (HL)	CBC6	SLA C	CB21
RES 7, E	CBBB	SET 0, (IX + d)	DDCBdC6	SLA D	CB22
RES 7, H	CBBC	SET 0, (IY + d)	FDCBdC6	SLA E	CB23
RES 7, L	CBBD	SET 0, A	CBC7	SLA H	CB24
RET	C9	SET 0, B	CBC0	SLA L	CB25
RET C	D8	SET 0, C	CBC1	SRA (HL)	CB2E
RET M	F8	SET 0, D	CBC2	SRA (IX + d)	DDCBd2E
RET NC	D0	SET 0, E	CBC3	SRA (IY + d)	FDCBd2E
RET NZ	C0	SET 0, H	CBC4	SRA A	CB2F
RET P	F0	SET 0, L	CBC5	SRA B	CB28
RET PE	E8	SET 1, (HL)	CBCE	SRA C	CB29
RET PO	E0	SET 1, (IX + d)	DDCBdCE	SRA D	CB2A
RET Z	C8	SET 1, (IY + d)	FDCBdCE	SRA E	CB2B
RETI	ED4D	SET 1, A	CBCF	SRA H	CB2C
RETN	ED45	SET 1, B	CBC8	SRA L	CB2D
RL (HL)	CB16	SET 1, C	CBC9	SRL (HL)	CB3E
RL (IX + d)	DDCBd16	SET 1, D	CBCA	SRL (IX + d)	DDCBd3E
RL (IY + d)	FDCBd16	SET 1, E	CBCB	SRL (IY + d)	FDCBd3E
RL A	CB17	SET 1, H	CBCC	SRL A	CB3F
RL B	CB10	SET 1, L	CBCD	SRL B	CB38
RL C	CB11	SET 2, (HL)	CBD6	SRL C	CB39
RL D	CB12	SET 2, (IX + d)	DDCBdD6	SRL D	CB3A
RL E	CB13	SET 2, (IY + d)	FDCBdD6	SRL E	CB3B
RL H	CB14	SET 2, A	CBD7	SRL H	CB3C
RL L	CB15	SET 2, B	CBD0	SRL L	CB3D
RLA	17	SET 2, C	CBD1	SUB (HL)	96
RLC (HL)	CB06	SET 2, D	CBD2	SUB (IX + d)	DD96d
RLC (IX + d)	DDCBd06	SET 2, E	CBD3	SUB (IY + d)	FD96d
RLC (IY + d)	FDCBd06	SET 2, H	CBD4	SUB A	97
RLC A	CB07	SET 2, L	CBD5	SUB B	90

RLC B	CB00		SET 3, B	CBD8	SUB C	91
RLC C	CB01		SET 3, (HL)	CBDE	SUB D	92
RLC D	CB02		SET 3, (IX + d)	DDCBdDE	SUB E	93
RLC E	CB03		SET 3, (IY + d)	FDCBdDE	SUB H	94
RLC H	CB04		SET 3, A	CBDF	SUB L	95
RLC L	CB05		SET 3, C	CBD9	SUB n	D6n
RLCA	07		SET 3, D	CBDA	XOR (HL)	AE
RLD	ED6F		SET 3, E	CBDB	XOR (IX + d)	DDAEd
RR (HL)	CB1E		SET 3, H	CBDC	XOR (IY + d)	FDAEd
RR (IX + d)	DDCBd1E		SET 3, L	CBDD	XOR A	AF
RR (IY + d)	FDCBd1E		SET 4, (HL)	CBE6	XOR B	A8
RR A	CB1F		SET 4,(IX + d)	DDCBdE6	XOR C	A9
RR B	CB18		SET 4, (IY + d)	FDCBdE6	XOR D	AA
RR C	CB19		SET 4, A	CBE7	XOR E	AB
RR D	CB1A		SET 4, B	CBE0	XOR H	AC
RR E	CB1B		SET 4, C	CBE1	XOR L	AD
RR H	CB1C		SET 4, D	CBE2	XOR n	EEn
RR L	CB1D		SET 4, E	CBE3		
RRA	1F		SET 4, H	CBE4		

6 HELPA

Hier handelt es sich um ein vielseitiges Dienstprogramm, zur leichten Abänderung in BASIC geschrieben, damit Sie Maschinencode leichter verwenden
können. Die Abkürzung bedeutet: *Hex Editor, Loader and Partial Assembler* (dt:
HEX-Editor, Lader und Teilassemblierer). Unten folgt das komplette Listing;
hier die Erklärung, wie das Programm anzuwenden ist.
    1. Beim ersten Gebrauch, nach Eingabe und Fehlerbeseitigung, sichern
mit GOTO 1400 und NEWLINE. Es wird dann automatisch gesichert unter dem
"Vorgabe"-Namen HELPA.
    2. Auf LOAD oder RUN wird zuerst gefragt, ob Sie Speicherplatz reser-
viert haben. Wenn das der Fall ist, geben Sie "Y" ein, wenn nicht, dann "N". Im
zweiten Fall wird es dann *automatisch* (und ohne das BASIC-Programm zu
stören) RAMTOP zurücksetzen, um ein Vielfaches von 256 Bytes freien Platz zu
liefern, und dieses Vielfache anfordern. Das Programm wird mit einer Auflistung
anhalten: Beachten Sie das nicht und tippen Sie RUN, wobei Sie diesmal mit
"Y" antworten. Der jetzt in RAMTOP befindliche Wert wird angezeigt.
(Drücken Sie beispielsweise "N" und dann "2", gefolgt von "RUN". RAMTOP
geht auf 32256; vergleichen Sie Anhang 2 wegen einer Tabelle von Werten.)
Dieses Zurücksetzen von RAMTOP verwendet den Kniff mit PRINT USR 1040
und meidet die Benutzung von NEW.
    3. Es schreibt jetzt HEX CODE und gibt Ihnen einen Cursor ▷.
    4. Sie können nun Maschinencode in Hex eintippen (und durch Steuer-
befehle, die unten beschrieben werden), damit hantieren. Bei der Eingabe aller
Codegruppen entzieht das Programm ihm alle Leerstellen (was bedeutet, daß
Sie sie verwenden können, wie Sie wollen), zerlegt sie in Zwei-Zeichen-Codes
und zeigt diese in einem 10 Spalten-Display an. Am Ende jeder Gruppe wird ein
Abschlußbegrenzer ** hinzugefügt; der Cursor geht an das Ende des eben
eingegebenen Codes.
    Beispielsweise wird die Eingabe "□A1□E23□□4" angezeigt als

A1 E2 34** ▷

(und dasselbe wäre bei "A1 E234" oder "A1 □E2□34" der Fall).

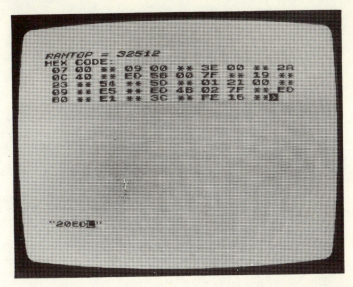

HELPA beim Laden der Routine zum Teilscrolling, kurz vor dem Schlußbefehl 2ØED.

5. Jetzt kann die nächste Gruppe von Codes eingegeben werden. Sie werden automatisch unmittelbar nach der Cursorposition angefügt. Die ** sind nur zur Bequemlichkeit des Benutzers vorhanden und werden übergangen, wenn der Code über RAMTOP geladen wird, so daß die Gruppen den Z80-Befehlsgruppen *nicht* zu entsprechen brauchen; für die Überprüfung ist das aber von Nutzen.

6. Zusätzlich können "Steuer"-Befehle eingegeben werden. Diese müssen das *erste* Symbol in ihrer Gruppe sein; nachfolgende Zeichen werden außer in einigen wenigen, unten dargestellten Fällen, in der Regel nicht beachtet. Diese Steuerbefehle sind der Mnemotechnik von ZEDTEXT ganz ähnlich, aber die Codes und Funktionen unterscheiden sich.

Die Steuerbefehle lauten:

G	(Go)	Fahr die Maschinencode-Routine
L	(Load)	Lade die Maschinencode-Routine über RAMTOP
M	(Move)	Führ Cursor vorwärts
N	(Negative)	Führ Cursor zurück
P	(Print)	Zeig laufende Hex-Auflistung an
R	(Relative)	Verwendet für automatische Berechnung relativer Sprünge
S	(Save)	Sichere Programm
X	(eXcise)	Lösche aus der Auflistung

Genauere Beschreibungen folgen in geeigneterer Reihenfolge.

M, N Der Befehl Mn, bei dem n eine Zahl ist, bewegt den Cursor n Stellen vorwärts. Nn bewegt ihn n Stellen rückwärts. Er ist dagegen ge-

221

schützt, aus der Auflistung zu rutschen. Fehlt n, so wird er auf 1 gesetzt.

X   Ein Befehl Xn, wo n eine Zahl >0 ist, löscht die nächsten n Paare Zeichen (eingeschlossen **) nach dem Cursor. Das Display ist nicht betroffen, bis P gedrückt wird. Wenn n fehlt, wird es auf 1 gesetzt.

P   Zeigt den laufenden Text an und führt den Cursor an die oberste Zeile.

S   Sichert das Programm, eingeschlossen die laufende Hex-Auflistung. Sie haben die Wahlmöglichkeit, das Programm so zu nennen, wie Sie wollen. Um ein gesichertes Programm zu fahren, geben Sie SAVE *vor* "L" und "G" ein. Dann LOAD in BASIC, GOTO 200 (*ja nicht* RUN!), anschließend zuerst "L" und schließlich "G".

L   Lädt den Maschinencode, befreit von überflüssigen **-Begrenzern, über RAMTOP, beginnend bei dem RAMTOP-Wert, den Sie gesetzt haben; fügt das normierte Ende einschließlich des abschließenden RET-Befehls an.

G   Damit wird die Routine gefahren. Nach der Eingabe von "G" verlangt der Computer die Zahl der Datenbytes (also der Bytes *vor* der Startadresse) und fährt, sobald sie eingegeben ist, das Programm. Die Steuerung fällt an HELPA zurück (vorausgesetzt, daß nichts zusammenbricht!)

R   Eine nützliche Einrichtung, um *relative* Sprünge einfacher zu machen. Von Hand wird das mühsam, weil man die Versetzungen zählen und sie in Zweierkomplement-Hex übertragen muß, aber wegen der Portabilität (Übertragbarkeit) von Programmen ist das sehr praktisch. Das geht so:

a) Geben Sie die Maschinencode-Routine ein und setzen Sie alle relativen Sprunggrößen auf 00.

b) Setzen Sie, um den richtigen Wert für den jeweiligen Sprung zu verändern, den Cursor unmittelbar vor die 00 und löschen Sie durch Drücken von "X". Geben Sie nun Rn ein, wo die Zahl n die (Dezimal)-Position des *Ziel*bytes für den Sprung ist, vom Bildschirmdisplay abgelesen wie folgt. Numerieren Sie die Reihen und Spalten des Hexcode-Feldes, beginnend bei 0, so:

     0 1 2 3 4 5 6 7 8 9

0

1

2

3

.

.

.

und setzen Sie n=xy für Reihe x, Spalte y. (Das heißt: Für das Byte in Reihe 17, Spalte 5, geben Sie R175 ein.) Die Tatsache, daß es 1∅ Spalten gibt, erleichtert das Ablesen der Zahlen.) Sie könnten übrigens das Programm so verändern, daß der Cursor zum Ziel bewegt und der Sprung von dort aus gefunden wird. In der Praxis geht das langsamer, weil Sie dauernd den Cursor verschieben müssen.

c) Drücken Sie jetzt "P" für ein korrigiertes Display mit der richtigen Sprunggröße.

d) Stellen Sie den Cursor vor die nächste relative Sprunggröße und wiederholen Sie.

e) Beachten Sie, daß das Programm automatisch für alle ** berichtigt und den erforderlichen Zweierkomplement-Code liefert: Liegt der Sprung außerhalb des zulässigen Bereichs, so teilt es das mit.

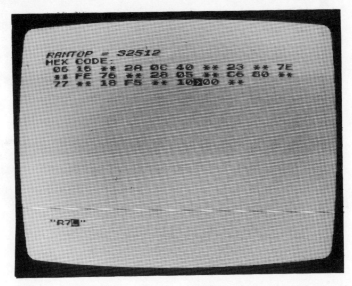

HELPA baut einen relativen Sprung in der Video-Inversions-Routine auf: vorher . . .

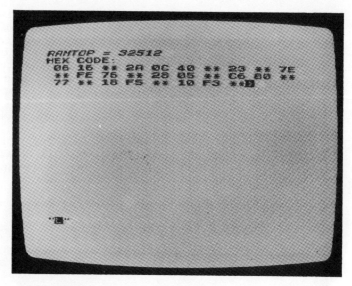

. . . und nachher

f) Das mag kompliziert klingen, deshalb hier ein Beispiel, bei dem das Video-Inversions-Programm auf Seite 190 genutzt wird. Setzen Sie RAMTOP auf einen 256 Byte-Block, geben Sie der Reihe nach die Gruppen ein:

Ø6 16

    2A ØC 4Ø

    ....

    1Ø F3

aber verwenden Sie bei den Befehlen JR, JRZ und DNJZ ØØ. Das Display zeigt:

    RAMTOP=32512

    HEX-CODE:

    Ø6 16**2A ØC Ø4Ø**23**7E

    FE7628 ØØ**C6 8Ø**

    77**18 ØØ**1Ø ØØ** ⊡

Hier sind die unterstrichenen ØØ die relativen Sprunggrößen, die gesetzt werden müssen. Stellen Sie mit "N" den Cursor so vor die letzten ØØ

    77**18 ØØ**1Ø⊡ØØ**

und drücken Sie dann "X", um die 00 zu löschen. (Der Bildschirm wird sich jedoch nicht verändern – noch nicht!) Der Befehl hier ist DJNZ LOOP, und das Ziel LOOP beginnt mit dem Code 23. Das ist in Reihe 0, Spalte 7; geben Sie also R7 ein. Nach einer kurzen Pause wird das neue Display auf dem Bildschirm angezeigt, die 00 wird sich, wie verlangt, zu F3 verändert haben.

Führen Sie den Cursor zu 28 00 zurück, löschen Sie, geben Sie R25 ein (weil SKIP die Gruppe 10 FE beginnend in Reihe 2, Spalte 5 ist). Nun erhalten wir 28 05. Und so weiter.

Nun zum Programm-Listing.

```
  5   REM  HELPA  COPYRIGHT IAN STEWART UND
      ROBIN JONES 1982.
 10   PRINT "HABEN SIE SPEICHERPLATZ RESERVIERT?"
 20   INPUT A$
 30   IF A$="" THEN GOTO 50
 40   IF A$(1)="N" THEN GOTO 9000
 50   CLS
 60   LET RT=PEEK 16388 +256*PEEK 16389
 70   PRINT "RAMTOP=□"; RT
 80   PRINT "HEX CODE:"
100   LET CI=0
110   LET H$=""
120   GOSUB 400
130   DIM F(20)
131   LET F(1)=700
132   LET F(6)=800
133   LET F(7)=900
134   LET F(8)=1000
135   LET F(10)=1100
136   LET F(11)=1200
137   LET F(12)=1300
138   LET F(13)=1400
139   LET F(14)=1500
140   LET F(18)=1600
200   INPUT I$
```

```
210   LET A=Ø
220   LET A=A+1
230   IF A>LEN I$ THEN GOTO 3ØØ
240   IF I$(A)<>"□" THEN GOTO 22Ø
250   LET I$=I$(TO A−1)+I$(A+1 TO)
260   GOTO 23Ø
3ØØ   IF CODE I$(1)>=44 THEN GOTO 5ØØ
31Ø   LET I$=I$+"**"
32Ø   LET H$=H$(TO 2*CI)+I$+H$(2*CI+1 TO)
33Ø   GOSUB 45Ø
34Ø   GOSUB 6ØØ
35Ø   GOSUB 4ØØ
36Ø   GOTO 2ØØ
4ØØ   REM CURSOR ANZEIGEN
41Ø   PRINT AT 2+INT(CI/1Ø),3*(CI−1Ø*INT(CI/1Ø)); "▷";
42Ø   RETURN
45Ø   REM CURSOR LOESCHEN
46Ø   PRINT AT 2+INT(CI/1Ø),3*(CI−1Ø*INT(CI/1Ø)); "□";
47Ø   RETURN
5ØØ   REM ROUTINEN
51Ø   GOSUB F(CODE I$(1)−43)
52Ø   GOTO 2ØØ
6ØØ   REM ANGEHAENGTEN TEXT ANZEIGEN
61Ø   FOR J=1 TO LEN I$/2
62Ø   PRINT I$(2*J−1 TO2*J) "□";
63Ø   LET CI=CI+1
64Ø   IF CI=1Ø*INT(CI/1Ø) THEN PRINT "□□";
65Ø   NEXT J
66Ø   RETURN
7ØØ   REM LOS
```

```
710   CLS
720   PRINT "ZAHL DER DATENBYTES?"
730   INPUT D
740   CLS
750   LET Y=USR(RT+D)
760   RETURN
800   REM  LADEN
810   LET H$=H$+"3E1EED47FD210040C9"
820   LET J=RT-1
830   LET I=-1
840   LET J=J+1
850   LET I=I+2
860   IF I>LEN I$ THEN RETURN
870   IF H$(I)="*" THEN GOTO 850
880   POKE J, 16*(CODE H$(I)-28)+ CODE H$(I+1)-28
890   GOTO 840
900   REM  CURSOR POSITIV BEWEGEN
910   GOSUB 450
920   IF LEN I$=1 THEN LET CM=1
930   IF LEN I$>1 THEN LET CM=VAL I$(2 TO)
940   LET CI=CI+CM
950   IF CI>LEN H$/2 THEN LET CI=LEN H$/2
960   GOSUB 400
970   RETURN
1000  REM  CURSOR NEGATIV BEWEGEN
1010  GOSUB 450
1020  IF LEN I$=1 THEN LET CM=1
1030  IF LEN I$>1 THEN LET CM=VAL I$(2 TO)
1040  LET CI=CI-CM
1050  IF CI<0 THEN CI=0
```

```
1060    GOSUB 400
1070    RETURN
1100    REM  ANZEIGEN
1110    CLS
1120    PRINT "RAMTOP=□"; RT
1130    PRINT "HEX CODE:"
1140    PRINT "□";
1150    LET CI=0
1160    FOR J=1 TO LEN H$/2
1170    PRINT H$(2*J−1 TO 2*J)+"□";
1185    LET CI=CI+1
1187    IF CI=10*INT(CI/10) THEN PRINT "□□";
1190    NEXT J
1192    GOSUB 400
1195    RETURN
1300    REM  RELATIVE SPRUENGE
1310    LET JCI=VAL I$(2 TO)
1320    LET JS=JCI−CI−1
1325    GOSUB 2000
1330    IF JS>=−128 AND JS<=127 THEN GOTO 1357
1335    CLS
1340    PRINT AT 10,6; "UNGUELTIGE SPRUNGGROESSE"
1345    FOR Q=1 TO 20
1346    NEXT Q
1350    GOSUB 1100
1355    RETURN
1357    IF JS<0 THEN LET JS=JS+256
1360    LET X1=INT(JS/16)
1365    LET X0=JS−16*X1
1367    LET X$=CHR$(X1+28)+CHR$(X0+28)
```

```
1370   LET H$=H$(TO 2*CI)+X$+H$(2*CI+1 TO)
1375   LET CI=CI+1
1380   GOSUB 1100
1390   RETURN
1400   REM  SICHERN
1410   PRINT " SICHERN . PROGRAMMNAMEN EINGEBEN.
       VORGABENAME HELPA."
1420   INPUT N$
1430   IF N$="" THEN LET N$="HELPA"
1440   SAVE N$
1450   CLS
1460   GOTO 10
1600   REM  LOESCHEN
1610   IF LEN I$=1 THEN LET K=1
1620   IF LEN I$>1 THEN LET K=VAL I$(2 TO)
1630   LET H$=H$(TO 2*CI)+H$(2*CI+2*K+1 TO)
1640   RETURN
2000   REM  STERNCHEN ANPASSEN
2010   IF JS<0 THEN LET W$=H$(2*JCI+1 TO 2*CI)
2020   IF JS>=0 THEN LET W$=H$(2*CI+1 TO 2*JCI)
2030   LET SC=0
2040   FOR T=1 TO LEN W$
2050   IF W$(T)="*" THEN LET SC=SC+1
2060   NEXT T
2070   IF JS<0 THEN LET JS=JS+SC/2
2080   IF JS>0 THEN LET JS=JS-SC/2
2090   RETURN
9000   REM  SPEICHERPLATZ RESERVIEREN
9010   PRINT "WIEVIELE 256-BYTE BLOCKS?"
9020   INPUT NB
```

```
9030  PRINT "NACH LISTE RUN DRUECKEN"
9040  FOR T=1 TO 20
9050  NEXT T
9060  POKE 16389,128-NB
9070  PRINT USR 1040
```

Anmerkungen: In diesem Programm wird der Maschinencode verarbeitet und in einem String H$ gespeichert. Codeteile werden eingegeben über einen String I$. Die Cursorposition wird bestimmt durch CI, die Position eines relativen Sprungs durch JCI. Die verschiedenen Subroutinen werden identifiziert durch REM-Anweisungen.

7 DOWNLOAD

Das ist eine nützliche Ergänzung zu HELPA. Damit können Sie mit Hilfe von HELPA assemblierten Maschinencode in einer Form in (falls gewünscht, vom Band geladene) BASIC-Programme eingeben, die gesichert werden kann. Verwendet wird ein Maschinencode-Baustein, ebenfalls über RAMTOP geladen, der Ihren Maschinencode hinunterlädt in eine vorbereitete REM-Anweisung im BASIC-Programmbereich. Beachten Sie, daß hinterher *absolute* Adressen mit POKE geändert werden müssen und am besten gemieden werden, wenn Sie das Programm nicht mit den Adressen schreiben, die *nach* dem Laden gebraucht werden.
    Zuerst der Maschinencode. Er verwendet (sehr schnelle) Blockübertragungen.

CODELENGTH	—— (zwei Bytes mit POKE eingeb.)
LD HL, (RAMTOP)	2A 04 40
LD C, (HL)	4E
INC HL	23
LD B, (HL)	46
DEC HL	2B
LD DE, 4082	11 82 40
PUSH BC	C5
LD BC, 29 decimal	01 1D 00
ADD HL, BC	09
POP BC	C1
LDIR	ED B0
LD A, 1E	3E 1E
LDI,A	ED 47
LD IY, 4000	FD 21 00 40
RET	C9

Bauen Sie das in HELPA unter Verwendung der folgenden BASIC-Programmzeilen ein:

```
141    LET F(17)=3000
3000   REM  DOWNLOAD  COPYRIGHT IAN STEWART UND
       ROBIN JONES 1982.
3010   LET LH=0
3020   FOR I=1 TO LEN H$
3030   IF H$(I) < > "*" THEN LET LH=LH+1
3040   NEXT I
3050   LET LH=LH/2+9
3060   PRINT AT 21,0; "LENGTH□"; LH; "□BYTES."
3070   ET H$="00002A04404E23462B118240C5011D0009C1
       EDB03E1EED47FD210040C9"+H$
3080   GOSUB 800
3090   LET LS=INT(LH/256)
3100   LET LJ=LH-256*LS
3110   POKE RT, LJ
3120   POKE RT +1, LS
3130   RETURN
```

Verwenden Sie die zusätzliche Einrichtung wie folgt:

1. Schreiben Sie Ihre Maschinencode-Routine (nennen wir sie zur besseren Merkfähigkeit IHREROUTINE – es ist diejenige, die Sie in einem BASIC-Programm nutzen wollen, und sie hat mit DOWNLOAD nichts zu tun) unter Verwendung von HELPA genau wie vorher, aber drücken Sie *nicht* "L" oder "G".
2. Drücken Sie bei einer HELPA-Eingabe "W", sobald Sie mit dem Code zufrieden sind.
3. Drücken Sie in Ihrer BASIC-Routine NEW oder LOAD.
4. Die erste Zeile von BASIC soll lauten

1. REM XXXXXXX...XX

wobei die Zahl der X-Zeichen mindestens die Länge von IHREROUTINE haben soll (die Zahl, die oben angezeigt wird als LENGTH . . .BYTES). Vergessen Sie nicht, daß das "Standardende" 9 Bytes hinzufügt. Die obige Routine berücksichtigt sie, aber *Sie* fragen sich vielleicht, woher die angezeigte Zahl kommt!

5. Geben Sie im Befehlsmodus über die Tastatur ein

RAND USR (Wert von RAMTOP+2). Beispielsweise ist das bei 256 reservierten Bytes RAND USR (23514). Falls Sie es vergessen haben, schreiben Sie

RAND USR(PEEK 16388+256*PEEK 16389+2).

Die +2 ist unabdingbar.

6. Sie werden nun feststellen, daß Zeile 1 des BASIC-Programms sich verändert hat: Sie enthält Ihren IHREROUTINE-Code. Sie können IHREROU-TINE mit dem Befehl RAND USR 16514+ Zahl der Datenbytes als eine Subroutine von BASIC laufen lassen. (Übrigens sind diese RAND-Befehle nur eine praktische Methode, USR aufzurufen, das eine *Funktion* ist: LET Y=USR 16514 ist genausogut, benötigt aber mehr Platz und Zeit. Die 16514 sind keine Zauberei: es handelt sich um die Adresse des ersten Bytes nach dem REM in Zeile 1. *Sie müssen die REM-Anweisung zur ersten im BASIC-Code machen.* (Das heißt, bis Sie dahinterkommen, warum das nicht ganz der Wahrheit entspricht, wissen Sie auch, was Sie statt dessen tun können.)

7. Schreiben Sie jetzt den Rest Ihres BASIC-Programms dazu.

8. *Warnung:* Sie können LIST oder sogar LIST 1 befehlen, ohne Schaden anzurichten – selbst wenn das REM über einen vollen Bildschirm hinausläuft. Das Listing wird recht sonderbar aussehen, aber das macht nichts. Versuchen Sie aber *nicht*, Zeile 1 dadurch zu löschen, daß Sie eine neue Zeile 1 eintippen, und versuchen Sie nicht, Zeile 1 mit EDIT zu verändern. Unter bestimmten Umständen können Sie einen Zusammenbruch hervorrufen und müssen dann wieder ganz von vorne anfangen. Alle anderen Zeilen können Sie jedoch mit EDIT verändern.

9. Das entstandene BASIC-Programm kann wie üblich gesichert werden und wird perfekt laufen . . . vorausgesetzt, Sie haben es richtig geschrieben!

DOWNLOAD leistet etwas recht Interessantes: Es gibt eine Routine von einem Programm, das auf einem Band gespeichert ist, zu einem zweiten, auf einem anderen Band gespeicherten Programm weiter. Zufällig ist das mit Maschinencode leichter als mit BASIC . . . aber eine schöne Sache ist die, zu erarbeiten, wie man dasselbe bei BASIC-Routinen macht. Das Neusetzen von RAMTOP und Laden einer Kopie der entsprechenden Routine darüber ist der entscheidende Schritt; laden Sie dann die neue und die Routine darunter. In BASIC müssen Sie aber auf das Operationssystem achten! Vor allem die Zeilennummern sind ein Problem.

Beachten Sie, daß Sie DOWNLOAD dazu verwenden können, in einem REM, das lang genug ist, *mehrere* Maschinencode-Routinen zu speichern; tippen Sie sie einfach mit Hilfe von HELPA hintereinander ein. Drücken Sie "L" und nach jedem REM zum "normierten Ende" das "P". Das 16514 muß sich je nach der Routine, die Sie haben wollen, ändern; geben Sie einfach 16514 zu der Zahl der Bytes vor dem Startbyte hinzu.

BIBLIOGRAPHIE

Datenstrukturen

Aho, Hopcroft and Ullman. The Design and Analysis of Computer Algorithms, Addison-Wesley.
Berztiss, Data Structures, Theory and Practice, Academic Press.
Brillinger and Cohen, Introduction to Data Structures and Non-numeric Computation, Prentice Hall.

Maschinencode

Baker, Mastering Machine Code on your ZX81 or ZX80, Interface.
Carr, Z80 User's Manual, Beston Publishing Co. Inc.
Logan, Sinclair ZX81 ROM Disassembly, Parts A and B, Melbourne House.
Logan, Understanding your ZX81 ROM, Melbourne House.
Nichols, Nichols and Rony, Z80 Microprocessor Programming and Interfacing, Howard Sams & Co.
Spracklen, Z80 and 8080 Assembly Language Programming, Hayden.
Zaks, Programming the Z80, Sybex.
Zilog Z80 CPU Programming Reference Card.
Zilog Z80 CPU Technical Manual (Zilog(UK) Ltd., Nicholson House, Maidenhead, Berks.

Allgemein

Brady, The Theory of Computer Science, Chapman and Hall.
Dahl, Dijkstra, and Hoare, Structured Programming, Academic Press.
Sloan, Introduction to Minicomputers and Microcomputers, Addison-Wesley.
Tocher, The Art of Simulation, E.U.P.
Wegner, Programming Languages, Information Structures, and Machine Organization, McGraw-Hill.
Weizenbaum, Computer Power and Human Reason, W. H. Freeman.

Einführendes

Stewart und Jones, Sinclair ZX81 (Programme, Spiele, Graphik), Birkhäuser.

REGISTER